現代日本語学入門

荻野綱男 編著

改訂版

明治書院

はしがき

　本書は、日本語学の入門書である。ただし、今までの入門書にないいくつかの特徴を持っている。

　一番大きな特徴は、扱う範囲を「現代日本語」に限定した点である。本書では、古典日本語については、ほとんど触れていない。このようにしたねらいは、本書がこれから日本語学を学ぶ人たちへの入門書であると同時に、他分野が専門でありながら日本語学についても少し勉強したいという人に対する入門書でもあるということにある。現代の学問は、学際的であることが多くなっており、日本語に関する研究はさまざまな分野で行われている。現代日本語学をうたう以上、そういったものをカバーする入門書にしたいと考えた。

　日本文学科や国文学科などでこれから日本語学を学ぼうという人の場合は、本書に加えて、ぜひ古典語について補ってほしい。

　本書のもう一つの特徴は、図表が多いことである。これについては、具体的なデータを示し、読者にデータの意味について考えてもらうという方針によるものである。文法などの分野では、例文がデータになることが多く、なかなかこの方針は貫けないが、それ以外では、かなりこの線に沿ったものになっている。こう考えると、本書は、計量言語学的な見方が随所に盛り込まれているということになる。そのような計量的な見方は、日本語学以外でも多くの分野に見られることであり、ある意味で学問の主流をなしているといえるかもしれない。

　改訂版の出版の際には、データなどを最新のものに改めると同時に、最近の知見に基づいて、記述内容も見直した。その結果、旧版以上にわかりやすく使いやすいものになった。

　執筆者の方々の多大なご協力に感謝するものである。

荻野　綱男

目　　次

はしがき ……………………………………………………………… i

Ⅰ　総　　論
日本語学とは ……………………………………………………… 2
 1　日本語学と言語学 ……………………………………………… 2
 2　日本語学の諸分野 ……………………………………………… 2
 3　日本語学の学び方 ……………………………………………… 4
 4　日本語の変化と現代日本語学 ………………………………… 5
 5　応用分野・関連分野の位置づけ ……………………………… 6
 6　世界の言語と日本語 …………………………………………… 8
 7　国語と日本語 …………………………………………………… 13

Ⅱ　各　　論
音声と音韻 ………………………………………………………… 18
 1　言語音 …………………………………………………………… 18
 2　音声学と音韻論 ………………………………………………… 18
 3　音声器官 ………………………………………………………… 19
 4　母音と子音 ……………………………………………………… 20
 5　音韻論 …………………………………………………………… 25
 6　韻律（アクセント・イントネーション・プロミネンス・ポーズ） … 27

語　　彙 …………………………………………………………… 36
 1　語と語彙 ………………………………………………………… 36
 2　語の性質と語彙 ………………………………………………… 39
 3　語彙の体系 ……………………………………………………… 52
 4　語彙の計量 ……………………………………………………… 53

意　味　58
1. 語の意味とは　58
2. 意味の体系性　60
3. 意味の派生　65
4. 意味の合成　66

文　法　70
1. 言語のさまざまな単位と「文法」　70
2. 活　用　72
3. 文の構造　79
4. 文法カテゴリー各論　86

文章と文体　98
1. はじめに　98
2. 指示詞　99
3. 接続詞　102
4. 文章・談話とテンス・アスペクト　103
5. さまざまな文章・談話　104
6. 文体のバリエーションと変化　106

文字と表記　110
1. 日本語で使われる文字の種類と成り立ち　110
2. 漢字を読む　115
3. 漢字を書く　117
4. 仮名で書く　120
5. 文字教育・文字生活　121
6. 漢字の性質と表語性　123

敬　語　128
1. 敬語表現の分類　129
2. 敬語の変化　132
3. 地域社会と敬語行動　136
4. 敬語行動から見る地域社会の類型　138

方言と共通語　142

	1	方言とは	142
	2	共通語とは	151
	3	方言の共通語化	152
	4	方言の最近の変化	155

Ⅲ　応用分野

日本語教育 …… 162

1	「外国語としての日本語」の教育	162
2	国内の日本語教育の特徴	166
3	学習者にとって日本語とはどのような言語か	168
4	日本語教育からみた日本語の特徴	169
5	日本語の教え方	175
6	日本語教師養成と期待される能力	176

社会言語学 …… 180

1	社会言語学とは	180
2	言語の多様性	185
3	言語と社会活動	189

コンピュータ言語学（日本語情報処理） …… 196

1	翻訳ソフト	196
2	音声合成——テキスト読み上げソフト	199
3	音声認識	201
4	形態素解析	202
5	コーパス	204
6	コンピュータ言語学の目標	205
7	日本語学とコンピュータ言語学の関連	207

心理言語学 …… 210

1	心理学と言語学の関連——心理言語学とは	210
2	心理を扱った日本語研究	211
3	言語習得	215
4	第二言語習得	218

対照言語学 　222
　　1　対照言語学とその周辺 　222
　　2　対照言語学の意義 　223
　　3　日本語と英語の対照 　226
文化人類学 　234
　　1　文化人類学とは 　234
　　2　文化人類学の手法と現地調査 　235
　　3　日本語の研究と文化人類学 　237

Ⅳ　基礎知識
図書館と文献の調べ方 　246
　　1　文献の種類 　246
　　2　どのような文献があるか、何を読むべきかを調べる 　249
　　3　文献を手に入れる 　253
　　4　書誌情報の記録、文献の整理・保管 　254
学会情報 　256
　　1　文系中心の学会・研究会 　256
　　2　理系中心の学会・研究会 　256
ネット情報 　266
　　1　言語データの収集 　266
　　2　ネット上で使えるツール 　272
　　3　おわりに 　274

索　引 　276

コラム
　1　日本語の値段 　16
　2　日本語の死 　35
　3　言語の接触 　97
　4　マルチリンガル 　127

5	看板のことば	141
6	辞　書	160
7	WWW（ウェブ）	179
8	コーパス	221
9	モバイルメディア	233
10	ヴァーチャル・コミュニケーション	244

I 総論

日本語学とは

1　日本語学と言語学

　日本語学は言語学の一分野である。
　言語学は、言語を対象とした研究の全体を指し示すものである。それを下位分類して示すときは、大きく二つの方法がある。
　一つは、言語別であり、日本語学の他に、英語学、ドイツ語学、中国語学、……などがあり、アイヌ語学、ンデベレ語学のように話者も研究者も少ない言語の研究も含まれる。
　もう一つは、研究分野別であり、音声学、音韻論、語彙論、意味論、文法論、文章論、文体論、文字論などがある。分野別の言語学では、対象言語は何でもいいことになるので、たとえば意味論の研究で日本語とドイツ語を取り上げて分析するようなものがあったりする。
　言語が異なると、そのしくみがまったく違ってくることも多いので、英語の文法論を研究していた日本人が日本語の文法の研究をすることはよくあるが、アイヌ語の文法研究をすることは少ない。実際にアイヌ語の文法を研究するためには、まずアイヌ語自体の勉強が先立つ必要があり、ここがなかなか大変だからである。日本人は日本語を母語とすることが多いから、他の言語に関する研究方法を母語の研究に当てはめることは比較的簡単にできる。

2　日本語学の諸分野

　日本語学は、さまざまな下位分野に分かれている。本書では、「Ⅱ各論」の各章がその下位分野にあたる。
　これらの下位区分は言語学の分野の下位区分とほぼ一致することになる。そうでないのは「敬語」であろう。世界の諸言語の中で発達した敬語体系を有するも

のの一つが日本語なので、日本語学では敬語の研究が重要な一部を占めるのだが、世界の諸言語では必ずしも重要視されない場合がある。

　日本語学の下位分野は、それぞれが異なる考え方を持っていることがあり、それぞれの特徴的な考え方を理解することが重要である。

　音声学の分野では、世界共通の、すなわち全言語に通じる考え方をするのが普通である。したがって、日本語学独自の音声学というものは存在しない。日本語を離れて、音声そのものを客観的にとらえ、そのような全言語的観点で日本語の音声をとらえたらどうなるのかを把握することがポイントになる。一方、**音韻論**の分野では、音韻体系が言語ごとに違って組み立てられる。全言語に当てはまるようなものは、研究方法や考え方だけであり、分析結果としての音韻のしくみは日本語なら日本語だけに当てはまるものである。

　語彙論では、さまざまな観点から語彙体系を眺めることができる。要素の数が多いことが語彙の特徴であり、それをいろいろな観点で区分しながら眺めることで日本語の語彙の実態が浮かび上がってくる。

　意味論では、一見把握しにくい「意味」を扱う。「意味」にはさまざまなレベルの考え方が混在していて、それを整理してとらえる必要がある。また、意味の研究としては、何を材料にして客観的な分析ができるかを考えておくことが重要である。

　文法論では、従来の学校文法ではとらえきれなかったさまざまな文法現象（主として単文レベルの規則性）を捉えようとする。日本語がどのような精緻な文法体系を有しているかを理解することが望まれる。

　文章論では、長い文章の中に見られる構造を把握することが大事である。この分野は、文法論と関連しつつも、それを越えたさまざまな研究がなされてきている。

　文体論では、日本語の文体の多様性を認識することがポイントである。文体は、さまざまな表現効果と関わり、日本語による言語生活を豊かにしてくれるものである。

　文字論では、日本語の特徴の一つとも言える複雑な文字体系のしくみを理解するとともに、書き手がいかにそれらを巧みに使い分けて表記しているかをとらえることがねらいである。

敬語も、日本語の特徴の一つであり、興味深い現象がいろいろある。言葉のしくみとしてのおもしろさの他に、実際にどのように使うのかといった敬語行動面の理解が大事であり、それは日常のスムーズなコミュニケーションと直結する問題である。

　方言学は、日本語の多様性を教えてくれる大事な分野である。最近は共通語の普及が著しいが、各地に残された方言の豊かさと多様性に気付いてほしい。また、方言と共通語をうまく使い分けることによって、我々の言語生活がさらに充実したものになる面にも配慮が必要である。

　このような各分野をそれぞれに学ぶとともに、全体を関連付けて総合的に学ぶ必要性についても述べておきたい。

　言語のどういう側面を見るかによってそれぞれの下位分野があるのだが、これらはすべて日本語学の一部であり、相互に関連している。たとえば、最近使われることが多い「見れる」のような「ら抜き言葉」の場合でも、単に活用の問題だからといって文法論的な考察だけですまされるわけではない。個々の動詞ごとに「ら抜き言葉」の現れやすさが異なるというのは語彙論的な問題であるし、短い言い方が広がっていることは音韻論的な位置づけも可能である。日本の各地で「ら抜き言葉」の現れやすさが違うのは、各地の方言体系の影響が考えられ、方言学とも関連する。このように、何かの具体的な課題を追求していく上では、各下位分野の考え方を踏まえた総合的な態度が必要である。高い山は広い裾野を持っているものである。卒業論文などの具体的なテーマを徹底的に追求して、高みにのぼろうとするためには、それ以前に、日本語学の全体を把握して、裾野を広げておくことが望ましい。さらにいえば、関連分野・周辺分野についても知っていることがいっそう裾野を広げてくれるものである。

3　日本語学の学び方

　日本語学を学んだことのない人が日本語学を学び始めるとき、どのようにするといいだろうか。

　第1に、入門書を学ぶとよい。入門書は予備知識がなくても読めるものである。本書も入門書の一つである。書名に「入門」や「概説」、「概論」などが含まれる

ものが入門書である。何冊も読む必要はあまりなく、1冊で十分であろう。

　第2に、講座ものを学ぶとよい。「講座」とは、シリーズ名として「講座」をうたうもので、10巻から20巻くらいで日本語学の各分野をカバーするスタイルになっている。入門書を読み終えた程度の知識がある人を対象に、各分野をかなり詳しく解説するスタイルで書かれている。

　第3に、専門文献（専門書や専門雑誌）を学ぶことになる。その分野のことをかなり理解している人向けに書かれるもので、その分野の常識的なことは書かれず、読者がわかっていることが前提となる。専門書といえば研究書であり、著者の長年の蓄積をまとめたものが多い。専門雑誌のうちの代表的なものは各種学会が発行する学会誌である。各分野の最先端の研究が掲載される。

　日本語学に限らず、どの分野にも当てはまることであるが、一つの学問領域を学ぶためには、幅広い知識の獲得と特定のテーマの追求の両面がある。入門書→講座→専門文献は、テーマが幅広いものから狭いものまでをこの順に並べたものであり、やさしいものからむずかしいものまでを並べた順でもある。通常は、入門者としてこの順番に学んでいくことが推奨される。しかし、一方では、あるテーマを専門に研究している人が入門書を読むようなことがあってもよい。自分のすでに知っていることであっても、何かと得られることは多い。

4　日本語の変化と現代日本語学

　日本語の歴史を**日本語史**という。文献からわかる限りでは、千数百年の間に日本語はさまざまな歴史的変化を遂げてきた。それを扱う分野を日本語史学ということもある。

　現代日本語と対比して、昔の（江戸時代以前の）日本語を古典日本語、古典語、古文などと呼ぶ。古典語の研究は、必ずしも歴史的変化の観点を含むものではないが、昔の一時点の言語体系を研究する場合にも、その前後の時代との関連なしでは不十分にならざるを得ないので、古典語の研究と日本語史学は、深く関連するものである。

　現代日本語は、過去の歴史の上にあるものであるから、歴史的観点を無視することは良くない。しかし、本書では、日本語史および日本語史学は扱わないこと

にする。理由は以下の通りである。

　第1に、日本語史は、日本語学のすべての下位分野に関わるものであり、日本語史的な観点を持ち込むと、日本語学全体の構成がわかりにくくなってしまう。

　第2に、古典語の研究と現代語の研究では、研究方法がかなり異なる面がある。古典語では、使える資料がほぼ文献（幸いにも現代まで伝わった書かれた資料）しかないが、現代語では、現代の文献の他に、多くの話者の内省や意識が資料になる。両方を踏まえた日本語学の入門書では、現代語研究のためには、話者の内省や意識の使い方の記述が不足する傾向があり、古典語研究のためには、文献資料の取り扱い方が充分述べられない不満が残りがちである。

　第3に、古典日本語学と現代日本語学では、他分野との関わりがかなり異なるということがある。古典語の研究では、歴史学や文学などと関わる面はあるにしても、他分野と関わるものは比較的少なく、日本語学としての資料の扱い方、議論のしかたなどが確立している。一方、現代日本語学では、研究内容がさまざまな他分野と関連し、学際研究が盛んに行われ、それぞれが他分野の知見を得ながら自分のテーマを研究している面が強い。

　日本語史学は、それ独自の領域を持つものであるから、日本語学全体の理解のためには、本書だけでなく、日本語史学に関するものを読む必要があろう。

5　応用分野・関連分野の位置づけ

　日本語学の中でも、特に現代語研究は、応用分野・関連分野との関連を抜きには語れない。

　日本語教育は、日本語を母語としない人に日本語を教えることであるが、日本語教育の研究者は、同時に日本語のある分野の研究者である場合が多い。日本語の実態を自分で明らかにできるからこそ、それを生かした教育ができるというものである。また、日本語学の成果として、多くの研究者によって日本語に関するさまざまな知見が得られているが、それを日本語教育にどう生かすかということも日本語教育分野の人の関心事の一つである。

　社会言語学は、言語の体系や構造そのものに興味があるというよりも、言語の使い方に興味がある。言語行動や言語使用といったことを研究する分野である。

社会言語学では、言語そのものとともに、話し手や書き手、聞き手や読み手も含めた研究が行われる。言語行動は生きた人間の行うことであり、人間に焦点を当てなければ言語行動を明らかにすることはできない。しかし、言語行動の研究では、人間と同時に、使うべき言語についても研究を行う。たとえば、敬語の研究では、敬語行動のようすを研究する中で敬語体系についての考察も行われる。
　コンピュータ言語学は、情報科学と日本語学の境界領域であるが、その内容は、コンピュータで言語を処理する研究であり、単純に言えば、コンピュータに日本語が扱えるように教え込むことである。日本語学の研究成果としてわかったことを体系立ててコンピュータに教える必要があり、その点では、コンピュータ言語学はまさに日本語学の応用分野の一つであるといえよう。しかし、一方では、コンピュータに教えながら、日本語の性質としてまだ充分わかっていないことがあることがはっきりすることもある。応用研究が基礎研究に影響を与えるというのはこういう面である。
　心理言語学は、心理学と日本語学の境界領域であるが、心理学のさまざまな研究分野の中で特に言語習得の問題が日本語学と深く関連する。子どもが母語を習得していく過程はとても不思議なものである。自分の知らないことを次々と覚え、それによって、たった数年でコミュニケーションができるようになる。しかも、誰しもがそれぞれの周辺で話されている言語を自分の母語として習得する。幼児の言語習得の研究から日本語に関する知見が得られることも多い。
　対照言語学は、さまざまな言語を相互に比べ、共通点と相違点を明らかにする研究である。日本語学と関わると言えば、当然、日本語と外国語の対照研究ということになる。対照研究が発展することで、それぞれの単言語研究にそれまでと違った新たな視点がもたらされることも多いし、また、特に日本語教育との関わりが深く、日本語の学習者の学習上の困難点は、学習者の母語と日本語の「ずれ」が原因になっていることもあるので、対照言語学が発展することは日本語教育にとっても有益なことになる。
　文化人類学は、人間の文化を扱う研究分野である。「文化」の指す範囲は広いが、人間の考え方や生活習慣など、多くのものをカバーするものである。言葉はそれ自体が人間文化の一部であるから、文化人類学分野でも研究されてきた。また、それぞれの言語は数千年にわたって使われるうちに、自ずと、その言語を使

う民族の考え方を反映する方向に変化してきた面がある。我々の世界観のようなものも言語に反映している面がある。色彩名称や親族語彙の研究など、文化人類学分野が主に研究してきたテーマもあるが、日本語の研究の一部でもあり、その意味で日本語学とも強く関連する領域であるといえよう。

　このような、応用分野・関連分野は、日本語学と別の分野だととらえる必要はない。すべてが日本語のいろいろな側面を明らかにしていると考えるならば、それら全部が日本語学の一部である。日本語学は日本語の研究のすべてをカバーするものと考えることがふさわしい。

　従来いわれてきた日本語学は狭い範囲に自分を限定しすぎていた。日本語の問題は非常に広く、多くの分野の研究者によって研究されている。その全体を日本語学ととらえ、お互いにお互いの研究成果を知るようにするべきである。そのようにして研究分野の壁を越えて学際的な研究が盛んになることが日本語学のさらなる発展のために好ましい影響を与えるものであると考える。

　本書では扱えなかった関連領域はまだまだたくさんある。医学・生物学分野や経済学分野も、近年日本語学との接近が試みられている。音楽学・哲学・論理学などとの関わりも興味深い（『言語科学の百科事典』参照）。本書では、日本語学との関連が特に強い分野に限定せざるを得なかった。

6　世界の言語と日本語

6－1　日本語特殊論

　日本語特殊論というのがある。日本語は世界の言語と比べて他にない特色を持った特殊な言語だという考え方である。世間一般には、こういう考え方が受け入れられやすいようである。しかし、しばしばこの手の議論は、日本語と比べるべき言語が英語をはじめとするヨーロッパの言語だけだったりして説得力に欠けるものが多い。日本語をもっと多数の言語の中において比べて考えるようにしないと何ともいえない。

　また、ことさらに言語体系の一部を取り上げ、この通り日本語は特殊だという議論を展開するものもある。こういう考え方は、「犬のことを /inu/ というのは

日本語だけであるから日本語は特殊だ」といっているようなものかもしれない。同様の議論では、犬のことを /dog/ というのも英語だけだから、英語も特殊ということになってしまう。

　ここでは、日本語が特殊と考えられる面のいくつかを示すが、それをもって日本語が特殊だと主張するものではない。逆に、世界の言語（の中のいくつか）と共通することがたくさんあることに留意していただきたい。

　第1に、日本語と系統関係にある言語はないと考えられるので、日本語は系統が不明であり、その意味で特殊だということである。もっとも、世界には系統が不明な言語はたくさんあり（というか、それが普通であり）、系統関係がはっきりわかっているのは、インド・ヨーロッパ語族をはじめとするほんのいくつかの語族だけだというほうがいいだろう。

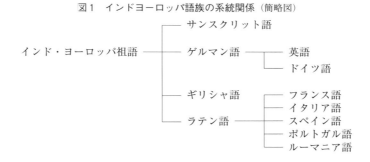

図1　インドヨーロッパ語族の系統関係（簡略図）

　系統関係というものを説明しておこう。現在の世界の諸言語の中のいくつかが一つの祖語からそれぞれ分岐してできあがってきたと考えられるときに、その全体を「**語族**」という。語族は、20個程度あるとされる。それぞれの言語がどの語族に属するかということを系統という。ヨーロッパで発達した比較言語学の考え方では、現在の諸言語および文献に残された死語（現在は話し手が一人もいない言語）などを集めて比較検討すると、相互に類似した言語があるが、それらはもともとは一つの言語（**祖語**）であったと考えられ、それが各地で言語変化を起こして現在の諸言語になったと考えることが適当だということになる。「祖語」は、仮説であり、そういうものがあったとすれば語族全体の言語変化を説明できるように研究者によって考え出されたものである。ある言語の系統関係が明らか

になるということは、その言語と親族関係にある言語が何であるかがわかり、かつ、祖語がどのように変化してそれぞれの言語ができあがったかが説明できることである。逆に、系統不明ということは、その言語と親族関係にある言語がなく、世界的に見て孤立しているということである。

日本語は、文法的に北方のアルタイ語族と似ているとか、語彙は南方諸島のアウストロネシア語族に共通するものがあるなどの研究がなされてきたが、多くの人が一致して認める説はない。

したがって、日本語は系統関係が不明であり、親族関係にある言語を持たない。例外は、琉球語であるが、これは沖縄方言、つまり日本語の一部と位置づけられよう。したがって、日本語は系統関係として孤立していることになる。系統的に孤立していることは、似た言語がないということに通じるので、「特殊だ」とする考え方に結びつきやすい。

第2に、日本語≒日本国≒日本人ということがある。日本語の話し手はほぼ日本人と重なり、日本人の住む範囲はほぼ日本国内に限られるという現象である。これについては、図2を参照してほしい。(『図説日本語』p.18)

図2は、世界の諸言語を「国内でその言語の話し手の占める比率」と「その言語の話し手全体の中で、その国民の占める割合」で表示したものであり、言語と

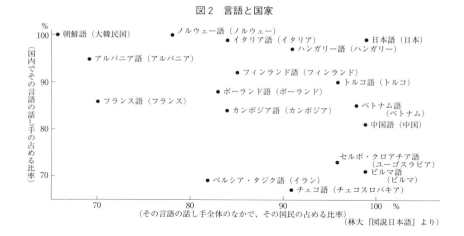

図2 言語と国家

(林大『図説日本語』より)

国家の一致度を示している。両方ともほぼ100%を示すのは、日本語だけである。ノルウェーやイタリアも、国内ではノルウェー語やイタリア語がほぼ独占しているものの、ノルウェー語話者はスウェーデンにもいるし、イタリア語話者はスイスやフランスにもいるので、日本ほど極端にはならない。

　日本にはアイヌ語（これも系統不明の言語）があるので、日本は単言語国家ではないという主張がある。それはそれで正しいけれども、日本に生活する人が、向こうからやってきた見知らぬ人に話しかけるときに、日本語にしようかアイヌ語にしようかと悩むことはない。つまり、実生活上はアイヌ語の存在はほぼ無視されていることになる。日本国憲法にも公用語の規定がない。

　他の国にも同じ言語の話し手がいるとなると、その言語のことを決めるのに、自分たちの国だけでは決められないことになる。日本人の外国移民は、ハワイやブラジルをはじめ、世界中にいるが、人数比ではさほど大きな比率ではない。

　日本でも最近は外国人の旅行者や定住者が増えてきており、あちこちに多言語表示がされるようになってきている。それでも、外国人の比率は1.8%程度と非常に低い。

　このような言語状況は世界的に見てきわめて珍しく、特に、1億人を超える話し手人口を持つ言語としては唯一といってよい。この点は日本語の（日本人の、あるいは日本国の）特殊な点である。

　このことから、日本語は国内で非常に通じやすく、通じるのが当然となっているので、日本人は他人の日本語のちょっとしたなまりに敏感に反応し、「おや、お国はどちら？」などと質問したり、外国人をいつまでも外国人扱いしたりする。また、「腹芸」や「行間を読む」といった言語行動パターンがあるのは、日本語がお互いに通じることを前提にしているからであろう。

　第3に、日本語に敬語があることである。ただし、韓国語のほうが日本語以上に敬語が発達していて、使い分けも細かく厳密なので、日本語だけの特徴ではない。しかし、デスマスの有無で待遇レベルが二つに分かれてしまうことに象徴されるように、日本語は敬語なしでは何も話すことができないくらいに敬語が言語体系の中にしっかり組み込まれているという点で、日本語（と韓国語）は世界の言語の中で特殊な位置にある。世界の諸言語は、これらに比べると、敬語的な使

い分けルールが厳密でない。

　第4に、漢字という複雑な文字体系の存在である。漢字は文字の種類が非常に多く（諸橋大漢和では約5万字を収録している）、世界でも複雑な文字体系である。また、漢字使用自体は、中国や朝鮮半島、ベトナムなどにも共通するが、日本語の場合、音読みと訓読みという二つの読み方がある点が漢字の使用をいっそう複雑にしている。他の国では読み方は音読みしかないので、日本よりは簡単である。また、日本では、漢字とともに独自の民族文字（カタカナ・ひらがな）を混在させて使う点も、送り仮名や振り仮名を通して、また、漢字表記とカナ表記の「ゆれ」の問題を通して、表記の複雑さに関わっている。

　第3や第4の点は、日本語だけの特徴ではなくなっているが、これら以外の点は、世界の言語に同様のもの、共通するものが存在するという点で、ますます日本語の特殊論とは違ったものになってしまう。（角田太作『世界の言語と日本語』参照）

6－2　言語類型論
　世界の諸言語の関係を考えるときに、歴史的な基準による系統関係の他に、言語の構造のタイプによって分類することがよく行われる。これを**言語類型論**という。
　古典的な言語類型論では、言語のタイプを表1のように四つに分類する。ここでいう言語のタイプとは、語がどのようにして文を構成するかという観点からの分類である。
　しかし、現実の言語は、明確に4分類しきれるものではない。
　英語は、本来は屈折語だが、現代英語では複雑な格変化は代名詞だけにあり、あとは動詞が3人称単数現在のときに-sを取るとか、過去形や過去分詞形のときに不規則な形があるなど、一部に屈折語の形態をとどめるだけで、前置詞が発達したり、助動詞（canやmay、willなど）を使うようになったので、むしろ膠着語らしくなっている。
　日本語は、膠着語として、名詞や動詞の後ろに助詞や助動詞がたくさん付く形

表1　言語の構造のタイプの4類型

言語のタイプ	タイプの特徴	言語の例
孤立語	語形がいつも一定で、変化がなく、語の文法的機能は語順で示される	中国語
膠着語（コウチャク）	自立語にさまざまな付属語が接続し、それらがつながって文になる	日本語
屈折語	語の文法的役割を示すのに、語形が変化したり、接辞を加えたりする	印欧諸語
抱合語	動詞が主語や目的語などを含み込んでしまい、語と文が区別しにくい	エスキモー語

になる。しかし、動詞の音便形（歩いた、飛んだなど）では、語幹の形が変化しており、その面では屈折語的である。

　こうしてみると、古典的な4分類では言語の類型をとらえるには不十分であることがわかる。

　言語類型論の研究にはさまざまなものがあり、たとえば語順の研究（主語をS、目的語をO、動詞をVとしたとき、ある言語がSVOか、SOVか、その他かといったもの）なども類型論的な観点である。日本語はSOV型の言語とされる。しかし、世界の多数の言語について調べると、SOV型の言語が実は最も一般的であり、日本語はその一つにすぎないことがわかる。

　このように、言語類型論的な分類では、日本語は世界の言語と比べて特に変わったところがない。

　言語類型論は、基本的に、世界の多数の言語の中に見られる共通性を求めようという研究であり、その意味では、日本語が特殊でないという結論に至るのは当然である。

7　国語と日本語

　日本語学の研究対象である「日本語」には「国語」という言い方もある。両者の関係はどうなっているのだろうか。

　「**日本語**」は、「日本」で使われている「語」（つまり言語）ということである

から、フランス語やインドネシア語と同様に、「国の名前＋語」という形をしており、世界に通じる言い方である。

　一方、「**国語**」は、「国」の「言語」という意味である。日本に住むものの考えでは、日本語と実際上同じものを指している。しかし、「国語」という言い方は、その国で使われる言語が事実上一つしかない場合でないと、いいにくい。「6－1」で見たように、日本は言語の話し手と国民がほぼ一致し、国民の住む場所と国の領土がほぼ一致するという、世界的に珍しいところである。世界の国々では、国内に複数の言語が使われる場合がむしろ普通である。ということで、世界の常識では、「国語」などという言い方で一つの言語を指すという発想ははじめから存在しない。こういう言い方があるのは、日本の他には韓国語（クゴという言い方で韓国語を指す）およびベトナム語（クォック・ングーという言い方でベトナム語のアルファベット表記を指す）くらいしかない。日本人の常識は世界の非常識とも言えよう。

　日本では、しかし、明治以来の伝統で学校の教科として「国語」が存在した。したがって、それに関する複合語は「国語〜」という名前を持っている。文化庁国語課、国立国語研究所などの組織名はそういう事情を反映している。国語教育は、日本語を母語とする児童・生徒に日本語（や日本文学など）を教えることである。この点で、日本語を母語としない人に日本語を教える日本語教育とは明確な違いがある。国語教師と日本語教師も、国語教科書と日本語教科書もまったく別である。

　一方、国語と日本語が区別されずに使われるところもある。日本語学と国語学は、ほぼ同じものを指す。（人によっては、日本語学が現代語中心で外国人研究者の研究も含むのに対して、国語学は古典語中心で外国人研究者の研究を含まないなどと意識する場合もあるが、それほど明確な違いではあるまい。）この分野の中心的学会である国語学会が2004年から日本語学会に改称したが、それによって所属する研究者の大移動があったということはない。大学の学科名では、（国語）国文学科が（日本語）日本文学科になる例が続いているが、逆の例はない。これらの点から、日本語と国語が同じものを指すといっても、日本語のほうが新しく、国語のほうが古い語感があるといえそうだ。（実際には、「日本語」の用例も古くからあるのだが。）

〔**参考文献**〕

風間喜代三・松村一登・上野善道・町田健（2004）『言語学　第2版』東京大学出版会
北原保雄他（編）（2002-2005）『朝倉日本語講座』（全10巻）朝倉書店
計量国語学会（編）（2017）『データで学ぶ日本語学入門』朝倉書店
国語学会（編）（1980）『国語学大辞典』東京堂出版
金田一春彦他（編）（1988）『日本語百科大事典』大修館書店
佐久間淳一・加藤重広・町田健（2004）『言語学入門－これから始める人のための入門書』研究社
佐藤喜代治（編）（1977）『国語学研究事典』明治書院
佐藤武義他（編）（2014）『日本語大事典』朝倉書店
角田太作（1991）『世界の言語と日本語－言語類型論から見た日本語』くろしお出版
林大他（編）（1981）『図説日本語』角川書店
宮地裕編（1989-1991）『講座　日本語と日本語教育』（全16巻）明治書院
安田敏朗（1999）『「国語」と「方言」のあいだ－言語構築の政治学』人文書院
安田敏朗（1997）『帝国日本の言語編制』世織書房
安本美典（1995）『言語の科学－日本語の起源をたずねる』朝倉書店
吉田和彦（1996）『言葉を復元する－比較言語学の世界』三省堂

1 日本語の値段

　日本の経済発展によって、国際社会での日本語の地位が1980年代までに大きく上昇し、その結果、各国での日本語の学習者の数は200万人に及んだ。

　国立国語研究所が行った「日本語観国際センサス」によれば、日本語学習経験の有無について、学習経験があると答えた割合は、①韓国49％、②台湾29％、③シンガポール11％、④オーストラリア11％、⑤中国7％、⑥アメリカ5％、⑦タイ4％の順となっている。

　日本語の読解力についての調査では、韓国や台湾、シンガポールといった日本語学習経験者が比較的多い国々でも、それに反してほとんど読めないというのが実情であった。これに対して英語は、イギリス、オーストラリア、アメリカの3国は英語国であるので当然であるが、イスラエル、シンガポール、フィリピン、オランダでも、書かれたものの中身の見当がおおよそつく読解力、ナイジェリア、インドなどでは日常生活に必要な決まりきった表現がわかる読解力があるとの結果となった。日本語と英語の国際社会における評価と価値が見て取れよう。

　英語は、「インドヨーロッパ語族」の中では文法も発音も文字も一番シンプルで、世界共通語的な位置づけを得やすかった点もあるが、世界の優勢言語は、英語・スペイン語・フランス語・ドイツ語・ポルトガル語のような産業革命以後、今日まで世界を牽引してきた国家の言語であり、軍事力や政治力、経済力などの国力とことばの価値は相関するようだ。平等であるはずの言語に、実は市場価値の点で明らかな格差がある。日本語は経済低迷が影響して留学生の来日数がバブル期に比べて減るとともに、学習者も減少した。日本語学習者の減少は、日本に関心をもつ人や日本を理解する人びとの減少につながり、国際社会における地位低下にもつながっていく。国際交流基金の調べでは、隣国の韓国や中国、インドネシアでは、日本語学習者が大きく減少していることがわかった。日本語安の状況はなかなか回復の見込みがない。

Ⅱ 各 論

音声と音韻

1　言語音

　生きている言語とは何であろうかを考えた場合、それは音である。日本人の中には、言語＝文字と考える人が多いが、文字は言語にとって必要不可欠なものではなく、2次的なものである。現存する言語で、文字を持たない言語は、文字を持つ言語よりも数多く存在する事実がそれを物語る。

　自然界には多くの音が存在するが、ヒトが意思疎通のために発する音を「**言語音**」という。風にそよぐ木の葉の音、雨のしずくが落ちた音、これらは言語音ではない。一方、あくびや感動の拍手は、ヒトが関わったもので、意思疎通に用いられることもある。しかし、言語音とは、音を小さな部分に分解することができ、それらから別の組合せを作ることのできる性質を持つものである。あくび・拍手・げっぷ・くしゃみ・咳払い・舌打ち等は非言語音と呼ばれる。

　以下、東京を中心とする地域の現代日本語の音声について概説する。

2　音声学と音韻論

　言語音の研究は、文系的なものだけではなく、音声を物理学的・工学的にとらえる音響音声学などの分野がある。また、医学的な立場・方法に基づいた、言語聴覚士（スピーチセラピスト）という資格が設けられ、発音に関する指導・助言を行う専門職として注目されている。

　文系としての言語音研究の立場や方法には、**音声学**と**音韻論**がある。この両者は互いに補い合うが、両者には次のような相違点がある。

　　音声学：普遍的なもので、世界中の言語に通じる一つの音声学がある。体のどの部分をどのように使って、どのような音が作り出されるのかを物理的、現実的な事実として捉える。一つの言語のみならず、あらゆる言

語を対象とすることができる。音声学的にとらえた音の最小単位を「**単音**」という。音声学の分野には、調音音声学・聴覚音声学・音響音声学がある。

音韻論：言語固有のもので、それぞれの言語ごとの音韻論がある。ある言語で、音声学的に捉えられた音の異なりを、「意味の区別に役立つか否か」という観点から捉える。この観点は個別の言語のみに有効であり、この点が音声学とは異なる。音韻論的にとらえた音の最小単位を「**音素**」という。

3　音声器官

ヒトが言語音を発するために使用する器官を**音声器官**という。音声器官には空気の送り手となる肺やその通り道である器官が含まれる。

音声器官は、呼吸器官であり、摂食器官でもある。音声器官のうち、さまざまな音を作る器官を特に**調音器官**と呼ぶ。図1は日本語の言語音に関わりの深い調音器官の主要部分である。各器官の主な働きなどは次の通りである。

喉頭(こうとう)……気管の最上部付近。

声帯……喉頭にある。声帯が振動することによって声が出る。

唇　……調音器官の中で、唯一その動きを直接見ることができる。

舌　……舌は最も動きの大きい調音器官で、前舌・中舌・後舌の三つに分けて扱われる。前舌の先端部分を特に舌尖(ぜっせん)と呼ぶ。

歯　……調音に際しては、前歯が重要な働きをする。

歯茎……上前歯の歯茎が調音点となる。

硬口蓋(こうこうがい)…上顎の前部、しわのある部分。

軟口蓋(なんこうがい)…上顎の後部、柔らかい部分。

口蓋垂(こうがいすい)…咽頭にある、いわゆる「のどひこ」。

咽頭……口の奥の部分。上は鼻腔に、下は喉頭に、前は口腔に接する。

鼻腔(びこう)……呼吸のための空気の通り道であるが、ある種の音は口腔ではなく鼻腔を音の通り道として使用する。「はなむろ」とも言う。

口腔(こうこう)……「くちむろ」とも言う。

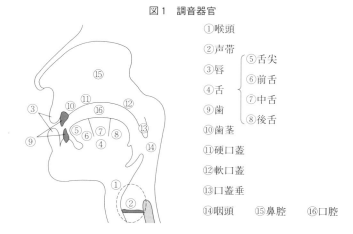

図1　調音器官

①喉頭
②声帯
③唇
④舌　　⑤舌尖
⑨歯　　⑥前舌
⑩歯茎　⑦中舌
⑪硬口蓋　⑧後舌
⑫軟口蓋
⑬口蓋垂
⑭咽頭　⑮鼻腔　⑯口腔

4　母音と子音

4－1　音声記号・音声表記

　音を目で見えるように表記するための記号を**音声記号**（音声字母）といい、表記されたものを**音声表記**という。世界の諸言語で用いられる言語音を区別する基準として最も広く用いられる音声記号が「**国際音声記号**（International Phonetic Alphabet　略称 **IPA**、国際音声字母とも）」である（32頁図6参照。インターネットには音の聞けるサイトがある）。音声表記には、複数言語の音声を精確に比較対照するような場合の精密表記と、一言語の音声表記に用いる場合のような簡略表記という二つのレベルがある。以下、本書では簡略表記を用いる。

4－2　単音

　「か」や「さ」を長く延ばして発音すると、最後はいずれも「ア」に聞こえる。これらをローマ字で書けばわかるように、か＝ka、さ＝sa であり、k と s の違いが「か」と「さ」になるのである。このことから、k、s、a という小さな音の単位を拾いだすことができる。このように、音声学的に捉えた音の最小単位を「**単音**」という。

　日本語で用いられる単音は、次のように分類することができる。
　　a．呼気の流れへの妨げ：有＝子音、若干有＝半母音、無＝母音

b．声帯振動：有＝有声音、無＝無声音

aとbの組合せで、表1のように分類することができる。

表1　単音の分類

b＼a	有	若干有	無
有	有声子音	半母音	母音
無	無声子音		（無声化母音）

声帯は、声帯振動の状態によって次のような形状になっている。

図2　声帯の状態（服部四郎（1951）より）

　　無声音　　　　　吸気　　　　　ささやき　　　　有声音

声帯は喉仏(のどぼとけ)のあたりにあるが、図の上方が喉仏側である。吸気の状態では左右の声帯が大きく開いている。有声音の場合には声帯の間の空間（声門）が閉じられ、肺からの気流が声帯に当たって振動させることによって声が出る。無声音の場合は吸気の状態よりもすこし声門が狭まるが、肺からの気流が声帯を振動させることなく送り出される。

4－3　母音

　現代日本語（共通語）にはア・イ・ウ・エ・オの五つの**母音**がある。母音の異なった音色は、口の開きと、舌の位置を組み合わせて作り出す（他の言語ではこれらの他に、唇の丸めの有無が加わることがある）。

　日本語の五つの母音について、口の開きと舌の前後位置の相対的関係をまとめたものが「**母音三角形**」（図3）である。一方、諸言語の母音を比較するための目安として用いられるのが、イギリスの音声学者D・ジョーンズによって定められた「**基本母音**」（図4）である。基本母音の4隅は、それぞれ母音としての舌の最高点・最低点の限界を示すものである。

日本語の母音は、口の開き具合（大＝広、小＝狭）で三段階、「狭母音イ・ウ、半広（半狭）母音エ・オ、広母音ア」、舌の前後位置で三段階「前舌母音イエ、中舌母音ア、後舌母音オウ」に分類される。ウは円唇性（唇の丸め）が弱く、音声記号［ɯ］で表記される。また、基本母音との比較から、ウはオよりも前寄りであることが分かる。なお、他の言語（フランス語等）では鼻に抜ける音（鼻母音）が母音分類の要素となることがある。

　母音は声帯の振動を伴う有声音であるが、口の開きの小さいイ・ウ等で**無声化**が起こる場合がある。無声化は該当する母音に。を付けて示す。

・無声子音に挟まれた場合…　草［kɯ̥sa］、舌［ʃi̥ta］、母［hḁha］
・語末の場合…　〜です。［〜desɯ̥］

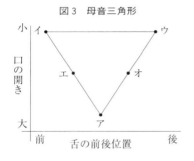

図3　母音三角形

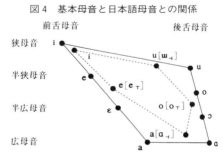

図4　基本母音と日本語母音との関係

［　］の中はI.P.Aによるやや詳しい表記。┬はやや広いことを、┤は前よりであることを示す。またɯは唇を丸めない狭い後舌母音を表す字母。
（上村幸雄「現代日本語の音韻体系」〈松本泰丈編『日本語研究の方法』むぎ書房　所収〉より）

4－4　子音

　子音は、呼気の流れに音声器官のどこかで何らかの妨げが加わるもので、妨げの加わる箇所を**調音点**、妨げの方法を**調音法**と呼ぶ。これらに**声帯振動の有無**（有声・無声）を加え、日本語の子音は表2のようにまとめられる。

表2　調音点・調音法・声帯振動の有無による子音・半母音の分類

調音法 ＼ 調音点			両唇音	歯茎音	歯茎・硬口蓋音	硬口蓋音	軟口蓋音	口蓋垂音	声門音
子音	口音	破裂音 無声	p	t			k		ʔ
		破裂音 有声	b	d			g		
		摩擦音 無声	ɸ	s	ʃ	ç			h
		摩擦音 有声		z	ʒ				
		破擦音 無声		ts	tʃ				
		破擦音 有声		dz	dʒ				
		弾き音 有声		ɾ					
	鼻音 有声		m	n		ɲ	ŋ	N	
半母音 有声			w			j			

日本語の子音調音法には次のようなものがある。

　破裂音…溜めておいた呼気を一気に放出する。閉鎖音とも呼ばれる。
　摩擦音…調音点で呼気の通り道を狭め、その隙間から呼気を通す。
　破擦音…破裂の直後に摩擦を伴う。
　弾き音…舌先を軽く一度弾く。
　鼻　音…呼気を口腔ではなく鼻腔を通して出す。

4－5　五十音図の音声表記（日本語の音節）

現代日本語の標準的音声表記で**五十音図**をまとめると次のようになる。

表3　音声表記による拡大五十音図

a	i	ɯ	e	o			
ka	kʲi	kɯ	ke	ko	kʲa	kʲɯ	kʲo
sa	ʃi	sɯ	se	so	ʃa	ʃɯ	ʃo
ta	tʃi	tsɯ	te	to	tʃa	tʃɯ	tʃo
na	ɲi	nɯ	ne	no	ɲa	ɲɯ	ɲo
ha	çi	ɸɯ	he	ho	ça	çɯ	ço
ma	mʲi	mɯ	me	mo	mʲa	mʲɯ	mʲo
ja		jɯ		jo			
ɾa	ɾʲi	ɾɯ	ɾe	ɾo	ɾʲa	ɾʲɯ	ɾʲo
wa							

ga	gʲi	gɯ	ge	go	gʲa	gʲɯ	gʲo
dza	dʒi	dzɯ	dze	dzo	dʒa	dʒɯ	dʒo
da			de	do			
ba	bʲi	bɯ	be	bo	bʲa	bʲɯ	bʲo

パ行

pa	pʲi	pɯ	pe	po	pʲa	pʲɯ	pʲo

ガ行鼻濁音

ŋa	ŋʲi	ŋɯ	ŋe	ŋo	ŋʲa	ŋʲɯ	ŋʲo

日本語では、「清音」「濁音」「半濁音」という「文字の分類」が一般的に知ら

れている。「濁音」ガ行・ザ行・ダ行・バ行はすべて有声子音を持つ。一方、「半濁音」パ行は無声子音である。これらに対し、ア行からワ行までの「清音」には、子音を伴わず母音だけのもの（ア行）、有声子音（ナ行・マ行・ラ行）、半母音（ヤ行・ワ行）、無声子音（カ行・サ行・タ行・ハ行）を持つものがあり、音声学的な共通点が見られない。

単音は、単独または複数の単音の集合によって「**音節**」を形成する。音節は、次のように定義される。

> それ自身に切れ目がなく、その前後に切れ目の認められる単音の連続または単独の音（服部四郎（1951））

表3に示すのは日本語音節の基本的なものである。日本語の音節構造には次のようなものがあり、基本構造4種類（母音V（vowel）、子音C（consonant）、半母音S（semivowel）で表す）と、派生的要素の加わるもの12種類（基本構造4×派生的要素3）、合計16種類である。

```
     基本構造              派生的要素
 V構造（あ、い、う、え、お）┐ ┌撥音（あん、かん、ちゃん、やん等）
 CV構造（か、さ、た、な等）├+┤促音（いっ、たっ、しゃっ、やっ等）
 CSV構造（きゃ、しゃ等）   │ └長音（ええ、こお、よお、わあ等）
 SV構造（や、ゆ、よ、わ）  ┘
```

4－6　音声の音響学的研究

音声研究の方法の一つに、音響分析の手法を用いるものがある。かつては専用の機械を必要としたが、現在ではパーソナルコンピュータを利用した音響分析ソフトウェアが各種開発されている。ヒトの耳では聞き取りにくい微妙な差異を明示したり、聞こえの違いを視覚的に表示してくれる。近年では、言語聴覚士資格取得のための重要な分野にもなっている。34頁に参考文献として「実験音声学・音響音声学」を設けたので、参照してほしい。

5 音韻論

　日本語で、[ika] [ike] はそれぞれ「烏賊」「池」の意味を表す。また、[iki] [iʃi] は、それぞれ「息」「意志」を表す。これらから、[a] と [e]、[k] と [ʃ] という音の異なりは、それぞれ意味を区別する働きをしていることがわかる。一方、普通の状態で発音する「秋」と、「四季で一番好きなのは秋！」というときの「秋」では、後者のアがやや強く口の開きも大きめになり、実際の音としては異なるものの両者の意味は変わりがない。

　同じ語でも個人の中で発話ごとに少しずつ音が変わるが、異なる人物を比較すればなおさらである。音声学的観察では異なる音が、意味の区別に役立っているか否かについて考えるのが**音韻論**である。

5－1　音素と拍

　上述のように、意味を区別する一つひとつの音の単位を「**音素**」と呼び、音韻表記として /a/ /e/ /i/ のように書き表す。音素の組合せでできる音の単位を「**拍（モーラ）**」と呼び、俳句や短歌で五七五に相当するものである。日本語の拍には次のような構造のものがある。

　　　　Ｖ：母音音素のみ…ア、イ、ウ、エ、オ
　　　ＣＶ：子音音素＋母音音素…カ、ガ、サ、ザ、タ、ダ、ハ、バ、パ等
　　　ＳＶ：半母音音素＋母音音素…ヤ、ユ、ヨ、ワ
　　ＣＳＶ：子音音素＋半母音音素＋母音音素…ヒャ、ビャ、ピャ等
　　　　Ｒ：特殊音素（引き音素）のみ…アー、イー、ウー、エー、オー
　　　　Ｎ：特殊音素（撥音素）のみ…ン
　　　　Ｑ：特殊音素（促音素）のみ…ッ

　表4に日本語の拍一覧を示した。

表4　音韻表記による日本語の拍一覧

```
/a   i   u   e   o   ja  ju  jo  wa/
/ka  ki  ku  ke  ko  kja kju kjo/
/ga  gi  gu  ge  go  gja gju gjo/
/sa  si  su  se  so  sja sju sjo/
/za  zi  zu  ze  zo  zja zju zjo/
/ta  ti  tu  te  to  tja tju tjo/
/da          de  do/
/na  ni  nu  ne  no  nja nju njo/
/ha  hi  hu  he  ho  hja hju hjo/
/ba  bi  bu  be  bo  bja bju bjo/
/pa  pi  pu  pe  po  pja pju pjo/
/ma  mi  mu  me  mo  mja mju mjo/
/ra  ri  ru  re  ro  rja rju rjo/
/N   Q   R/
```

5－2　拍と音節

拍と音節との相違点は、**特殊拍**（特殊音素のみの拍）の扱いで、表5のように拍数と音節数が異なる場合がある。

表5　拍数と音節数（音節の切れ目は★で示す）

	講師	仔牛	新聞
拍　数	3/ko R si/	3/ko u si/	4/si N bu N/
音節数	2 [ko：*ʃi]	3 [ko*ɯ*ʃi]	2 [ʃim*bɯN]

5－3　異音と相補分布

　同じ音素のつもりで発音しても、その時々で少しずつ異なった音になる。また、少しずつ異なった音であっても、ある範囲内では同じ音素として聞き取っている。このように、同じ音素が少し異なった音として発音されるものを「**異音**」と呼ぶ。異音には、上のように特定の条件に関わりなく現れる「**自由異音**」と、特定の条件のもとで現れる「**条件異音**」がある。また、条件異音は互いに補い合う形で出現し、「**相補分布**」する。

　撥音・促音は、それぞれひとつの音素としてとらえられるが、その具体的音声

の出現については条件があり、条件異音として現れる。

撥音素 /N/ の異音は、撥音に後続する音によって決まる。その出現条件（後続音）と、現れる異音は、表6のようにまとめられる。

表6 撥音の異音と後続音（撥音素 /N/ の異音の相補分布）

後続音例＼異音	m	n	ɲ	ŋ	N	鼻母音	語例
m、p、b	○						さんま、散歩、昆布
n、t、d、ɾ、ts、dz		○					反対、反乱、煩雑
ɲ、tʃ、dʒ			○				仙人、安直、肝心
ŋ、k、g				○			参加、漫画 [-ŋa, -ga]
後続音なし（語末）					○		本、パン
s、ʃ、h、ç、Φ、j、w、母音						○	音声、翻訳、単位

促音素 /Q/ の異音も、撥音同様に後続する音によって決まる条件異音である。なお、促音素の場合は後続するのが破擦音である場合を除き、直後の音が異音に現れる。

一杯 /iQpai/[ippai]、　一帯 /iQtai/[ittai]、　一回 /iQkai/[ikkai]、
一切 /iQsai/[issai]、　一対 /iQtui/[ittsui]　ベッド /beQdo/[beddo]

6　韻律（アクセント・イントネーション・プロミネンス・ポーズ）

東京方言では、「雨」はアを高くメを低く、「飴」はアを低くメを高く発音し、音の高低配置の異なりによって語（意味）の区別をする。一方、「今日は雨。」の文末を徐々に下げながら言えば肯定文に、文末を急上昇させて言えば疑問文になる。このように、音の高低変化によって、語や文の意味を区別する現象があるが、前者を「**アクセント**」、後者を「**イントネーション**」という。日本語では方言によるアクセントの差異が大きいので、ここでは東京を中心とする地域のアクセントを扱う。

6－1　アクセント

アクセントは、次のように定義される（『日本語学研究事典』による）。

アクセントとは、同一の体系を有する言語（方言）の中で、個々の単位

（＝アクセント論的単位。日本語では、語・文節・あるいは文節の連合体など）について、社会的な慣習としてきまっている、音声の相対的な高低、あるいは強弱の関係である。

　日本語アクセントは音節間の相対的高低による「**高さアクセント**」である。英語・ドイツ語等は強弱による「**強さアクセント**」、中国語・ベトナム語・タイ語等は音節内の高低変化による「**声調アクセント**」である。

　アクセント表記法には次のようなものがある。なお、表7のb.は、NHK『日本語発音アクセント新辞典』（2016）で用いられた最新の表記法である。

表7　アクセントの表記方法

方法	語	端	橋	箸
a.	高い部分に上線を付ける	ハシガ	ハシガ	ハシガ
b.	上線・斜線で高低変化を視覚的に示す	ハシ	ハシ＼ガ	ハ＼シガ
c.	高い部分を●・▶、低い部分を○・▷で示す	○●▶	○●▷	●○▷
d.	核の位置（高い部分の最後）を数字で示す	0	2	1

　アクセントの機能には、「**弁別機能**（雨と飴など同音語の意味を区別する働き）」と「**統語機能**（語の切れ目を示す働き）」がある。ただし、仙台方言などの「無アクセント方言」は、アクセントが弁別機能を持たない。統語機能とは、「ニワニワニワトリガイル」という音の連続でも

　ニワニワニワトリガイル（庭には二羽鳥がいる）

　ニワニワニワトリガイル（庭には鶏がいる）

のように、語の切れ目が示されることによって、意味の相違が明確になる。

　アクセントは音の高低変化であるが、変化が消える場合がある。

　　橋：ハシ、ハシガ、コノハシガ　　　　箸：ハシ、ハシガ、コノハシガ

上の例からわかるように、低から高に変化する部分よりも、高から低に変化する部分が重要な働きをする。このように、高から低に変化する部分を「（アクセントの）**滝**」といい、滝の直前に「（**アクセント**）**核**」があるという。「橋」ではシとガの間に滝が、シにアクセント核がある。「箸」ではハとシの間に滝が、ハにアクセント核がある。一方、「端」では、ハシ、ハシガ、コノハシガとなり、

滝・アクセント核ともにない。なお、「橋」と「端」のように、核の有無は助詞（「が」や「を」など）を後続させることによって知ることができる。

アクセント核の有無・位置によって、アクセントには「平板型」(核無し)、「頭高型」(語の最初の拍に核)、「中高型」(語頭・語尾以外に核)、「尾高型」(語の最後の拍に核)がある。一般向け国語辞典でのアクセント情報は、アクセント核の有無・位置を数字で示す方式（表7d.）が多い。

日本語アクセントには、高低の配置、核の位置・有無、アクセント型の数について次のような特徴がある。

① 最初の拍と次の拍は、高低が異なる（表8参照）。すなわち、最初の拍が高ければ次の拍は低く、最初の拍が低ければ次の拍は高くなる。
② 一つのアクセント単位内（語）には、複数のアクセント核は存在しない。一度高から低に変化すれば再び高に変化することはない。
③ n拍語には「n+1」種類のアクセント型がある（2拍語には3種類、3拍語には4種類）。

表8 アクセント型一覧

		1拍語	2拍語	3拍語	4拍語	核(●)の有無・位置
平板式	平板型	ヒガ 比 が	ハシガ 端 が	カラダガ 体 が	セツゾクガ 接 続 が	0 (アクセント核なし)
起伏式	尾高型		ハシガ 橋 が	アタマガ 頭 が	イチニチガ 一 日 が	n (n拍語のn拍目)
	中高型			ココロガ 心 が	ソヨカゼガ そよ風 が	2
					ミソシルガ 味噌汁 が	3
	頭高型	ヒガ 火 が	ハシガ 箸 が	ナミダガ 涙 が	カマキリガ 蟷 螂 が	1

日本語のアクセントは地域（方言）による異なりが大きく、「**京阪式アクセント**」「**東京式アクセント**」「**無アクセント**」に大別される。これらの分類は音声学的特徴と、史的変化の要素を加味したものである（図5はその分布の概略図）。

図5　日本語のアクセント分布

- ● 京阪式アクセント
- ○ 京阪式に準ずるもの
- │ 東京式アクセント
- － 東京式に準ずるもの
- ▲ 無アクセント
- ▲ 一型アクセント

(『日本語学研究事典』明治書院より)

6－2　イントネーション

イントネーションは、主として文末（や文節末）を昇降させることによって、肯定・疑問・断定・命令・問い返しなどを表現するものである。典型的な例は肯定文と疑問文の区別で、文末を急上昇させれば疑問文になる。また、文末を低く抑えれば命令文になる場合もある。仮に、↗で上昇、→で低く抑える場合を示すと、次のようになる。

　　明日は行く。　　　…意思表現「明日は行くよ」
　　明日は行く↗。　　…疑問表現「明日は行くの？」
　　明日は行く→。　　…命令表現「明日は行きなさい！」

なお、語アクセントにイントネーションが付加されてもアクセント型に変化は生じないが、特別な音調変化が見られる。たとえば、「行く」のアクセントは［○●］であるが、上昇イントネーションが加わると上昇の幅が通常の場合よりも大きくなる。下降イントネーションが加わった場合には「ク」の音が急降下し、

「イク」は＿＼のようになる。また、「雨」のアクセントは〔●○〕であるが、上昇イントネーションが加わると、「メ」は低いところから急上昇し、「アメ」は￣／のようになる。

　従来、イントネーションはアクセント型を崩すことなく付加されるものであったが、20世紀末から報告が見られるようになった「飛びはねイントネーション」は、アクセント型を崩す現象として注目されている。「行くんじゃない？」は、「行くんじゃ〔○●○○〕＋ない〔●○〕」の「ない」に上昇イントネーションが付加され＿￣＿＿￣／のような音調であった。「飛びはねイントネーション」では、文全体の音調が〔○●●●●〕と平板化するとともに、文末に上昇イントネーションが加わり、＿＿＿＿＿￣となる。さらに否定辞「ない」が「ね」となり「行くんじゃね？」と変化し、平板化音調〔○●●●〕に文末上昇イントネーションが加わり、＿＿＿＿￣というイントネーション（「**とびはね音調**」）が、首都圏はじめ全国の若い世代に広がっている。

6－3　プロミネンス

　発話の中で特に強調したい部分をアクセントとは別に高く言ったり、また強めて言う場合がある。このような現象を**プロミネンス**（卓立）という。たとえば、「明日学校へ行く。」という返答文に加わるプロミネンスの位置は、質問文の内容に応じて次のように変化する。「いつ学校に行くの？」→「明日」、「明日どこへ行くの？」→「学校」、「明日どうするの？」→「行く」

6－4　ポーズ

　発話におけるごく短い休止時間を「**ポーズ**」という。ポーズの位置によって、文法的に異なった解釈をすることが可能になる。たとえば、「秀吉と家康ゆかりの地を旅する」という文は、ポーズの位置によって次のような意味の異なりが生まれる。

　　「秀吉と」の後…（私と秀吉が）「家康ゆかりの地を旅する」
　　「家康」の後　…秀吉と家康が「（何かに）ゆかりのある地を旅する」
　　「地を」の後　…（私は）「秀吉と家康にゆかりのある地」を旅する

図6 国際音声記号（IPA）（2015年改訂）

子音（肺気流）

	両唇音	唇歯音	歯音	歯茎音	後部歯茎音	そり舌音	硬口蓋音	軟口蓋音	口蓋垂音	咽頭音	声門音
破裂音	p b			t d		ʈ ɖ	c ɟ	k ɡ	q ɢ		ʔ
鼻音	m	ɱ		n		ɳ	ɲ	ŋ	ɴ		
ふるえ音	ʙ			r					ʀ		
たたき音あるいははじき音		ⱱ		ɾ		ɽ					
摩擦音	ɸ β	f v	θ ð	s z	ʃ ʒ	ʂ ʐ	ç ʝ	x ɣ	χ ʁ	ħ ʕ	h ɦ
側面摩擦音				ɬ ɮ							
接近音		ʋ		ɹ		ɻ	j	ɰ			
側面接近音				l		ɭ	ʎ	ʟ			

記号が対になっている場合、右側の記号は有声子音である。網かけの部分は調音不能と考えられる。

子音（非肺気流）

吸着音	有声入破音	放出音
ʘ 両唇音	ɓ 両唇音	ʼ 下記は例
ǀ 歯音	ɗ 歯(茎)音	pʼ 両唇音
ǃ (後部)歯茎音	ʄ 硬口蓋音	tʼ 歯(茎)音
ǂ 硬口蓋歯茎音	ɠ 軟口蓋音	kʼ 軟口蓋音
ǁ 歯茎側面音	ʛ 口蓋垂音	sʼ 歯茎摩擦音

その他の記号

ʍ 無声(両)唇・軟口蓋摩擦音　　ɕ ʑ 歯茎硬口蓋摩擦音
w 有声(両)唇・軟口蓋接近音　　ɺ 歯茎側面はじき音
ɥ 有声(両)唇・硬口蓋接近音　　ɧ 同時に発した ʃ と x
ʜ 無声喉頭蓋摩擦音
ʢ 有声喉頭蓋摩擦音　　必要があれば、破擦音と二重調音は、記号を連結線で結ぶことでも表せる。k͡p t͡s
ʡ 喉頭蓋破裂音

母音

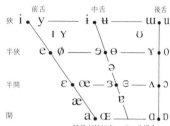

記号が対になっている場合、右側の記号は円唇母音である。

超分節要素

ˈ 第1強勢
ˌ 第2強勢　　ˌfoʊnəˈtɪʃən
ː 長　　eː
ˑ 半長　　eˑ
˘ 超短　　ĕ

| 小さな切れ目（韻脚）
‖ 大きな切れ目（イントネーション）
. 音節の切れ目　　ɹi.ækt
‿ 連結（切れ目なし）

音調と語アクセント

平板		曲線	
e̋ ˥	超高	ě ˧˥	上昇
é ˦	高	ê ˥˧	下降
ē ˧	中	e᷄ ˦˥	高上昇
è ˨	低	e᷅ ˩˨	低上昇
ȅ ˩	超低	e᷈ ˧˦˧	昇降
↓ 低目		↗ 全体的上昇	
↑ 高目		↘ 全体的下降	

補助記号 （記号が下寄りの場合、補助記号はその上に置いてもよい：例 ŋ̊）

̥	無声	n̥ d̥	̈	息もれ声	b̤ a̤		歯音	t̪ d̪
̬	有声	s̬ t̬	̰	きしみ声	b̰ a̰		舌尖音	t̺ d̺
ʰ	帯気音	tʰ dʰ	̼	舌唇音	t̼ d̼		舌端音	t̻ d̻
̹	強めの円唇	ɔ̹	ʷ	円唇化	tʷ dʷ	̃	鼻音	ẽ
̜	弱めの円唇	ɔ̜	ʲ	硬口蓋化	tʲ dʲ	ⁿ	鼻腔開放	dⁿ
̟	前寄り	u̟	ˠ	軟口蓋化	tˠ dˠ	ˡ	側面開放	dˡ
̠	後ろ寄り	e̠	ˤ	咽頭化	tˤ dˤ	̚	無開放	d̚
̈	中舌寄り	ë	̴	軟口蓋化あるいは咽頭化	ɫ			
̽	中段・中舌寄り	e̽	̝	上寄り	e̝ （ ɹ̝ = 有声歯茎摩擦音）			
̩	音節主音	n̩	̞	下寄り	e̞ （ β̞ = 有声両唇接近音）			
̯	音節副音	e̯	̘	舌根前進	e̘			
˞	R音性	ɚ a˞	̙	舌根後退	e̙			

〔参考文献〕
<音声学>
今石元久（編）（2005）『音声研究入門』和泉書院
ジャクリーヌ＝ヴェシエール（中田俊介・川口裕司訳）（2016）『音声の科学　音声学入門』白水社
加藤重広・安藤智子（2016）『基礎から学ぶ音声学講義』研究社
川原繁人（2015）『音とことばのふしぎな世界——メイド声から英語の達人まで』岩波書店
J・C・キャットフォード（竹林滋・設楽優子・内田洋子訳）（2006）『実践音声学入門』大修館書店
小泉保（2003）『改訂　音声学入門』大学書林
国際音声学会（編）（2003）『国際音声記号ガイドブック』大修館書店
城生佰太郎（2008）『一般音声学講義』勉誠出版
服部四郎（1951）『音声学』岩波書店（1984年、カセットテープ付き改訂版）
藤村靖（2007）『音声科学原論　言語の本質を考える』岩波書店
J・K・プラム、W・A・ラデュサー（土田滋・福井玲・中川裕訳）（2003）『世界音声記号事典』三省堂
P・ラデフォギッド（竹林滋・牧野武彦訳）（1999）『音声学概説』大修館書店

<日本語音声>
天沼寧・大坪一夫・水谷修（1978）『日本語音声学』くろしお出版
大野晋・柴田武（編）（1977）『岩波講座日本語5　音韻』岩波書店
沖森卓也・木村一・安部清哉（2017）『日本語の音（ニホンゴライブラリー）』朝倉書店
川上蓁（1977）『日本語音声概説』おうふう
斉藤純男（2006）『日本語音声学入門　改訂版』三省堂
柴田武・北村甫・金田一春彦（編）（1980）『日本の言語学2　音韻』大修館書店
杉藤美代子（編）（1989、1991）『講座日本語と日本語教育2・3　日本語の音声・音韻（上）（下）』明治書院
田窪行則（編）（1998）『岩波講座言語の科学2　音声』岩波書店
土岐哲（2010）『日本語教育からの音声研究（シリーズ言語学と言語教育　第20巻）』ひつじ書房
福盛貴弘（2010）『基礎からの日本語音声学』東京堂出版
山田敏弘（2013）『国語教師が知っておきたい日本語音声・音声言語　改訂版』くろしお出版
湯澤質幸・松崎寛（編）（2004）『シリーズ日本語探求法3　音声・音韻探求』朝倉書店

<アクセント>

川上蓁（1973）『日本語アクセント法』学書房出版

金田一春彦（1974）『国語アクセントの史的研究　原理と方法』塙書房

金田一春彦（2001）『日本語音韻音調史の研究』塙書房

杉藤美代子（1982）『日本語アクセントの研究』三省堂

杉藤美代子（2012）『日本語のアクセント、英語のアクセント　どこがどう違うのか』ひつじ書房（英訳版もあり）

田中ゆかり（2010）『首都圏における言語動態の研究』笠間書院

徳川宗賢（編）（1980）『アクセント（論集日本語研究2）』有精堂

松森晶子・新田哲夫・木部暢子・中井幸比古（編）（2012）『日本語アクセント入門』三省堂

山口幸洋（1998）『日本語方言一型アクセントの研究』ひつじ書房

<実験音声学・音響音声学>

今泉敏（2007）『言語聴覚士のための音響学』医歯薬出版

国立国語研究所（1990）『日本語の母音、子音、音節：調音運動の実験音声学的研究』秀英出版

城生佰太郎（2008）『実験音声学入門』サン・エデュケーショナル

チャールズ・E.スピークス（荒井隆行・菅原勉訳）（2002）『音入門－聴覚・音声科学のための音響学』海文堂出版

P・ラディフォギッド（佐久間章訳）（1976）『音響音声学入門』大修館書店

<辞典・事典・資料集等>

金田一春彦（監修）／秋永一枝（編）（2014）『新明解日本語アクセント辞典　第2版（CD付き）』三省堂

国語学会・国立国語研究所（編）（1994）『国語学研究文献索引　音韻篇』秀英出版

城生佰太郎・福盛貴弘・斎藤純男（編）（2011）『音声学基本事典』勉誠社

杉藤美代子（編）（1995）『大阪・東京アクセント音声辞典』（マルチメディア版CD－ROM）丸善

杉藤美代子（監修）（2002）『アクセントの多様性と変遷』、『方言アクセント　音声データベース』（CD－ROM版）メディア教育開発センター

日本音声学会（編）（1976）『音声学大辞典』三修社

日本放送協会放送文化研究所（2002）『CD－ROM版NHK日本語発音アクセント辞典』NHK出版

日本放送協会放送文化研究所（2016）『NHK日本語発音アクセント新辞典』NHK出版

飛田良文他（編）（2007）『日本語学研究事典』明治書院

平山輝男（編）（1960）『全国アクセント辞典』東京堂出版

2 日本語の死

　アメリカを中心とした市場経済化やIT化に代表されるグローバリゼーションの波は、世界のいたるところにアメリカの思想・行動様式そしてことばを侵攻させることになって、各地で文明の衝突を引き起こしている。たしかに世界中のどの地域に出かけてもマクドナルドやコカコーラの看板が並んでいて、地球上がアメリカ消費文化の市場と化している。伝統文化の衰退と世界の文化の画一化が猛烈な勢いですすんでいる。

　グローバル化とは、世界の英語化を意味するとまで言われるが、英語は、その経済力、文化力、政治力により大きな求心力を持っており、豊かな暮らしを求める人々の中には、母語から英語への「言語の乗り換え」を余儀なくされる人がいる。「消滅の危機に瀕する言語」といわれる少数言語に限らず、話者規模の小さい民族語や国家語は英語によってその存続が脅かされている。

　日本語は、世界に1億3千万人の使用者がいる世界第8位の優勢言語である。これほどの人口がいる言語は、「日本列島沈没」でもない限り短期間に消滅することはない。ただ、われわれが母語として用いてきた「日本語の地域方言」は、東京語を基盤とした共通語によって急速にその勢いを失っている。共通語化とは、豊かさを求める地方の人びとが、伝統文化を捨て、近代化・都市化と呼ばれる東京をモデルにした画一化現象の流れの中で起った、ことばの東京化現象と言える。1991年以降、日本経済は安定成長を終え、「失われた20年」と表現されるような低迷期を迎え、日本の中央と地方の差は拡大した。東京のことばを受け入れる地方の人びとの心は、豊かさを求めてグローバル化を受け入れ、英語を用いる世界各地の人びとの心に相通じるものが感じられる。方言の消滅のむこうに日本語の消滅がかくれている。

語　彙

1　語と語彙

1-1　語

　語（単語）は、言語の最も基本的な単位である。それは、まず、語が「世界の部分を一般的に表す名前」であることによる。"世界の部分"とは、われわれをとりまく物理的世界（現実）や心的世界（観念）を構成しているもののことで、「一般的に表す」とは、そうした"世界の部分"をその一般的・典型的な特徴にもとづいて抽象してとらえるということである。たとえば、われわれのまわりには「体が毛に覆われていて、尻尾を持ち、足が4本あって、ワンと鳴く動物」がたくさんいるが、われわれはこのような特徴をもつ動物を"世界の同じ一つの部分"としてとらえ、それを「犬（いぬ）」という語で呼んでいる。「犬」という語があるおかげで、われわれは、どんなイヌであっても（種類、性別、年齢、大きさ、毛色、性格、所有者、「今何をしているか」などが違っても）それを「犬」と呼ぶことができるし、それらをすべてまとめて「犬」と言うこともできる。逆に、もし「犬」という語がなければ、過去・現在・未来にわたって存在する無数のイヌをすべて呼び分けなければならず、また、それらを同じ"世界の部分"だと認識することも難しくなる。これは具体名詞の例だが、抽象名詞や、動詞・形容詞などでも事情は同じである。人や物のほか、時間・空間、精神・関係・数量などの抽象物、行為・作用・現象、状態・性質なども、みな、語によって一般的に表される"世界の部分"である。

　語が言語の最も基本的な単位であるといわれるもう一つの理由は、それが「文」を組み立てる材料になるということである。"世界の部分"を一般的に表す数多くの語が用意されているおかげで、われわれはそれらを（文法に従って）組み合わせて「文」をつくり、一つの語だけでは表せないもっと複雑な「内容」（事実や考えなど）を表すことができる。たとえば、いま、ある種の動物がある

種の動作を行っている様子を伝えたいとき、われわれには、動物を表す語（「犬」「鳩（はと）」「鯉（こい）」……）と動作を表す語（「走る」「飛ぶ」「泳ぐ」……）とが与えられているので、それらを一定の文法に従って組み合わせることで、「犬が走っている。」「鳩が飛んでいる。」「鯉が泳いでいる。」などの文を自在につくることができる。しかし、もし、これらの語（と文法）がなければ、われわれは、一々の様子（内容）を表すために、まったく異なる記号をその数だけ用意しなければならないし、そもそも、そのような単一の記号が複雑な内容を表せる保証はない。

　このように、語は、"世界の部分"を一般的に表すという働きと、（それにもとづいて）文を組み立てる材料になるという働きとをもった、言語の最も基本的な単位である。前者の働きに関係する側面を語の**語彙的な側面**、後者の働きに関係する側面を語の**文法的な側面**という。両方の側面をもつ名詞・動詞・形容（動）詞・副詞などは典型的な語といえるが、語彙的な側面を欠いている感動詞・接続詞・陳述副詞などは、語というにしても不完全・非典型的な語である。一方で、「飼い犬」という語の中の「飼い－」や「－犬」、「散歩」という語の中の「散（サン）－」や「－歩（ホ）」といった、語を組み立てている要素（造語成分）は、語彙的な側面をもつものの文法的な側面を欠いており、語とはいえない。また、助詞・助動詞は、"世界の部分"を表す名前でもなく、また、文を作る一人前の単位でもない、つまり、両方の側面を欠いているから、語とは認められない（ただし、「語」の認定には諸説あるから、注意を要する）。

1－2　語彙

　語は"世界の部分"に対する一般的な名前であるが、現実や観念の"世界"を構成する"部分"が無数にある以上、語の数も（有限ではあるが）厖大にならざるを得ない。そして、"世界の部分"が、ばらばらに孤立して存在するのではなく、互いに関連しながら"世界"を構成している以上、語もまた他の語と無関係に存在することはできない。つまり、語は、"世界の部分"を一般的に表すことによって、他の語とともにより大きなまとまりを構成し、自らはそのまとまりの要素となる、という存在なのである。この、語が集まって構成するまとまりを**語彙**という。なお、語彙の要素であるということを重視して、語を**語彙素**と呼ぶことがある。

　語が作るまとまりには、いろいろなものがある。最も小さいものは、類義語や

対義語など、なんらかの関係において張り合う二つの語の対である。身体語彙や親族語彙と呼ばれるものは、数個から数十個の語のまとまりである。最も大きなものは、「日本語の語彙」というように、一言語の（特定の共時態の）すべての語が作る、数万から数十万の語のまとまりである。この、一言語全体の語彙は、その言語共同体が総体として保有している語彙であり、**社会的な語彙**と言えるものである。社会的な語彙は、そのすべてではないにしても、中核的・基本的な部分は言語共同体の成員によって習得され、共有される。同じ言語共同体内で個人間のコミュニケーションが成立するのは、各個人が社会的な語彙の中核部分を共有しているからである。

とはいえ、各個人が所有する語彙には、その年齢や知識によって大きな差があり、量的な個人差も無視できない。この、一個人が習得・所有している語彙は、社会的な語彙と区別して、**心理的な語彙（心的語彙）**と呼ぶことができる。個人の心理的な語彙には、話したり書いたりして実際に使うことができる**使用語彙**と、自分では使わないが聞いたり読んだりして理解できる（狭義の）**理解語彙**とがあり、両者をあわせて（広義の）理解語彙という場合もある。

個人の心理的な語彙は、実際の言語活動において運用され、具体的な文章や談話の上に表れる。たとえば、「雪国」という小説は、作者（川端康成）が、自身の心理的な語彙の中から一つ一つの語を選び、連ねることによって書いたものである。ただし、そこには、個人の心理的語彙だけでなく、その背後にある、その時点での社会的な語彙も部分的に反映されている。この、直接には心理的語彙、間接的には社会的な語彙を運用した結果としての語の集合も**語彙**といわれるが、これは、**物理的な語彙**と言うべきものである。物理的な語彙は、運用結果の範囲をどうとるかで、「雪国」の語彙、川端文学の語彙、新感覚派の語彙、近現代文学の語彙のように、さまざまに設定することができる。それらは、（当時の日本語の）社会的な語彙や（当時の日本人の）心理的な語彙のあり方を、あくまでも部分的にではあるが映し出している。

1－3　語彙論

　語の語彙的な側面・性質と、それにもとづく語彙のまとまり方（体系性）とを明らかにする分野を**語彙論**という（語の文法的な側面・性質は、文法論の中の形

態論が研究する）。語の語彙的な側面・性質を明らかにするためには、ある言語（たとえば日本語）がどのような語をもっているか、つまり、"世界"のどのような"部分"にどのような名前を与えているかということを調べるところから始まる。"世界"をどのような"部分"に分け、それぞれにどのような語を与えるかは、言語ごとに違っている。"世界"は、いたるところ複雑で連続的であり、それがどのような"部分"に分かれているかをわかりやすく示しているわけではないし、そうした"世界"を語によって切り分ける人間の側の関心や精密さも、その生活や環境によって異なるからである。

また、語彙には、社会的な語彙、（個人の）心理的な語彙、物理的な語彙という存在形態の違いがある。われわれが直接に観察できるのは、具体的な文章・談話に用いられた物理的な語彙だけである。そうした物理的な語彙を手がかりに、社会的な語彙のありようを明らかにすることも、語彙論の仕事である。すなわち、語彙論とは、より具体的にいえば、ある言語にはどのような語があり、それらはどのような特徴をもっていて、互いにどのような関係を構成しながら、全体としてどのようなまとまりをもつ語彙を作り上げているのか、といったことを明らかにする分野をいう。社会的な語彙は、言語共同体が総体としてもつ語彙であり、心理的な語彙や物理的な語彙の母体となる語彙であって、語彙論の真の対象となる。

2　語の性質と語彙

2－1　語彙的カテゴリー

語の、"世界の部分"を一般的に表すという語彙的な側面・性質は、語形、意味（語義）、語種、語構成、位相といった、すべての語に共通する枠組みにおいて、より具体的にとらえることができる。このような、語の語彙的側面・性質を特徴づける枠組みを**語彙的カテゴリー**という。語彙的カテゴリーは、語が"世界の部分"を一般的に表すために備えているものだが、同時に、語が語彙というまとまりを構成するため、とりわけ、語彙を量的に拡大し、質的に充実させるために発達させてきた範疇的な性質とも考えることができる。以下では、主要な語彙的カテゴリーを、語彙の拡大・充実のためにどのような特徴をもっているかという点を中心に紹介する（ただし、語の意味については、「意味」の章で詳述する）。

なお、語は、すべて何らかの**品詞**に所属するが、品詞は語の文法的な性質の共通性にもとづくグループ分けであり、したがって、語がその品詞にもとづいて有する性質・特徴は、文法的なものであって、一義的には語彙的カテゴリーではない。しかし、後述するように、語構成においては、語の品詞およびそれに基づく語基の品詞性が重要な働きをなしており、その点では、語彙にまったく無関係ということはできない。

2－2　語形

　語は、発音したり、聞いて知覚したりすることのできる、一定の形をもっているが、これを**語形**という。活用する語など、文の中で形を変える語の語形は、そうした変異をまとめた代表形（終止形など）を指すことが一般的である。なお、語形は、**語音**ともいうように、あくまで音韻上の形式（音素ないし音節の連なり）であり、書記上の形式である表記形とは異なるので、注意を要する。「花」「華」「はな」「ハナ」のいずれで書いても、その語形は音韻としての／hana／である。国語辞書の見出しはひらがなで書かれていて、だいたいは語形と一致するが、これも正確には現代仮名遣いによる表記であって、語形そのものではない。

　語が決まった語形をもち、また、それらの語形が語ごとに違っているおかげで、われわれは語の表す意味を区別し、また、一つ一つの語を正しく使うことができる。しかし、基本的に（後述する単純語の場合）、語形と意味との間には、これこれの意味だからこれこれの語形なのだという理由、つまり、必然的な関係は何もない。同じ「体が毛に覆われていて、尻尾を持ち、足が4本あって、ワンと鳴く動物」なのに、日本語では「イヌ」、英語では"dog"、ドイツ語では"Hund"、中国語では"狗（gǒu）"などと違って呼ばれるのは、語の意味と形との間に必然的な関係がないということの証拠である。そもそも、語の意味を音声で表現することは簡単にはできないが、例外が**オノマトペ**といわれる語群である。「ワンワン」「ニャーニャー」「ガタンゴトン」「ドサリ」など、現実の鳴声や物音を言語音で模写的に表す**擬音語**（**擬声語**）は、語形が意味とのつながり（**有縁性**）をもっている。「ゴロン」「ペロペロ」「キラリ」「テキパキ」など、動作や状態を言語音で象徴的に表す**擬態語**にもある程度の有縁性が認められる。これらの意味と音との間には、「濁音は、鈍いもの、重いもの、大きいもの、汚いものを表し、

一方、清音は、鋭いもの、軽いもの、小さいもの、美しいものを表す」「語根の重複（「コロコロ」など）は連続性を表すが、語根＋ッ（「コロッ（と）」など）は一回性・瞬間性を表す」など、ある程度規則的な関係性がある。日本語には、他の言語に比べても豊富なオノマトペがあるといわれ、副詞やサ変動詞を中心に語彙中に一定の位置を占めている。しかし、当然のことながら、このような方法で"世界の部分"のすべてを表す（区別する）ことはできない。語形が意味と無関係であってよいという**言語記号の恣意性**にもとづいて初めて、意味と無関係な、ごく少数の発音の単位（音素）を組み合わせて語形をつくることができ、数万から数十万の語を用意することが可能になったのである。

　上述したように、語形は語ごとに違っているのが原則であるが、数万から数十万にものぼる数の語をすべて異なる語形で区別することはむずかしく、「花／鼻／端（はな）」、「咲く／裂く／策／柵」、「交渉／高尚／考証／口承／鉱床／工商／厚相／哄笑」のように、いくつかの異なる語が同じ語形をもつ場合がある。この、語形が同じで意味が異なる複数の語を**同音異義語**または単に**同音語**という。日本語には同音語が多いといわれるが、それは、音節の種類が少なく、その組み合わせにも制限があるという音節構造上の理由に加えて、字音という限られた音節から成る漢語や、その略語が多いという語種・語構成上の理由があるからだと考えられる。ただし、同音語が多いからといって、日常の言語生活がたちゆかなくなるわけではない。それは、ほとんどの同音語が、「ハナガ　サク」といわれれば「鼻」ではなく「花」、「裂く」ではなく「咲く」であると理解できるように、文脈における他の語との関係によって区別できるからである（アクセントの違いも役立つ）。そもそも、現にある同音語は、伝達において問題とならないからこそ、同音語として存在し得るわけであり、ほんとうに深刻である場合は**同音衝突**を起こし、一方の語の語形が変化したり、使われなくなったりして、同音語として並存できないはずである。同音語は、語を区別するという点では本来不都合なものであり、とくに表記を利用できない話しことばにおいては伝達上の障害になりやすいが、一つの語形をいくつもの語に使うことができるという点では、語を効率よく増やせる手段という積極的な面がある。伝達に支障のない範囲で同音語を許すことは、語彙の拡大には好都合であるといえる。

　語の数を増やすことには、語形の長さも関係する。仮に、いま10個の音素が

あり、一つの単語をつくるためにそれを五つまで連ねることが許されるとすれば、つくることのできる語の数は、単純計算で、$10^1+10^2+10^3+10^4+10^5=111,110$ 語になる。これが六つまで連ねることができれば、1,111,110 語になる。もちろん、これは机上の論に過ぎないが、語形を長くすることの効果は絶大である。しかし、実際には、数多くの語（の意味）を効率よく区別しつつ、それらを記憶するために、また、それらを組み合わせて作る文を長大なものにしないために、語形をあまり長いものにはできない。日本語の語形の長さ（語長）については、4±1拍あたりが最も多く、安定しているといわれる。1拍や2拍では短すぎて多くの語を作ることができないし、6拍や7拍以上になると、長すぎて記憶の負担に耐えられず、文を長大なものにもしてしまうからだと考えられる。語形を長くすることの、語彙の拡大に対する効果は限定的である。

2－3　語種

　語彙を拡大するためには、その言語が本来もっている語だけでは足りず、外国語から取り入れることが一般的である。これを語の**借用**という。外国語と接触し、そこから新たな語を借用することによって、言語はその"世界"を広げるともいえる。その言語にもともとある語は**本来語**（固有語）といい、他の言語からとりいれた語は**借用語**という。日本語学では、このような出自による語の違いを、伝統的に（人種になぞらえて）**語種**と呼んでいる。語種は、本来、語源的な概念であるが、語のもつさまざまな特徴が語種（の違い）に由来することが多く、現代日本語の語彙的カテゴリーの一つとされている。

　日本語の語種は、伝統的に、和語、漢語、外来語およびそれらの混種語に分けられる。**和語**は、「やまとことば」ともいい、日本語における本来語である。**漢語**は、古く中国語からとりいれた借用語であるが、長い歴史の中で日本語に定着し、本来語に近い位置・性格を獲得している。「絵」「菊」「喧嘩」「銭（ぜに）」など、すでに借用語と感じられないほど日本語に同化（国語化）した漢語も多い。**外来語**は、漢語以外の、主に室町時代以降に取り入れられた借用語をさす。欧米系の言語から借用したものが多いが、近代中国語をはじめとするアジアの諸言語など、欧米以外の言語から入った語も含む。この、本来は同じ借用語である漢語と外来語とを区別するところが、日本語の語種の特徴である。したがって、日本

語の**混種語**には、（本来語としての）和語と（借用語としての）漢語または外来語とを組み合わせて作った語（「荷物」「台所」、「生ビール」「ドル箱」など）だけでなく、（借用語どうしの）漢語と外来語とを組み合わせたもの（「あんパン」「ミキサー車」など）も含まれることになる。

　混種語ではないが、漢語どうし・外来語どうしを日本で組み合わせ、本来の漢語・外来語に似せて作った語を**和製漢語**、**和製外来語**という。これらも、それぞれ、漢語・外来語に含められるが、前者については、本来の漢語と和製漢語とをまとめて**字音語**ということがある。和製漢語は、古くから見られ、和語に当てた漢字を音読みしたり（「返事（かへりごと→ヘンジ）」「出張（ではる→シュッチョウ）」「物騒（ものさわがし→ブッソウ）」など）、和語の動詞句を漢文風に漢字表記したりして（「推し量る→推量」「腹が立つ→立腹」「心を配る→心配」など）作られたが、幕末・明治以降は、欧米の近代的な事物や概念の**訳語**が数多く作られた（「神経」「酸素」「映画」「汽車」「郵便」「哲学」「理想」など）。「アフター・サービス」「イメージ・アップ」「サラリー・マン」「ノー・カット」「ワンマン・バス」などの和製外来語は、本来の外来語が語の要素として用いられているわけで、漢語の国語化に共通するものがある。近年では、「パソコン」「セクハラ」「コンビニ」など、外来語の略語も盛んに作られるが、これらも和製外来語の一種である。

　上述したように、日本語の語彙は、大きく、本来語の和語に、まずは漢語、次いで外来語を加えるという順序で拡大してきた。この語彙拡大の過程は、和語が最も基幹的な位置にあり、それに次ぐ位置に漢語があって、外来語は最も周辺的な位置にあるという、現在の日本語語彙におけるそれぞれの位置づけに反映している。それは、いくつかの点から確かめることができる。

　図1上は、国立国語研究所が1956年に行った「雑誌九十種の語彙調査」で、得られた異なり約3万語（自立語のみ、ただし人名・地名を除く）の語種構成比を、使用度数の区分ごとに表した棒グラフである。最も多く使われる語には和語が、それに続いて多用される語には漢語が多く、あまり使われない語になるほど外来語が多い、ということがわかる。ただし、この傾向は、図1下のように、後に少なからず変化するが、それについては後述する。

　また、図2は、同じく「雑誌九十種の語彙調査」で上位に現れた約7千語のう

ちの名詞について、『分類語彙表』(「意味」の章、「2－3」参照) の意味分野 (大項目) に分け、使用率 (延べ) による語種構成比をみたものである。「人間活動」「抽象的関係」「人間活動の主体」の三つの意味分野では漢語が最も多く、逆に、「自然物および自然現象」では和語が最も多いこと、「生産物および用具」では、漢語と和語はほぼ互角で、外来語も2割程度を占めていることがわかる。また、語種の側からみると、和語は「自然物および自然現象」に、漢語は「人間活動」に、外来語は「生産物および用具」に、それぞれ、最も多い。

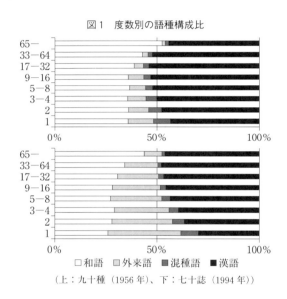

図1 度数別の語種構成比

(上:九十種 (1956年)、下:七十誌 (1994年))

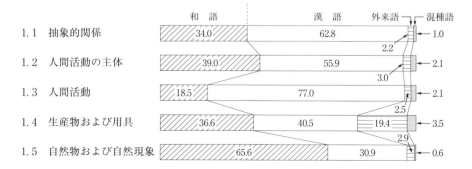

図2 意味分野と語種 (宮島達夫「意味分野と語種」より)

これらの結果から、使用頻度や意味分野の面で、本来語である和語は、日常生活でよく用いられる基本的・一般的な意味を表す語に多く、また、漢語（字音語）は、人間活動や抽象的関係などの抽象語を中心に、和語が及ばない意味分野の語を充実させているのに対し、外来語は、和語・漢語に比べれば歴史が浅いため、その意味分野はまだモノの領域に限られる傾向が強く、語彙の周辺的な存在であることがうかがわれる。

　ただし、語彙の拡大が、すでに安定・固定化した語彙の基幹部よりも、不安定で流動的な周辺部で盛んに行われるのだとすれば、新たな語の増加は、和語や漢語よりも外来語において活発である可能性がある。図3は、1956年の「雑誌九十種の語彙調査」と、同じ国語研究所による1994年の「月刊雑誌七十誌の語彙調査」とで、異なり語数の語種構成を実数で比較したものだが、和語・漢語が変わらないのに外来語だけが大きく増えていることがわかる。

　さらに、こうした外来語の増加に伴って、和語・漢語・外来語の関係にも変化が生じている可能性がある。図1下は、「月刊雑誌七十誌の語彙調査」における度数区分別の語種構成比であるが、漢語が和語に肩を並べるか、あるいは上回り、外来語も高頻度帯に進出して和語に迫っていることがうかがえる。外来語は、かつて、科学技術・芸術・スポーツ・ファッションなど特定の領域だけに行われることが多いとして、語彙の基幹部に進出することは少ないものと考えられていた。しかし、「乗合自動車→バス」「ぶどう酒→ワイン」「買物→ショッピング」「試験→テスト」「開店（開場）→オープン」のように、次第に和語・漢語の外来語への置き代えが進行し、また、具体的なモノを表すことが多かった外来語が、「イメージ」「テーマ」「ルール」「レベル」「グループ」「システム」「イベント」「サービス」「トラブル」「バランス」のように、次第に抽象的な概念や組織・活動・

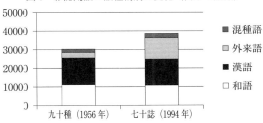

図3　雑誌用語の語種構成の変化（異なり語数）

状況などを表すようにもなってきたことが、外来語の基幹部への進出を加速させているものと考えられる。日本語の語彙は、語種構成という面において、いま、大きくその姿を変えようとしている可能性がある。

2－4　語構成

　語彙を拡大するには、外国語からの借用のほかに、自前の語や造語成分を材料に新たな語を作り出す**造語（語形成）**という方法もある。造語は語を作り出し、語彙を拡大するという言語活動であるが、その結果は語の内部構造という形で語に定着・反映する。この、造語の結果として語がどのような内部構造をもっているかという側面を**語構成**という。語構成は、語の作り方と語の意味表示との両面にかかわる語彙的カテゴリーである。なお、語構成は共時的な概念であり、語源とは区別される。「まぶた」という語は現代語では単純語（後述）であり、その語源である「目－ふた」を「まぶた」の語構成とすることはできない。

　語の作り方（**造語法**）は、既存の材料（造語成分）を使うか使わないかで、大きく二つに分けられる。既存の材料を使わずにまったく新しい語を作る方法を**語根創造**という。現代では多くの言語が語根創造の力を失っているといわれるが、日本語ではオノマトペの形成にこの方法がまだ使われていて、近年でも、「ぬいぐるみがモフモフしている」「パソコンがサクサク動く」など新しい擬態語が作られている。既存の材料を使う造語法には、主なものとして、合成、縮約、転成がある。このうち、元になる語から略語を作る**縮約**は二次的な造語法であり、連用形名詞のように語の形を変えずに品詞を変える**転成**は生産性が高くない。これに対して**合成**は、既存の造語成分を二つ（以上）組み合わせて新しい語を作る方法であり、最も主要な造語法といえる。それは、語基と語基とを結びつけて作る**複合**と、語基に接辞を結びつけて作る**派生**とに分けられる。ここで、**語基**とは、形式的にも意味的にも語の基幹的な要素となる造語成分であり、多くは、そのまま語としても使えるものである。一方、**接辞**とは、形式的にも意味的にも語基に付属して、語基に補助的な意味を添えたり、語基の品詞性を変えたりする造語成分である。そのうち、語基の前に付くものを**接頭辞**、後に付くものを**接尾辞**という。

　いま、この合成という造語法を中心に、その結果としての内部構造を通して、語の語構成を分類すると、以下のようになる。まず、ただ一つの語基から組み立

てられているものを**単純語**といい、二つ以上の造語成分から組み立てられているものを**合成語**という。合成語のうち、語基と語基とから組み立てられているものを**複合語**（「山－道」「走り－出す」「細－長い」「赤－ワイン」「受験－勉強」など）、語基と接辞とから組み立てられているものを**派生語**（「小－鳥」「真っ－白」「非－常識」／「高－さ」「おもしろ－がる」「テスト－中」など）という。また、複合語のうち、とくに同じ語基が繰り返されたものを**畳語**（「ひとびと」「恐る恐る」「ふかぶか」「われわれ」など）といって区別することがある。

　造語や語構成は、語種との関係が無視できないが、他方で、語の品詞、語基の**品詞性**（語基の元となった語の品詞の特徴を受け継いだもの。語ではないので品詞とは言わない）とも深くかかわっている。それは、合成語では、原則として、後部要素（最終要素）の品詞性が語全体の品詞を決めるため（「無責任」などは例外）、語構成のパターンが品詞ごとに異なっているからである。また、とくに複合語では、それを組み立てる語基の品詞性が語基の間の意味的な関係を作り上げる基盤となっていることも重要である。複合語は、最も大まかには、前の語基が後の語基を限定・修飾するものと、両者が対等に並んでいるものとに分類できるが、前者の語基間の関係は、複合語の品詞および語基の品詞性の観点からは以下のように整理することができる（玉村文郎『語彙の研究と教育（下）』による）。以下、品詞性としての名詞性を n、動詞性を v、形容詞性を a、形容動詞性を na、副詞性を ad とし、品詞としての名詞を N、動詞を V、形容詞を A、形容動詞を NA、副詞を AD と表記する。

　⑴　複合語が N（＝複合名詞）
　　1) n＋n⇒N（足首）、2) v＋n⇒N（買い物）、3) a＋n⇒N（悔し涙）、4) na＋n⇒N（きれい事）、5) ad＋n⇒N（にこにこ顔）、6) n＋v⇒N（山歩き）、7) v＋v⇒N（立ち読み）、8) a＋v⇒N（うれし泣き）、9) na＋v⇒N（馬鹿騒ぎ）、10) ad＋v⇒N（よちよち歩き）、11) ad＋a⇒N（ごく細）
　⑵　複合語が V（＝複合動詞）
　　12) n＋v⇒V（泡立つ）、13) v＋v⇒V（勝ち誇る）、14) a＋v⇒V（近寄る）、15) ad＋v⇒V（もたもたする）
　⑶　複合語が A（＝複合形容詞）
　　16) n＋a⇒A（心細い）、17) v＋a⇒A（読みやすい）、18) a＋a⇒A（細長

い)、19) na＋a⇒A（面倒くさい）

⑷　複合語が NA（＝複合形容動詞）

20) n＋a⇒NA（身近）、21) n＋na⇒NA（物好き）、22) v＋na⇒NA（話し上手）、23) na＋na⇒NA（器用貧乏）

⑸　複合語が AD（＝複合副詞）

24) n＋v⇒AD（夜通し）

このうち、たとえば、⑴複合名詞の「6) n＋v⇒N」というタイプは、その内部構造を、以下のように、名詞性の語基と動詞性の語基との格関係ととらえることができるが、このことも、この種の複合語の内部構造が語基の品詞性に基づいていることを示すものである。

①ｎガｖスル（雨降り）、②ｎヲ（対格）ｖスル（絵かき）、③ｎヲ（移動格）ｖスル（綱渡り）、④ｎデｖスル（砂遊び）、⑤ｎニｖスル（里帰り）、⑥ｎデ／ニｖスル（田舎育ち）、⑦ｎカラｖスル（棚下ろし）、⑧ｎト（共同格）ｖスル（人付き合い）、⑨ｎト（引用格）ｖスル（泥棒呼ばわり）、⑩ｎヨリモｖスル（名前負け）、⑪ｎノタメニｖスル（船酔い）、⑫ｎヘｖスル（横流し）、⑬ｎマデｖスル（底冷え）、⑭ｎトシテｖスル（弟子入り）

ただし、同じ複合名詞でも、「1) n＋n⇒N」のように、名詞性の語基どうしの組み合わせになると、その内部構造は以下のように多様であり、規則的にとらえることは難しい。

①Ａデアルｂ（ひな鳥、紙くず）、②Ａヲ…スルタメノｂ（虫めがね）、③Ａデ…スルｂ（蒸気機関車）、④Ａデデキテイルｂ（ゴムまり）、⑤Ａガモトデ生ジタｂ（小麦アレルギー）、⑥Ａニアルｂ（庭石）、⑦Ａノ時ニ…スルｂ（春雨）、⑧Ａノ性質ヲモツｂ（親心）

複合語は、語基どうしが助詞・助動詞を介さず直接結びついて内部構造を構成するが、実は、こうした不規則で個別的とも思える内部構造をつくるタイプの方が、語基のより自由な組み合わせを可能にするため、語彙の拡大には好都合だとも考えられる。実際、和語複合名詞の内部構造の調査結果（図4）でも、名詞性語基どうしの組み合わせが最も多いことが報告されている（図中、「居体言」は動詞性語基のこと）。

こうして作られた複合語には、語の意味を表すという働き（表現力）だけでな

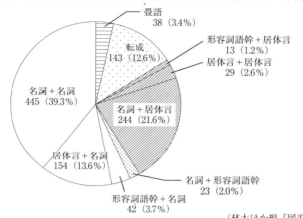

図4　和語複合名詞の内部構造（「総合雑誌の語彙調査」1953・54年）

（林大ほか編『図説日本語』より）

く、その語彙体系中の位置（他の語との関係）を示す（表示力）という働きもある。たとえば、「春風」という複合語は、「春」と「風」という二つの造語成分から成り、「春」が「風」を修飾・限定する関係で結びついているという内部構造をもっているが、これは、この複合語が「春に吹くなんらかの風」であることを表現し、さらに、それが、「秋風」「北風」「海風」「向かい風」「そよ風」などと対立・関連しながら、「風」の一種を表している、ということを表示している（複合語の意味については、「意味」の章の「4－2」で詳述する。また、語構成と語彙体系との関係については、本章の3節を参照されたい）。

2－5　位相

　語彙の拡大には、単に語の数が増えるという量的・外的な側面だけでなく、さまざまな使用（使い分け）に対応できるように、それに応じた語が用意されるという質的・内的な側面もある。つまり、語彙の中に、同じ意味内容を表す語が複数存在して、それらがさまざまな言語外的な条件によって使い分けられるという状況である。こうした語の使い分けにかかわる言語外的な条件を**位相**といい、位相によって使い分けられる語を**位相語**という。

　位相には、大きく、表現主体によるものと表現様式によるものとがある。前者には、使用者の性別、年齢・世代、身分・階層、職業・専門分野、所属集団など

による使い分けがあり、それぞれ、男性語・女性語、幼児語・若者語・老人語、宮廷語、職業語・専門語、学生語・軍隊語・泥棒語などといった位相語をつくり出している。後者には、話し言葉か書き言葉か、改まった場面かくだけた場面か、相手は誰か、言語使用の目的や形式は何か、などによる使い分けがあり、文（章）語、口（頭）語、雅語、俗語、敬語、書簡用語などの位相語がある。

　この説明からもわかるように、同じ「使い分け」といっても、表現主体による位相は、同じ一人の言語主体が男性語と女性語とを使い分けることがなく、個人間の使い分けであるのに対し、表現様式による位相は、一人の言語主体が文章語と口頭語とを使い分けるような、個人内の使い分けであって、その様相が異なっている。語彙の内的拡大としては、当然、後者の方がその及ぼす範囲が大きい。

　表現様式による位相とは、広い意味での「スタイル」の差による語の使い分けであり、使い分けられる語にはそれぞれのスタイルに応じた**文体的な特徴**が定着する。語の文体的な特徴は、語種、とくに漢語と和語の違いと深く関係している。一般に、漢語はかつて長く正式・公式の文章であった漢文で使われてきたために文章語的であり、和語は日本固有の本来語として広く使われてきたために日常語的であるという特徴をもっている。したがって、漢語を多用すればその文章は文章語的な文体をもつことになり、和語を多用すれば日常語的な文体をもつことにもなる。また、語種による文体的な特徴の違いは、語義の違いとも関係している。漢語は文章語的であるだけでなく、同じ意味内容を表す和語と比べた場合、大規模・公的・抽象的といった意味を表すことが多い（表1）。

　ただし、文章語的・日常語的という文体的特徴の違いがつねに漢語と和語との違いに対応するわけではない。たとえば、表2は、「話す活動」という意味分野（意味領域）の動詞群が、文章語・日常語・俗語という三区分に配置される様子を見たものだが、ここでは、同じ文章語において漢語と和語とが「対立」している。

　なお、同じ借用語でも、外来語には、漢語と違って文章語的という文体的な特徴はなく、大規模・公的・抽象的というような意味特徴も備わっていない。ただ、外来語は「しゃれた」「モダンな」「明るい」「かっこいい」などのニュアンスを伴う場合が多く、こうした意味や語感の特徴は、外来語を多用する文章に同様の雰囲気を与えることになる。

　ところで、先に、表現主体による位相は個人間の使い分けであるとしたが、そ

表1　日常語の動詞と文章語の動詞
（国立国語研究所『動詞の意味・用法の記述的研究』より）

（日常語）／（文章語）	（日常語）／（文章語）	（日常語）／（文章語）
Ⅰ．大規模なことがら 　たてる／建築する・造営する 　ながれでる／流出する 　はこぶ／運搬する・運送する 　つむ・つみこむ／積載する 　ふるえる／震動する 　おちる／落下する 　とりかかる／着手する 　はじめる／開始する 　おわる／終了する 　はかどる／進捗する 　ひっこす／転居する・移転する 　まける／敗れる〈小規模〉〈大規模〉 　かくす／隠匿する 　ぶんどる／鹵獲する 　うめく／呻吟する 　ののしる／罵倒する 　みつめる／凝視する・熟視する 　おどろく・びっくりする／驚嘆する・驚愕する・仰天する 　こまる／閉口する／困惑する・困却する 　くるしむ／苦悶する・苦悩する・懊悩する 　にくむ／憎悪する	Ⅱ．公的なことがら 　かけあう／交渉する 　はなしあう／談合する 　あう／会見する 　こたえる／返答する・回答する 　あやまる・わびる／謝罪する・陳謝する 　うけとる／受領する 　くばる／配布する・分配する 　ひきつれる／引率する 　みまわる／巡視する 　たちあがる／起立する 　けずる／消滅する 　しめる／閉鎖する 〈私的〉〈公的〉	Ⅲ．抽象的なことがら 　しぼりとる／搾取する 　つまづく／蹉跌する 　もつれる／紛糾する 　うなづく／首肯する 　おちこむ／おちいる 　よごす・よごれる／けがす・けがれる 　ゆがめる・ゆがむ／歪曲する 　なげすてる・ほうり出す／放棄する・なげうつ 　くみたてる／構成する 　かばう／庇護する 　くう・たべる／食する 　うめく／呻吟する 　にらみつける／睥睨する 〈具体的〉〈抽象的〉 Ⅳ．よいことがら 　におう／かおる 　育てる／はぐくむ 　でくわす／めぐりあう 　古ぼける／古びる 〈よい評価〉

表2　「話す活動」の動詞の体系（宮島達夫「語彙の体系」より）

	文　章　語	日　常　語		俗　語
和語系	かたる　つげる とく　のべる もうす　のたまう	おっしゃる もうしあげる	いう　はなす ささやく　つぶやく さけぶ　どなる	しゃべる	だべる ぬかす
漢語系	談ずる　論ずる 宣する 明言する　断言する				

の中でも**集団語**はいささか性格を異にしている。集団語には、一般社会にもある語を別な語で言い換える位相語もあるが、一般社会にはないその集団特有の語を数多くもつという特徴も有するからである。集団語の中でも、職業的集団や趣味娯楽集団が用いる**専門語**は、この特徴をとく強くもっている。専門語は、一般語にはない専門的な概念や事物を表す語として、それぞれの専門分野の語彙を豊かにすると同時に、高度に分業化した現代社会では、その多くが一般社会にも進出して、一般語の語彙を拡大することにも役立っている。ただし、専門語には一般人にとって難解な語も多く、コミュニケーションに支障をきたすものも少なくない。国立国語研究所は、こうした問題を解決する試みとして、難解な医療用語（病院の言葉）67語を選定し、それらをわかりやすくする工夫として、「日常語で言い換える」「明確に説明する」「重要で新しい概念の普及を図る」という3類型を提案している（国立国語研究所『病院の言葉を分かりやすく』より）。専門語による語彙の拡大の背後には、こうしたコストが必要とされるのだろう。

3　語彙の体系

　語は、他の語といろいろな関係で結びつき、語彙の「連鎖」「系列」「組織」「構造」「体系」などと呼ぶべき、いろいろな「まとまり」を作っている。そうしたまとまりは、語彙的カテゴリーのそれぞれにおいて認められるが、意味（語義）の面で最も複雑・多様である。語の意味は、二つの語の間のミクロな**意味関係**から、何らかの意味関係にある語が集まって作る**意味分野**、さらに、それらが集まって作る語彙全体に及ぶマクロな**意味体系**まで、重層的で多次元にわたる複雑なまとまりを作り上げている。その詳細は、「意味」の章に詳述したので、参照されたい。

　ただし、そのようにして作り上げられる語のまとまりには、意味のほかにもいくつかの語彙的カテゴリーが関係しあっていることが普通である。図5は、日常語の名詞のまとまりをその抽象のレベルによって体系づけたもので、類概念を表す「第一次名」を基準として、抽象レベルのより低い下位の層に「第二次名」「第三次名」……、より高い上位の層に何段階かの「抽象名」があるという階層的な体系が示されている。

図5 名（名詞）の体系（森岡健二「命名論」より）

　図5の、名詞の抽象度による包摂関係（上位下位関係）の体系の中で、各階層の語は、意味の範囲だけでなく、語種と語構成にも対応している。体系の中心にあって類概念を表す一次名の語は基本的に和語の単純語であり、この一次名から分化した種概念を表す二次名は「種差＋類概念」という構造をもつ和語・漢語の合成語（複合語）である。そして、さらに抽象度の低い三次名以下の語になってようやく外来語も用いられ、逆に、抽象度の高い抽象名はほとんどが漢語によって占められているのである。日本語の語彙の体系を、こうした、一次名を中心とし、その上下に抽象と具象の階層が広がっていく意味の体系としてとらえ、その上で、それぞれの階層に用意される語が語種と語構成という語彙的カテゴリーにおいて一定の類型に従うという、意味・語種・語構成という三つの語彙的カテゴリーがかかわるまとまりととらえたことは、ここでいう一次名が認知心理学でいう「基本レベルカテゴリー」に対応するものであり、しかも、それに先立つ発見であることとあわせて、きわめて重要である。

4　語彙の計量

　社会的な語彙の「体系としてのまとまり」は、それを実際の文章や談話（を構

成するもの）として運用したとき、物理的な語彙の「量的なまとまり」となって現れる。この、（運用結果としての）物理的な語彙の調査を通して（社会的な）語彙の量的な性質を明らかにしようとする語彙論の分野を**計量語彙論**という。計量語彙論では、実際の文章や談話を資料として、どのような語がどれほど使われているかを明らかにするために**語彙調査**を行う。そこでは、いくつかの基本的な概念が規定されている。

　まず、文章・談話を語に切り分ける作業を**単位切り**といい、切り分けられたままの語を**単位語**という。単位語を同じ語にまとめる（たとえば異なる活用形・（同語の）異表記形や連濁の有無をまとめるなどの）作業を**同語異語判別**といい、まとめられた語を**見出し語**という。単位語の総数（つまり文章・談話の長さ）を**延べ語数**といい、見出し語の総数（何種類の語があるか）を**異なり語数**という。また、一つの物理的な語彙における異なり語数を、その語彙の**語彙量**という。一つの見出し語のもつ単位語の数（何回使われたか）がその見出し語の**使用頻度**であり、ある見出し語の使用頻度を延べ語数で割ったもの（全体に対する割合）が、その見出し語の**使用率**である。語を使用率または使用頻度の順に配列したものを**語彙表**という。語彙調査の最終結果は語彙表にまとめられる（表3）。

　かつての語彙調査は、国立国語研究所のような研究機関が大規模に行うものであった。しかし、今では、日本語の**コーパス**（コンピュータで扱うことのできる大規模な言語データ）も整備されつつあり、また、自動的に単位切りと同語異語判別をする解析ソフト（形態素解析プログラム）も開発されて、個人（のパソコン）でも大規模な語彙調査を行うことができるようになっている。ただし、解析プログラムの精度は完全ではないので使用には注意を要する。さらに重要なのは、**調査単位**の問題である。文節ないし自立語相当の長い系列の単位と、形態素相当の短い系列の単位とでは、同じ延べ語数・異なり語数といっても、その数値に大きな違いが現れる。語彙表やその集計結果の分析には、どちらの単位で調査した結果なのかが決定的に重要になる。簡単に言えば、短い系列の単位の方が、延べ語数が大きくなり、異なり語数が小さくなる。

　これまでの語彙調査の結果は、語の使用頻度（とくに延べ語数と異なり語数との関係）に一般的な傾向がみられることを明らかにしている。たとえば、国立国語研究所の「雑誌九十種の語彙調査」（1956年）で、使用頻度ごとの異なり語数

表3　国立国語研究所「テレビ放送の語彙調査」（1989年）の語彙表
（「本編〔音声〕度数順語彙表」の最初の部分）

全体番号	見出し	語種・品詞注記	本編 順位	度数	比率	出現標本	CM	報道	教育・教養	一般実用	音楽	バラエティー	ストーリー	スポーツ	その他
02287	ええ〈「え」も〉	W4	1	3268	31.703	276	26	1.18	0.95	1.51	0.73	0.69	0.25	1.08	0.24
18373	はい	W4	2	2346	22.759	237	26	0.47	0.43	1.51	1.32	1.21	0.56	1.31	0.17
02178	うん〈「ん」も〉	W4	3	1922	18.646	214	28	1.05	0.77	1.16	1.31	1.24	0.63	0.64	0.31
00568	あの	W3	4	1517	14.717	228	15	1.01	0.67	1.42	1.29	0.99	0.38	1.00	0.39
00001	ああ〈「あ」も〉	W4	5	1404	13.620	243	47	0.49	0.74	0.99	1.14	1.46	1.40	0.71	0.71
12952	そう	W3	6	1348	13.077	243	23	0.50	0.74	1.29	1.26	1.25	0.83	1.05	
07628	事	W1	7	1325	12.854	270	29	1.19	1.34	0.99	0.67	0.77	1.21	0.55	0.90
12018	する	W2	8	1230	11.932	282	62	0.99	1.27	0.97	0.87	0.92	1.30	0.53	0.97
07914	これ	W1	9	1181	11.457	247	50	0.84	1.14	1.00	0.59	1.30	0.76	1.00	
07699	この	W3	10	1120	10.865	279	69	0.98	1.35	1.03	0.68	0.85	0.68	1.37	1.60
13235	それ	W1	11	1053	10.215	256	21	0.82	1.23	1.05	0.90	1.16	0.98	0.64	
21936	まあ〈「ま」も〉	W4	12	1023	9.924	212	4	1.17	0.77	1.39	0.52	0.81	0.45	1.26	
17073	なる〈成・為〉	W2	13	989	9.594	271	91	1.45	1.13	1.05	0.45	0.66	0.98	0.82	0.80
00908	言う	W2	14	939	9.109	250	22	0.84	0.98	0.90	1.44	1.23	1.21	0.67	1.06
24121	よい〈「いい」も〉	W3	15	911	8.838	249	110	0.52	0.69	0.91	1.28	1.32	1.66	0.78	2.18
00754	ある〈有・在〉	W2	16	905	8.780	270	43	0.97	1.07	1.08	0.94	1.11	0.82	0.76	0.66
13192	その	W3	17	836	8.110	221	16	1.00	1.13	1.23	0.34	0.94	0.66	1.05	0.24
16978	何	W1	18	814	7.897	231	32	0.58	0.97	0.59	1.70	1.49	1.95	0.37	0.49
23279	もう	W3	19	762	7.392	218	23	0.72	0.90	1.03	1.32	1.15	1.35	0.52	
03396	思う	W2	20	633	6.141	210	8	0.95	0.99	1.08	1.05	1.16	0.67	0.98	0.63
14828	ちょっと	W3	21	550	5.336	184	16	0.58	0.72	1.12	2.18	1.13	0.93	1.23	0.72
18306	は〈「はあ」も〉	W4	22	497	4.821	122	15	0.79	1.22	1.51	0.69	0.61	0.96		
06851	こう	W3	23	491	4.763	154	7	0.52	1.18	1.59	0.77	1.25	0.15	0.64	0.41
23879	やる	W1	24	473	4.589	176	18	0.57	0.77	1.15	1.27	1.24	1.47	0.39	0.42
01651	今	W1	25	451	4.375	196	47	0.83	0.88	1.03	1.19	1.03	0.81	1.58	0.44
23414	もの〈物・者〉	W1	26	446	4.327	179	14	1.16	1.40	0.95	0.92	1.08	0.91	0.29	0.89
23738	やはり	W4	27	407	3.948	131	14	0.55	0.39	1.50	0.77	1.38	0.33	1.35	0.98
15140	で〈接〉	W4	28	404	3.919	137	1	1.00	0.96	1.57	1.01	1.09	0.20	0.29	
18057	ね〈「ねえ」も〉	W4	28	404	3.919	137	15	0.29	0.65	1.05	1.17	1.89	0.99	0.66	
24041	行く	W2	30	394	3.822	158	15	0.29	1.24	0.70	1.36	1.49	1.60	0.86	1.01

の分布を見ると、何回も繰り返して用いられる語はごく少数で、多くの語は、1回か2回というように、あまり用いられていないことがわかる（図6）。さらに、約4万語の見出し語を使用率の大きいものから順に並べると、上位2千語で延べ語数の約70％、5千語で80％以上、1万語で90％以上が占められることがわかっている。こうした分布の傾向は、**ジップの法則**として定式化されている。

しかし、これだけなら文章や談話の側の量的性質にとどまる。これが語彙の量的性質といえるのは、これらの傾向が、雑誌に限らず、ある程度の規模の文章や

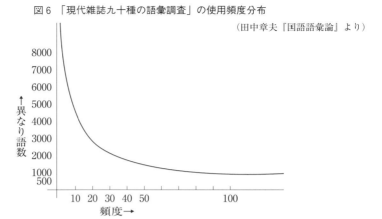

図6 「現代雑誌九十種の語彙調査」の使用頻度分布

（田中章夫『国語語彙論』より）

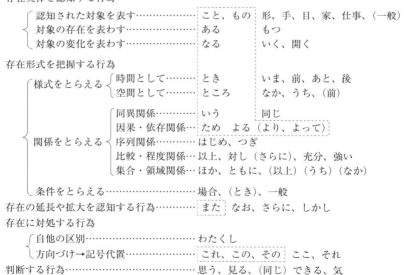

図7 基幹度最高の語群（林四郎「語彙調査と基本語彙」より）

存在実体を認知する行為
　認知された対象を表す…………………こと、もの　形、手、目、家、仕事、（一般）
　対象の存在を表わす……………………ある　　　　もつ
　対象の変化を表わす……………………なる　　　　いく、開く
存在形式を把握する行為
　様式をとらえる　時間として………とき　　いま、前、あと、後
　　　　　　　　　空間として………ところ　なか、うち、（前）
　関係をとらえる　同異関係…………いう　　同じ
　　　　　　　　　因果・依存関係…ため　よる（より、よって）
　　　　　　　　　序列関係…………はじめ、つぎ
　　　　　　　　　比較・程度関係…以上、対し（さらに）、充分、強い
　　　　　　　　　集合・領域関係…ほか、ともに、（以上）（うち）（なか）
　条件をとらえる……………………………場合、（とき）、一般
存在の延長や拡大を認知する行為…………また　なお、さらに、しかし
存在に対処する行為
　自他の区別………………………………わたくし
　方向づけ→記号代置……………………これ、この、その　ここ、それ
判断する行為………………………………思う、見る、（同じ）できる、気

　談話であれば、どのような語彙にでも見出すことができるからであり、少数の高頻度語の顔ぶれもほぼ一定しているからである。つまり、体系としての社会的な語彙の中には、それが運用されて実際の文章・談話に表れるときに、どのような文章・談話であってもよく用いられる一群の語があるということである。このよ

うな語群を**基幹語彙**という。日本語の基幹語彙を見出すためには、さまざまな文章・談話の語彙調査を横断的に行い、そのいずれにも高頻度で現れる語群に注目する必要がある。図7は、国立国語研究所の四つの語彙調査（明治初期文献（1878〜88年）、婦人雑誌（1950年）、総合雑誌（1953〜54年）、新聞三紙（1966年））の結果を横断的に見て、どの調査でも使用率500位以内に現れた48語を、各調査での順位を点数化して三つの等級に分けた後、分類したものである。これらは、「個性のない、つまらない語」のようでもあるが、そうではなく、「私たちの認識や思考の活動の源泉とも言うべく、精神活動を煎じつめて原型にまで戻したような、極めて根源的な言語形式」「最高抽象レベルでの認識の原型」として、日本語の基幹語彙の中核部分にふさわしい語群といえよう。

〔参考文献〕
石井正彦（2013）「和語・漢語・外来語－基本語彙に見る攻防－」『日本語学』Vol.32 No.11
沖森卓也ほか（2011）『図解日本の語彙』三省堂
樺島忠夫（2004）『日本語探検－過去から未来へ』角川書店
計量国語学会（編）（2009）『計量国語学事典』朝倉書店
小池清治・河原修一（2005）『語彙探求法』朝倉書店
国立国語研究所（1972）『動詞の意味・用法の記述的研究』秀英出版
国立国語研究所（2009）『病院の言葉を分かりやすく－工夫の提案－』勁草書房
斎藤倫明（編）（2016）『講座 言語研究の革新と継承1 日本語語彙論Ⅰ』ひつじ書房
斎藤倫明・石井正彦（編）（2011）『これからの語彙論』ひつじ書房
佐藤喜代治（編）（1982〜1983）『講座 日本語の語彙』明治書院
佐藤武義（編著）『展望 現代の日本語』白帝社
田中章夫（1978）『国語語彙論』明治書院
玉村文郎（1984）『日本語教育指導参考書12 語彙の研究と教育（上）』国立国語研究所
林大ほか（編）（1982）『図説日本語 グラフで見ることばの姿』角川書店
林四郎（1971）「語彙調査と基本語彙」国立国語研究所『電子計算機による国語研究Ⅲ』
　秀英出版
宮島達夫（1977）「語彙の体系」『岩波講座日本語9 語彙と意味』岩波書店
宮島達夫（1980）「意味分野と語種」『国立国語研究所 研究報告集2』秀英出版
森岡健二（1977）「命名論」『岩波講座日本語2 言語生活』岩波書店
森田良行・村木新次郎・相澤正夫（編）（1989）『ケーススタディ日本語の語彙』おうふう

意 味

1 語の意味とは

1−1 意味の性質

　言語記号としての語は、一定の形式（音声）と一定の内容との統一体であるが、この、語が表す内容を**語の意味**または**語義**という。語は、人間をとりまく現実や観念の"世界"を構成する"部分"に対して与えられた「一般的な名前」であるから、語の意味には「一般的である」という性質がある。たとえば、「犬（いぬ）」という語の意味は、現実に存在する（存在した）さまざまなイヌの違いには関係なく、それらのイヌが共通にもつ特徴を一般化・抽象化してとらえ、そうした一般的な特徴をもつ動物を"世界の部分"として表している。これによって、どのようなイヌであっても、それがイヌとしての一般的な特徴をもつ動物である限り、それを「犬」と呼ぶことができる。また、「食べる」という語の意味も、〈生き物が固形物をかみ、のみこんで体内にとりいれる〉というような一般的な特徴をもつ動作を表しており、こうした特徴をもつ動作であれば、誰（何）がいつどこで何をどのように、といった現実のさまざまな違いには関係なく、すべて「食べる」という語で言い表すことができる。

　このように、語の意味が一般的であるおかげで、われわれは語をいろいろな文に使って、その文脈や場面の中で決められる「（特定の）ものやことがら」を指し示すことができる。このとき、語が本来もつ意味を**一般的意味**、語が文の中で指し示すものごとを**文脈的意味**といって、区別することがある。語の意味の一般性は、語が使い回しのきく言語単位であることを支えている。なお、語の一般的意味は、語が文の中で構文上の単位として表す**文法的意味**（「犬が」の表す〈主体〉、「食べた」の表す〈過去〉など）と区別して、**語彙的意味**と呼ばれることもある。

1－2　意味の構造

　語の意味は、大きく、中心部分と周辺部分とに分かれていると考えることができる。中心部分は、その語が"世界"のどのような"部分"を表すかということに直接かかわる意味であり、周辺部分は、その中心部分に随伴するさまざまな付属的意味である。これを文字通り、**中心的意味**と**周辺的意味**といって区別することもあるが、両者の違いや関係は、とくに周辺的意味の内実が多様であるために、必ずしも明確ではない。

　語の中には、中心的意味として表すものごとに対して、何らかの感情や態度を周辺的意味として伴っているものがある。このような場合、その中心的意味を**対象的意味**や**概念的意味**、周辺的意味を**感情的意味**や**語感**といって、区別することがある。感情的意味には、〈古めかしさ〉（「映画」に対する「活動写真」）、〈新しさ〉（「台所」に対する「キッチン」）、〈改まり〉（「火事」に対する「火災」）、〈上品〉（「集まる」に対する「集う」）、〈下品〉（「食べる」に対する「食らう」）、〈軽蔑〉（「年寄り」に対する「老いぼれ」）、〈親しみ〉（「妻」に対する「かみさん」）、〈はばかり〉（「死ぬ」に対する「なくなる」）などがある。このうち、〈改まり〉〈上品〉〈下品〉などの感情的意味は、語の**文体的意味**（俗語・日常語・文章語）とも重なっている。

　語の中には、また、中心的意味の周辺に何らかの暗示的な部分を伴っているものがある。このような場合、その中心的意味を**明示的意味**（デノテーション）、周辺的意味を**暗示的意味**（コノテーション）といって区別することがある。たとえば、「男なんだから泣くな」という発話が成立するのは、「男」という語が〈人間のオス〉という明示的意味だけではなく、〈強くあるべきもの〉という暗示的意味をもっているからだと考えられる。暗示的意味は、中心的意味が表す対象そのものの特徴にかかわる点で、対象に対する感情や態度を表す感情的意味とは異なる。

　語の中心的意味は、より小さないくつかの特徴ないし側面に分けることができる。この、一つの意味を構成する特徴・側面のことを**意味特徴**という。たとえば、「父」の意味を、性・世代・系統に関する〈男性〉〈一世代上〉〈直系〉という意味特徴の束として考えるというようなものである。同様に「母」の意味を〈女性〉〈一世代上〉〈直系〉とすれば、両者の違いは性に関する意味特徴のみの違い

としてとらえることができるから、意味特徴は、語と語の意味の異同を分析的に記述するのに役に立つ。

　ただし、意味特徴をこうした中心的意味の弁別的特徴に限定せず、たとえば、「父」という語がもつ〈厳しい〉〈頑固だ〉、「母」という語がもつ〈優しい〉〈慈しみ深い〉といった周辺的（暗示的）意味も意味特徴とする、という考え方もある。ただ、この場合は、語が（一般的意味として）表す"世界の部分"に関するさまざまな情報のうちの、どこまでを意味特徴と認めるかが問題となる。イヌには〈四つ足である〉〈嗅覚に優れている〉〈尻尾がある〉〈ワンワンと鳴く〉といったほぼ共通の特徴の他に、〈大きさ〉〈毛並み〉〈用途〉などさまざまなタイプがあって必ずしも共通しない特徴もあり、さらには、百科事典に載るような専門的な特徴（これを**百科事典的意味**ということがある）もあるからである。なお、認知意味論などの分野には、語の意味を本質的に開放的なものととらえ、こうした情報のすべてを意味特徴と認めて、個々の特徴の許容範囲と典型（プロトタイプ）をスキーマ（認知枠）として記述するという考え方もある。

2　意味の体系性

2−1　意味関係

　語の意味は"世界の部分"を一般的に表すが、"世界の部分"が他の"部分"と関係しながら"世界"を構成している以上、語の意味もまた他の語の意味と関係をもちつつ、より大きなまとまりを構成していると考えられる。意味の面からみた語のまとまりは、まずは、以下にあげるような二つの語（AとB）の間のミクロな**意味関係**としてとらえることができる。ここでいう意味関係とは、基本的に、それぞれの語の**意味範囲**（語の意味が指し示す範囲）の関係性である。

　1．**同義関係**……Aの意味範囲とBの意味範囲とが完全に一致する関係。AとBとを**同義語**という。「あす／あした」「台所／キッチン」「腐る／腐敗する」など。

　2．**包摂関係**……Aの意味範囲がBの意味範囲を覆う関係。Aを**上位語**、Bを**下位語**という。「さかな／まぐろ」「スポーツ／野球」「言う／ほざく」などを**上位下位関係**、「顔／目」「着物／袖」「部／課」などを**全体部分関係**と、

区別することがある。

3．類義関係……Ａの意味範囲とＢの意味範囲とが部分的に重なる関係。ＡとＢとを**類義語**という。「刃物／武器」「打つ／たたく」「美しい／きれい」など。

4．隣接関係……Ａの意味範囲とＢの意味範囲とが、重ならないが、同じ分野で隣り合っている関係。ＡとＢとを**同位語**という。「春風／秋風」「よろこび／くるしみ」「文系／理系」など。

5．対義関係……Ａの意味とＢの意味とが同じ基準の上で対立する関係。ＡとＢとを**対義語**または**反対語**という。「男／女」「行く／来る」「近い／遠い」など。

　これらの意味関係は、その言語が"世界の部分"をどのように切り取っているかを局所的に表している。このうち、同義関係や対義関係は一部の語にしかみられず、包摂関係は比較的単純な意味関係であるが、類義関係と同位関係とは、語の数も多く、また、その意味の関係性も複雑・多様である。たとえば、「のぼる／あがる」はともに上方への移動動作を表す類義語、「寒い／冷たい」は温度形容詞といわれる同位語（の一部）であるが、それぞれの意味（"世界"の切り取り方）を正しくとらえるには、類義語にあっては意味の重なる部分（２語の置き換えが可能な用法）と重ならない部分（不可能な用法）との正確な分離、同位語にあっては共通する意味特徴と共通しない意味特徴との弁別が必要にある。なお、同義語は、中心的意味においては同義であるが、感情的意味や文体的意味といった周辺的意味においては異なっていることが一般的であり、類義関係の一種とみなすこともできる。逆に言えば、周辺的意味において異なっているからこそ、同義であっても存在する理由があるといえる。

２－２　意味分野

　二つの語の間の意味関係は、三つ以上の語の関係に拡張することができる。包摂関係は、図１のように、何階層もの上位下位関係・全体部分関係に拡張でき、これらの同じ階層（抽象のレベル）には隣接関係にある多くの同位語が並ぶことになる。図２は身に付けるものの「着脱」に関する動詞の例であるが、上位下位関係、隣接関係、対義関係など、いくつかの意味関係にある語が組み合わさって、

図1 意味関係の拡張（田中章夫『国語語彙論』より）

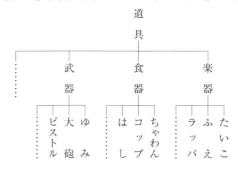

図2 衣類等着脱動詞の意味分野（田中章夫『国語語彙論』より）

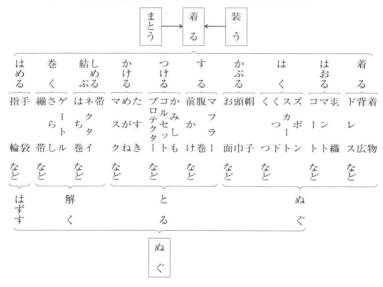

より大きなまとまりが構成されている。このような、何らかの意味関係にある語がつくりあげる、より大きな意味的なまとまりを**意味分野**または**意味領域**という。

図3は、「食器」という使用目的の観点からまとまった意味分野と「せともの」「かなもの」という素材の観点からまとまった意味分野とが重なって、「道具」というより大きな意味分野（の一部）をつくっていることを（ごく単純化して）示した模式図である。このように、一つの意味分野は観点を異にする他の意味分野

図3 食器を中心とした道具類の体系（宮島達夫「語彙の体系」より）

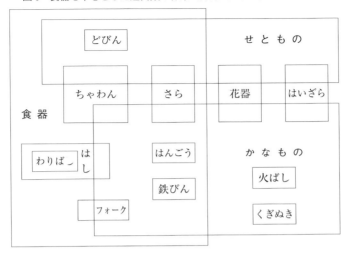

と重なりながら、より大きな意味分野をつくっていく。

2-3 シソーラス

　意味の面からみた語のまとまりは、意味関係、意味分野としてとらえることができるが、さらに大きな、日本語の語彙が全体としてつくりあげるマクロな意味体系としてとらえることもできる。これには、2語の意味関係から出発し、それを拡張して意味分野をとらえ、さらに意味分野の重なり・絡み合いを明らかにすることによって全体の意味体系に至るというボトムアップの方法と、あらかじめ意味体系全体のシステム（組織）を演繹的に設定し、それを構成する個々の意味分野に一つ一つの語を割り当てていくというトップダウンの方法とが考えられるが、これまでに行われているのは、後者の方法によるものである。これは、実際の意味分野の重なり・絡み合いが多次元にわたる複雑なものであり、語彙全体を覆うところまでボトムアップに組み上げることが困難であるからだと考えられる。

　この、マクロな意味体系を記述した語彙表や辞典は**シソーラス**と呼ばれるが、代表的なものに国立国語研究所の『分類語彙表』（増補改訂版）がある。この語彙表では、まず、全体を、1．体の類（名詞）、2．用の類（動詞）、3．相の類（形容（動）詞・副詞）、4．その他の類（接続詞・感動詞など）に分け、各品詞

表1 『分類語彙表』（増補改訂版）の「衣生活」の項

```
2.3332  衣生活
   01  着脱する
       着用する  着装する［装備を～］
       着衣する  試着する
       身に着ける［服を～］  着ける［は
       かまを～］  着する  する［ベル
       トを～・おむつを～］  着る  着
       せる
       着せ掛ける
   02  佩用(はいよう)する  はく［剣を
       ～］  帯びる［針袋を～］  帯す
       る
       着帯する  当てる［帯を～・ファ
       スナーを～］  締める  締め込む
       まとう  羽織る  そでを通す  肌
       を入れる  手を通す
       着帽する  かぶる  かずく  打ち
       かぶる  おっかぶせる
       はめる［手袋を～・ボタンを～・指
       輪を～］  履く［くつを～］  は
       (穿)く［ズボンを～］  覆面する
   03  ほおかぶり／ほおかむり／ほっか
       ぶりする  しりをはしょる／を
       からげる
       つま／小づまを取る  もも立ちを
       取る
   04  脱ぐ  脱げる  脱ぎ捨てる  踏み
       脱ぐ  取る［帽子を～］  脱がす
       はだける  裸になる  肌を脱ぐ
       片肌脱ぐ  もろ肌を脱ぐ  は(剥)
       ぐ
       脱衣する  脱帽する
       抜く［指輪を～］
   05  着替える  召し替える  履き替え
       る  着通す  着古す  着慣れる
       履き慣れる  着捨てる  履き捨て
       る
   06  身ごしらえする  身じまいをする
       衣紋を繕う  身繕いする  かい繕
       う  襟をかき合わせる／を寄せ
       合わす  襟を正す
       身支度する  いで立ちをする
       着付ける  着こなす  コーディネ
       ートする  着成す
       フィットする
       装う  着飾る  ドレスアップする
       めかす  おめかしする  めかし込
       む  しゃれる  おしゃれする
       作り立てる
       着散らす
       やつす  身をやつす
   07  厚着する  薄着する
       重ね着する  着込む  着膨れる
       正装する  礼装する  盛装する
       略装する  着流す  着崩す
       軽装する  軍装する
   08  扮装する  扮する  仮装する
       変装する  偽装・擬装する  カム
       フラージュする
       男装する  女装する
```

の中を、1．抽象的関係、2．人間活動の主体、3．人間活動－精神および行為、4．生産物および用具、5．自然物および自然現象の5部門を最上位とする四つの階層からなる意味分野に分ける（ただし、用の類・相の類には人間活動の主体と生産物・用具はなく、その他の類はいずれの部門にも分類されない）。最下層の意味分野の数は全体で895にのぼり、それらに約9万6千の語が割り当てられて

いる。意味分野にはその階層を表す「分類番号」が振られており、たとえば、「1.2110 夫婦」は、「1. 体の類」＞「1.2 人間活動の主体」＞「1.21 家族」に続く下位分類であり、「2.3332 衣生活」は、「2. 用の類」＞「2.3 人間活動」＞「2.33 生活」に続く下位分類であることがわかるようになっている（表1）。

　シソーラスを作成することにより、語彙全体の意味体系を見渡すことができる。ただし、それを構成する意味分野やその組織は、作成者の言語観や世界観にもとづいて演繹的に、また、ある程度単純化されて設定されるので、2語の意味関係から帰納的に見出した意味分野との整合性を高めていくことが課題となる。

3　意味の派生

3－1　多義語

　意味の構造のあり方として重要なものに、多義がある。多義とは、一つの語が二つ以上の異なる意味をもつことであり、そうした語を**多義語**という（これに対して、一つの意味しかもたない単語を**単義語**という）。たとえば、「歯」という語には、〈動物の口の中にある、ものを嚙み砕くための器官〉という意味の他に、〈道具の部分で、形が動物の歯に似ているもの〉（のこぎりの歯）という意味がある。また、「明るい」という語には、〈光が多くてものがよく見える状態〉（この部屋は明るい）という意味の他に、〈ほがらかな〉（明るい気持ち）、〈期待がもてる〉（明るい未来）、〈よく知っている〉（地理に明るい）といった意味がある。

　基本的な語には多義であるものが多い。多義語のもつ複数の語義は、一つの「基本的な語義（基本義、原義、本義）」とその他の「派生的な語義（派生義、転義）」とに分けられる。通時的（歴史的）には、**基本義**をもとにして**派生義**がつくられる、という関係にあり、共時的には、基本義を中心としてその周りに派生義が一定の関係で結びつく「多義の構造」がつくられている、という関係にある。「歯」では〈動物の歯〉の意味、「明るい」では〈光が多い〉という意味がそれぞれ基本義となって他の派生義がつくられ、それらが多義として共存している。

　ただし、基本義と派生義とのつながりがわかりにくくなると、両者は別語、すなわち、**同音異義語**とされることになる。「書く」と「搔く」とは、語源的には同一の語であり、ある時点までは多義語であったろうが、現在では同音異義語と

されることが一般的であろう。ただし、「優しい」と「易しい」のように、多義語か同音異義語かの判別が難しいものも多く、両者の境界を決める客観的な基準は定まっていない。

3－2　意味派生の類型

　多義語は、基本義から派生義がつくられること、すなわち、**意味の派生（転義）**によって成立する。意味の派生には、以下のような類型（主なもの）があり、これらは基本義と派生義との間の意味関係ということもできる。

　1．転移……事物の全体からその一部・側面への転義。
　　（例）庭の石〈個体〉→石の壁〈材質〉、桃を植える〈樹木〉→桃を食べる〈果実〉、口が大きい〈身体器官〉→口が肥える〈味覚〉
　2．メタファー（隠喩）……形・機能などが類似する事物への転義。
　　（例）のこぎりの歯、職場の花、男はみんな狼だ
　3．メトニミー（換喩）……空間的・時間的に隣接している事物への転義。
　　（例）鍋が煮えている、漱石を読む、手洗い（動き→器・便所）、くるま（車輪→自動車）
　4．シネクドキー（提喩）……一般（類概念）から特殊（種概念）への、また、その逆の転義。
　　（例）タマゴ（生物の卵→鶏卵）、人はパンのみにて生きるにあらず（→食べ物一般）
　5．具象化……抽象的な物事から具体的な物への転義。
　　（例）はさみ（動き→道具）、しぼり（動き→カメラの～）
　6．プラス値派生……中立的な意味からプラス評価への転義。
　　（例）実力をはかる→あの人は実力がある

4　意味の合成

4－1　語の結合と意味

　意味の派生は、語の内部で新しい意味（派生義）をつくり、多義語を生み出すはたらきである。一方、**意味の合成**は、語が他の語と結びついて、別の語（複合

語）をつくったり、より上位の言語単位である句（連語）をつくったりするときに、要素となる語の意味を組み合わせて、複合語や句としての新しい意味をつくりあげることをいう。そのようにしてつくられた複合語や**句の意味**には、要素となった語の組み合わせから規則的に導くことのできる構成的な意味（字義どおりの意味）と、そうした要素の組み合わせからは導けない一体的な意味とを見ることができる。もっとも、複合語では、構成的な意味と一体的な意味とが共存することが一般的であるが、句の意味は構成的であることが原則である。複合語が一体的な意味をもつのは、それが、単純語と同様に、"世界の部分"を一般的に表す「語」として、どのような意味を表すかがあらかじめ決まっている（意味の所与性）からであり、句が一体的な意味をもたないのは、句の表す意味はそうしたできあいのものではないからである。ただし、慣用句は、形式的には句であっても、一体的な意味を表すという点で、複合語と共通する性質をもっている。

4－2 複合語の意味

　「山登り」「古本」「春風」という複合語を、同じ組み合わせをもつ「山に登る」「古い本」「春の風／春に吹く風」という句と比較してみよう。すると、これらの複合語は、それぞれ、「趣味やレジャーとして山に登ること」「人がすでに読んで手放した本」「春に南から吹く暖かくて心地よい風」といった、句の意味と無関係ではないが、それとは異なった意味を表していることがわかる。句の意味は、それを構成する語の組み合わせから素直に導かれる構成的な意味であるのに対し、複合語の意味は要素の組み合わせからは導くことのできない一体的なものである。このことは、「捜索隊が山登りする」「図書館から古本を借りた」「春風で船が転覆した」などという言い方が不自然になることからもわかる。

　このような特徴は、複合名詞だけでなく、複合動詞や複合形容詞にもみられるし、和語や混種語だけでなく、漢語や外来語の複合語にもみられる。「草花を切り倒す」「青白い洋服」などとはいいにくいことから、これらの対象や主体には一定の限定が加わっていることがわかる。また、「登山」は（「山登り」と同様）単に「山に登ること」ではなく、「イエローカード」も単に「黄色いカード」ではない。

　一方で、同じ複合語でも、「学校訪問」「開店時間」「体力づくり」など、句を

その場限りで一語化したような**文法的な複合語**には、当然、一体的な意味はない。これらは、要素の組み合わせから導ける構成的な意味しか表さないので、辞書に載ることはない。逆に、一体的な意味をもつ複合語は、みな辞書に載るような**語彙的な複合語**である。これらは、むしろ、要素の組み合わせから導けない意味をもつからこそ、辞書に載るのであろう。ただし、語彙的な複合語であっても、そこには、その意味における一体性の度合いから、大きく、(1) 構成的な意味だけで一体的な意味がほとんど感じられない複合語（「草取り」「ゴムまり」「渋柿」など）、(2) 構成的な意味と一体的な意味とが共存している複合語（上にあげた「山登り」など）、(3) 一体的な意味のみの複合語（「泥棒」「うちとける」「あいくるしい」など）といった違いがある。(3) は、もはや単純語といってもよいものである。

4－3　慣用句の意味

　二つ以上の語の結びつきが固定化し、特定の意味すなわち一体的な意味を表すようになったものを**慣用句**という。慣用句は、語の結びつきの固定化がどれだけ進んでいるかによって、いくつかの段階に分けることができるが、意味の面でも、慣用句の表す一体的な意味と、それを構成する語による構成的な意味との関係から、大きく、以下のように分類することができる。

　1．構成的な意味と一体的な意味とを直接関係づけることができないもの。
　　「腹を立てる」「ねこをかぶる」などの一体的意味は、それぞれの要素の意味およびそれによる構成的意味とどのような関係にあるか、現代語ではもはやわからない。

　2．構成的な意味をもとに、その比喩として一体的な意味がつくられたと考えられるもの。これは、比喩の方式によって、以下のように分けられる。
　　(1) メタファーによるもの
　　　（例）足を洗う、実を結ぶ、骨が折れる、虫の息、風前の灯火
　　(2) メトニミーによるもの
　　　（例）頭を抱える（動作→その時の精神状態）、目をつぶる（動作→その結果として「見なかったことにする」こと）、飯を食う（動作→それを一部とする「生活する」こと全般）

（3）シネクドキーによるもの
　　（例）煮え湯を飲ませる（動作→それより一般的な「ひどい目にあわせる」こと）

〔**参考文献**〕
影山太郎（1993）『文法と語形成』ひつじ書房
教科研東京国語部会・言語教育研究サークル（1964）『語彙教育　その内容と方法』むぎ書房
久島茂（2001）『《物》と《場所》の対立－知覚語彙の意味体系－』くろしお出版
国広哲弥（1982）『意味論の方法』大修館書店
国立国語研究所（1965）『類義語の研究』秀英出版
国立国語研究所（1972）『動詞の意味・用法の記述的研究』秀英出版
国立国語研究所（2004）『分類語彙表－増補改訂版－』大日本図書
　　http://pj.ninjal.ac.jp/corpus_center/goihyo.html にて、データベースを無償（学術研究用）で公開中（2017年11月30日付）
田中章夫（1978）『国語語彙論』明治書院
西尾寅弥（1988）『現代語彙の研究』明治書院
宮地裕編（1982）『慣用句の意味と用法』明治書院
宮島達夫（1977）「語彙の体系」『岩波講座日本語9　語彙と意味』岩波書店
宮島達夫（1994）『語彙論研究』むぎ書房
村木新次郎（1991）『日本語動詞の諸相』ひつじ書房
籾山洋介（2002）『認知意味論のしくみ』研究社
湯本昭南（1977）「あわせ名詞の意味記述をめぐって」『東京外国語大学論集』27（松本泰丈編『日本語研究の方法』（むぎ書房、1978）に再録）

文 法

1　言語のさまざまな単位と「文法」

　しばしば人間の言語は分節的存在であると言われる。つまり、言語のある単位はより小さなレベルの要素からなり、その単位はより大きなレベルの単位を構成する。「文法」とは文を構成するための法則性のことであるが、言語のどのような単位と関わるものなのだろうか。

1－1　文から語までのレベル―統語論―

　まずは次の文を見てみよう。
　(1)　太郎が学校に遅刻したので、担任の先生が彼をおこった。
一見して(1)の文は、大きく次の二つの構成素に分けられる。
　(2) a　太郎が学校に遅刻したので　＜従属節＞
　　　b　担任の先生が彼をおこった　＜主節＞
上のように、文の一部であって主語と述語を有する語群は**節**と呼ばれる単位である。日本語では**従属節**、**主節**の順序で出現する。節のさらに下位には、句と呼ばれる単位がある。**句**とは、主語と述語を含まず2語以上で一つの品詞的な機能を果たす語群である。(2)bを例にとると、次に示す二つの句が含まれることがわかる。
　(3) a　担任の先生　＜名詞句＞
　　　b　彼をおこった　＜動詞句＞
(3)aの「担任の先生」は複数の語からなる単位であるが、これが全体として一つの名詞と同様に機能している。このような句は**名詞句**と呼ばれる。また、(3)bの「彼をおこった」も全体として一つの動詞と同様に機能している。この場合は**動詞句**と呼ばれる。句のさらに下位に位置づけられる単位は**語**である。実は語という概念の厳密な規定は非常に難しく、これを包括的にとらえた定義はないと言っ

てよい。しかし語は文法上の最も基本的な単位であり、文において最終的に独立した単位である。また、辞書の見出しとして登録される単位でもある。(3)aの名詞句の場合は、「担任」、「の」、「先生」の三つの語から構成されている。

つまり、文から語までの単位は次の(4)のようにまとめられる。

(4) 文 ＞ 節 ＞ 句 ＞ 語

「文法」という概念は狭くとらえられる場合と、広くとらえられる場合がある。狭くとらえた場合、「文法」は意味の面との関連も含めて、複数の語が結合して句から文にいたる単位を構成する際の規則性のことを指す。言語学におけるこのような研究分野は**統語論**と呼ばれる。

1－2　語とその内部のレベル―形態論―

「文法」の概念を狭くとらえた場合、統語論と呼ばれる研究領域を指すことは上に述べたとおりである。しかし、統語論に加えて**形態論**と呼ばれる研究領域を含めるのも、ごく一般的な「文法」のとらえ方である。形態論とは語の形式やその内部構造（すなわち語構成）を研究する言語学の一領域である。日本語で語の形式の研究と言えば、動詞の活用の研究などがこれに該当する。活用は日本語の文法論の主要なテーマとして扱われている。また、語構成の研究と言えば、たとえば複数の語が合わさって形成される複合語の研究などがあげられる。ただし、語形成の問題は「文法」ではなく語彙論において扱われる場合も多く、統語論や活用の問題ほど「文法」の領域として典型的なテーマとは言えない。

1－3　文を超えたレベル―談話分析・テキスト言語学・文章論―

複数の文があるまとまりをもって展開された言語単位を、**談話**、**テクスト**、もしくは**文章**と言う。これらはほぼ同義で使われているとみてよいが、あえて使い分ける場合は談話は話し言葉、テクストと文章は書き言葉を指す場合もある。また、談話は主に英米の言語学で、テクストはドイツなどのヨーロッパ諸国で使われる傾向が強い。文章は伝統的な国語学の言葉である。談話分析、テキスト言語学、文章論と呼ばれる分野は、このような単位の言語現象を研究するものである。

ある文に生じる「文法的」現象は、一つの文内のレベルの要因では説明のつかない場合がある。

(5) 三浦選手がまた決勝点を決めた。{○この／×その／○あの} 選手は苦しいときに本当に頼りになる。

(5)の第2文における指示詞の選択は、第2文の内部だけをみていても説明がつかない。指示詞、接続詞、省略、反復、主題、情報構造等の問題は決して文内のレベルだけでの解明はできない。統語論や形態論のように文内のレベルを扱う分野を文文法として、文を超えたレベルで現象を分析する分野を談話文法と呼び、これを「文法」の一領域とする立場もある。つまり、「文法」の概念を広くとらえた場合、統語論、形態論のみならず文を超えたレベルの研究も、これに含まれることになる。

　このように、狭義の「文法」とは統語論と形態論における活用論、広義ではさらに形態論における語構成論や文のレベルを超えた談話分析をもその射程に含むことになる。本書では狭義の「文法」に該当する統語論と形態論における活用の問題を概説する。語構成については「語彙」、談話のレベルの問題は「文章・文体」の章で扱われる。

2　活　用

2－1　日本語における活用

　活用とは、単語が用法の違いに応じて語形を変えることである。日本語で活用する語は主に、動詞、形容詞（「イ形容詞」と呼ばれる場合もある）、形容動詞（「ナ形容詞」と呼ばれる場合もある）である。また、この他に助動詞も活用する。ここでは、動詞の活用をとりあげる。

　動詞の活用を決定づける要因は、言語により異なる。英語は歴史的な変化に伴い活用が単純化し、現代では3人称単数現在の場合にsがつくだけだが、他のヨーロッパの諸言語では主語の人称や単数／複数の区別に応じて、動詞の形がめまぐるしく変化する。これに対し、日本語では主語の人称や単数／複数の違いに応じて動詞が変化することはない。日本語では動詞の後に何が続くかにより、活用語尾が形を変える。

(6) はしる：はし－ら－ない（未然形）　　はし－れ－ば（仮定形）

日本語の活用を考えるにあたってはこの点が重要である。

　なお、現代日本語の動詞には**不規則活用**は二つしかない。つまり、**カ行変格活用（カ変）**の「来る」と**サ行変格活用（サ変）**の「する」の二つの動詞のみが不規則でその他の動詞はすべて規則活用である。不規則活用の動詞の変化のしかたは個別的なものであり、文字通り規則性がない。以下では、この二つの不規則活用動詞をのぞいた、**規則活用**の動詞に焦点をあてる。

2−2　学校文法における動詞の活用

　「活用」というと何か動かしようのない客観的事実として、ただ一つの体系が存在するものと思われるかもしれない。もちろん、個々の動詞の活用のあり方は動かしがたい客観的事実の問題であるが、それらをどのように体系化するかとなると、問題はそれほど単純ではない。ここでは一般にもっともなじみのある学校文法における活用を復習し、これを批判的に検討し、それとは異なる別のとらえ方を提示したい。

　学校文法では規則活用の動詞を、**五段活用動詞、上一段活用動詞、下一段活用動詞**の三つのタイプに分けている。具体的に示すならば、(7)の表のようになる。

(7)　学校文法における規則活用

		語幹	未然形	連用形	終止形	連体形	仮定形	命令形
			〜ない・う	〜ます・た	〜。	〜とき・ひと	〜ば	
五段	はしる	はし	ら・ろ	り・っ	る	る	れ	れ
	さわぐ	さわ	が・ご	ぎ・い	ぐ	ぐ	げ	げ
上一	おりる	お	り	り	りる	りる	りれ	りろ
	おちる	お	ち	ち	ちる	ちる	ちれ	ちろ
下一	たべる	た	べ	べ	べる	べる	べれ	べろ
	うえる	う	え	え	える	える	えれ	えろ

(7)にみるように、語幹は活用しても形の変わらない部分である。未然形は「ない・う」、連用形は「ます・た（だ）」、連体形は「とき・ひと」、仮定形は「ば」につながる形である。また、終止形は文が終わるときの形、命令形は文字通り命令の形である。五段活用の場合、活用語尾の欄にアからオの段のすべての文字が入る。「はしる」で言えば、「ら・り・る・れ・ろ」のすべての文字が入っている。

したがってこの場合は「ラ行五段活用」と呼ばれる。「さわぐ」も同様でこの場合は「ガ行五段活用」となる。上一段活用の場合、すべての活用語尾の欄に同じ行のイの段の文字が入っている。「おりる」はラ行のリ、「おちる」はタ行のチの文字が入っている。それぞれ、「ラ行上一段活用」、「タ行上一段活用」となる。また、下一段活用の場合、すべての活用語尾の欄に同じ行のエの段の文字が入っている。「たべる」はバ行のベ、「うえる」はア行のエの文字が入っている。それぞれ、「バ行下一段活用」、「ア行下一段活用」となる。

2－3　学校文法の問題点

　以上が規則活用動詞に関する学校文法の概要である。ここでこの学校文法の活用に関する問題点を2点あげておこう。

　まず第1点は、学校で導入される現代語（口語）の活用の枠組みは、古典語（文語）の活用体系に合わせて作られたものであるため、現代語の活用としてはところどころに不整合が生じている点である。たとえば、未然形の枠には「ら・ろ」などのように異なる形式が同居している。活用表とは形式をできるだけシンプルにまとめるためのものであることを考えれば、これは非常に不自然なことである。原則的には、二つの異なる形式に対しては、二つの枠が与えられるべきである。連用形に関しても、五段活用について同じことが言える。学校文法のこの枠組みは、古典語の活用に関してはこのような問題を生じさせない。たとえば「咲く」という四段活用動詞であったら、未然形は「（咲）か」しかないし、「起く」という上二段活用動詞であったら「（起）き」の形しかない。また、終止形と連体形も不自然である。(7)の表を見てわかるように、現代語の動詞に関して終止形と連体形は異なるところがまったくない。形式をシンプルにまとめるためには、一つの形式に対して二つの枠を与えるのではなく、あくまで一つの枠を与えるべきである。現代語においても形容動詞では終止形と連体形が異なるという事情があるものの、この点も再考の余地があるだろう。ちなみに古典語では上二段活用、下二段活用、サ行変格活用、カ行変格活用、ナ行変格活用、ラ行変格活用で終止形と連体形が異なる。たとえば「起く」という上二段活用動詞であったら、終止形は「（起）く」、連体形は「（起）くる（とき）」となる。このように、学校文法の活用の枠組みは、古典語においては無理なく機能するものである。

次に第2の問題点は、語幹のとらえ方である。学校文法では活用を平仮名で表記しているが、平仮名や片仮名は子音と母音を分析的に記述できないため、動詞の語幹を的確に記述できていない。次節（「2−4」）で詳しくみるように、活用表を精確かつシンプルにとらえるためには、語幹のとらえ方が非常に重要である。(7)の表で扱った動詞の語幹は、平仮名で記述する場合とローマ字で記述する場合では次のように異なるものである。

(8)

	平仮名表記の語幹	ローマ字表記の語幹
はしる	はし（hasi）	hasir
さわぐ	さわ（sawa）	sawag
おりる	お（o）	ori
おちる	お（o）	oti
たべる	た（ta）	tabe
うえる	う（u）	ue

　特に五段活用動詞に注目してほしい。ローマ字で精確に表記すると「はしる」と「さわぐ」の活用しても変わらない部分は、それぞれ「hasir」と「sawag」である。実は学校文法の平仮名表記では最後の子音のrとgを後続の母音と切り離して記述できないため、rとgは語幹には入れられず活用語尾の中に組み込まれることになる。また、上一段活用と下一段活用の語幹は本来ならば平仮名でも「おり」、「おち」、「たべ」、「うえ」のように記述できるが、そのようにすると活用表の多くが空欄になるため、(7)の表のように扱われるのが普通である。

2−4　ローマ字表記による動詞の活用

　それでは、学校文法とは異なった動詞の活用表を考えてみよう。現代日本語の動詞の活用は平仮名や片仮名ではなく、ローマ字を使って表記すると大きく異なった姿を見せる。まずは、(7)の表でみたのとまったく同じ動詞の活用をローマ字で表記した場合にどのようになるのかをみてみよう。(8)に示したローマ字表記の語幹を確認し、〜nai、〜masuなどの形につなげる場合、どのような形式が欄にはいるかをやはりローマ字で表記してみよう。「はしる」を例にとってみると、語幹はhasirなのでnaiにつなげるとhasir-a-naiになる。したがって活用語尾の欄にはaが入る。masuとtokiにつなげると、それぞれhasir-i-masuと

hasir-u-toki になるので、活用語尾の欄には、それぞれ i と u が入る。ba 以下も同様である。すると、(7)の学校文法の活用表は、(9)の表のように置き換えられることを確認されたい。

(9) ローマ字表記による現代語の動詞の活用

	語幹	～nai	～masu	～toki	～ba	命令	～c	～ta
hasiru	hasir	a	i	u	e	e	o	(hasitta)
sawagu	sawag	a	i	u	e	e	o	(sawaida)
oriru	ori	φ	φ	ru	re	ro	yo	φ
otiru	oti	φ	φ	ru	re	ro	yo	φ
taberu	tabe	φ	φ	ru	re	ro	yo	φ
ueru	ue	φ	φ	ru	re	ro	yo	φ

(7) 学校文法における規則活用 (再掲)

		語幹	未然形 ～ない・う	連用形 ～ます・た	終止形 ～。	連体形 ～とき・ひと	仮定形 ～ば	命令形
五段		はしる	はし	ら・ろ	り・っ	る	る	れ	れ
		さわぐ	さわ	が・ご	ぎ・い	ぐ	ぐ	げ	げ
上一		おりる	お	り	り	りる	りる	りれ	りろ
		おちる	お	ち	ち	ちる	ちる	ちれ	ちろ
下一		たべる	た	べ	べ	べる	べる	べれ	べろ
		うえる	う	え	え	える	える	えれ	えろ

(9)の表における「φ」の記号はその欄が空欄になることを示す。(9)のローマ字表記による表を再掲した(7)の学校文法の表と比較すると、一見して、全体が格段にシンプルになったことがわかる。(9)のローマ字表記の表から、現代日本語の動詞の規則活用に関して、次のことがわかる。

(10) 現代日本語の動詞の規則活用

 a 現代日本語の規則活用は2種類しかない。

 b 一つの種類は、学校文法における五段活用動詞に相当するもので、語幹が子音で終わる点が特徴である。

 c もう一つの種類は、学校文法における上一段活用動詞と下一段活用動詞に相当するもので、語幹が母音で終わる点が特徴である。

d　学校文法における「〜行活用」という細かい分類は一切必要がない。
　　e　ただし語幹が子音で終わる動詞の「タ」につながる形については、語幹の一部が失われるなど単純な記述は不可能である。

つまり、現代日本語の動詞は「する」（サ変）と「来る」（カ変）という二つの不規則活用をのぞくと実は2種類の変化のパターンしかない。どうして学校文法と比べて、このような違いが生じるのだろうか。

　その根本的原因はすでに述べたように、語幹のとらえ方である。(9)の表の「はしる（hasiru）」に注目してみよう。この動詞の語幹はhasirである。日本語の音の連鎖は最も基本的には子音と母音が交互に出現する。となると、hasirのように語幹が子音で終わっている場合、活用語尾の欄にはいずれかの母音が入る。日本語の母音はa、i、u、e、oの5種類しかない。「さわぐ（sawagu）」もまったく同様である。これらのような学校文法の五段活用動詞は**子音語幹動詞**と呼ばれる。また、「おりる（oriru）」、「おちる（otiru）」、「たべる（taberu）」、「うえる（ueru）」などの語幹が母音で終わる動詞は**母音語幹動詞**と呼ばれる。学校文法における上一段活用動詞と下一段活用動詞に相当する。これらは語幹が母音で終わっているため、たとえばnai、masuなどの形につなげる場合、活用語尾の欄に特に何も入れる必要はない。ただ、すべての活用語尾の欄が空欄になると形の差異がまったく無くなってしまうため、ru、re、roなどの子音と母音の組み合わせによる音節が入る場合もある。

　また、学校文法と異なってローマ字表記による活用表では、「〜行活用」という下位の細かい区別がまったく必要ない。この原因も語幹のとらえ方にある。たとえば「はしる（hasiru）」であったら本当の語幹はhasirまでだが、平仮名で記述すると語幹はhasi（はし）までとされてしまう。そのため、本来は語幹の欄に入っているべきrが、学校文法の活用表では活用語尾の欄に入れられてしまい、活用語尾はrも含めた「ら」「り」「る」「れ」「ろ」となってしまう。「ラ行五段活用」と呼ばれるのはこのためだが、そもそもrを語幹に入れておけば、「ラ行活用」という細かい分類はまったく必要ない。

　現代日本語動詞の規則活用には、子音語幹動詞と母音語幹動詞の2種類しかないと述べた。しかし、2種類あると言っても、これらは日本語の音の連鎖が基本的に子音と母音が交互に出現するという原則の表と裏の関係でしかない。つまり、

「する」と「来る」の二つの例外を除いて、現代日本語の動詞の活用を支配する原理はごく単純な一つの音の原理だけなのである。

2－5　まとめ

現代日本語の動詞の活用は非常に単純である。その全体は、次の(11)のようにまとめることができる。

(11)　現代日本語の活用の種類

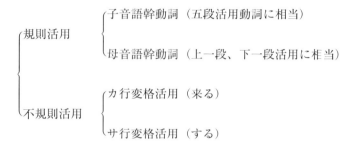

なお、ここで詳しくふれることはできなかったが、(9)の表にみるように子音語幹動詞のタ形（テ形も同様）に関しては、ローマ字で表記しても単純に表には収まらない。「走る」と「騒ぐ」のタ形は、「走った」と「騒いだ」になる。「走った」のように「っ」を伴うのは**促音便**、「騒いだ」のように「い」を伴うのは**イ音便**と呼ばれる。**音便**とは、発音上の便宜からもととは違った音に変わるものである。この他に、「飛ぶ」が「飛んだ」となるように「ん」を伴うのは**撥音便**である。

以上の活用に関する概説では、学校文法を批判的に検討してきた。学校教育では高校で本格的に古典語の文法を導入する必要があり、中学校において古典語文法の枠に合わせて作られた現代語の文法が教えられる。毎年百万人もの中学生にとって、初めて出会う文法が古典語の枠組みに合わせられた現代語の文法であるという事実は、いささか残念な現実である。

現代語を学ぶにあたって古典語の知識と理解は不可欠であるし、古典語を学ぶにあたって現代語を適切にとらえていることも大切である。しかし、現代語が古典語と別の体系である以上、現代日本語をとらえるためには現代日本語を観る眼が必要である。この節の議論はこのようなことを示唆するものである。

3 文の構造

　3節では文の基本的構造について概説する。ひとくちに文の構造を考えると言っても、文の構造はさまざまな観点からさまざまに論じられるものである。そして、それぞれの観点は文法論上非常に重要なものである。以下、次のそれぞれの観点から概説する。

　　① 　格（文の骨組み）　　　　　　　　　　　→　「3－1」
　　② 　文の成分（文の形式的構成）　　　　　　→　「3－2」
　　③ 　必須補語と副次補語（文における重要度）→　「3－3」
　　④ 　有題文と無題文（文の情報構造：「は」と「が」）→　「3－4」

3－1　格－文の骨組み－
3－1－1　格と格助詞

　文の構造を考えるためには、まず格という概念を理解しなければならない。**格**とは名詞が文中の他の語とどのような関係にあるかを示す形式である。

　⑿　太郎がお店から家まで私の荷物を自転車で運ぶ。

⑿の文における下線部が格である。これらの格のうち、「の」は「私」と「荷物」という名詞と名詞の関係を表している。その他の格は名詞と述語の関係を表している。たとえば、この場合の「が」は「太郎」が「運ぶ」という動作に対する動作主であることを示している。「から」と「まで」は、それぞれが動作に対する起点と着点を示している。「を」と「で」は対象と道具を示している。日本語では格を助詞と言われる形式が表す。これらの助詞は**格助詞**と呼ばれる。日本語の格助詞の主なものとしては、次のものがあげられる。

　⒀　ガ、ヲ、ニ、ノ、デ、カラ、マデ、ヨリ、ト…

これらはその形式に応じて、「ガ格」、「ヲ格」、「ニ格」などのように呼ばれる。ただし、この呼び方は日本語の枠内でしか通用しない言い方である。普遍的に通じる呼び方としては、次のような呼び方がある。主なものをあげておこう。

　⒁　ガ格→主格　ヲ格→対格　ニ格→与格　ノ格→属格

本書ではわかりやすさを優先して、「ガ格」、「ヲ格」などの呼び方を使うことにする[*1]。

文の骨組みをなすのは、格の出現パターンである。「勉強する」という動詞を述語とする「太郎が英語を勉強した」という文は＜ガーヲ＞という骨組みをなしている。また、「紹介する」という動詞を述語とする「太郎が花子に次郎を紹介する」という文は、＜ガーニーヲ＞という骨組みをなしている。

*1　ここでは、「主格」「対格」等の呼び方は、あくまで形式に対してつけた名前である。同じガ格の中にも、「水が飲みたい」などのように対象の意味役割と対応する場合もあるが、本書ではこのようなガ格も主格と呼ぶ。ただし、このようなガ格を「対象格」と読んで区別する立場もある。

3－1－2　格と意味役割

格助詞はある語（名詞）が他の語とどのような関係にあるかを示す形式であると述べたが、一つの格の形式が対応しうる意味は多様なものがあり、単純ではない。日本語で言うと、特に「が」「を」「に」「で」などの主要な格助詞は多様な意味の名詞につくものである。

⒂　太郎が泳いだ＜動作主＞／太郎が気絶した＜経験者＞／（太郎は）リンゴが好きだ＜対象＞

⒃　窓を割った＜対象＞／東京を出発した＜起点＞／道を歩いた＜経路＞

⒄　太郎に話しかけた＜相手＞／庭に松の木がある＜場所＞／箱に入れる＜着点＞／地震に驚いた＜原因＞

⒅　鉛筆で書く＜道具＞／暑さで物が腐る＜原因＞／学校で学ぶ＜場所＞／60点で合格だ＜基準＞

上にあげられた＜動作主＞、＜経験者＞、＜対象＞などの意味の類型は**意味役割**と呼ばれる（なお、意味役割は**深層格**と呼ばれることもあり、その場合は格形式は**表層格**と呼ばれ対比される）。意味役割もしくは深層格という概念を導入すると、たとえば、能動文「窓を割る」と受動文「窓が割られる」における「窓」は一貫して「割る」という動作に対する対象であるという意味の関係をとらえることができる。格の形式と意味役割の対応は多様である。たとえば「が」の場合、⒂にみるように、意志的な行為の主体である＜動作主＞を表す場合もあれば、非意志的な主体である＜経験者＞を表す場合もある。また、行為の＜対象＞を表す場合もある。

3－2 文の成分－文の形式的構成－
3－2－1 文を構成する三つの成分

　格という概念を理解したところで、文の基本的な構成を形式的な観点から概観しよう。文の構成を形式的な観点からとらえた場合、大きく格成分、述語成分、副詞成分に分けることができる。

　⑲　┃昨日┃　|太郎が|　|花子と|　|映画を|　┃みたらしい┃

ここでいう成分とは、文を直接構成する単位で、かつ形式や音声の面からも他と明らかに切れ目のあるものである。┃　　┃で囲われているのが述語成分である。**述語成分**は文の述語を核としつつ、さまざまな文法形式がこれに後続する場合がある。この場合は「タ」と「ラシイ」が述語「見る」の語幹に後接している。|　　|で囲われているのが格成分である。**格成分**とは、＜名詞＋格助詞＞という構成をなすものである。┃　　┃で囲われているのが**副詞成分**である。副詞成分には特に決まった形式的特徴はないが、述語を修飾して、そのあり方を詳しく述べる。

3－2－2 格成分と副詞成分の内部構造

　上の⑲でみた格成分と述語成分は最も単純な形で実現しているものだが、これらはその内部構造がより複雑である場合が少なくない。たとえば、次の文は一見して複雑にも見えるが、文全体の基本的構成は⑲と何ら変わらないことがわかる。

　⑳　┃東京に大雨が降った昨日┃　|私の家の隣に住んでいる太郎が|
　　　|私と同じ会社で働いている花子と|　|今評判を呼んでいる映画を|
　　　┃みたらしい┃

ある文全体の中の一部に組み込まれた文は、**埋め込み文**という。⑳のような複雑に見える文でも、基本的構成という点では、⑲のような単純な形に還元して考えることができる。

3－2－3 述語の内部構造

　格成分や副詞成分の構造に、非常に単純な場合とより複雑な場合があるように、述語成分にも単純な場合と複雑な場合がある。ただし、述語成分が複雑な形をとる場合、その複雑さの質は格成分や副詞成分とは大きく異なる。次の㉑と㉒は述語成分が非常に単純な形をとった場合と、非常に複雑な形をとった場合である。

　㉑　（太郎が）食べる。

(22) (太郎が) 食べ・させ・られ・てい・た・らしい・よ。

(21)は述語が単純な動詞の基本形のみの場合であるが、(22)は同じ動詞の語幹にさまざまな文法形式がつながっている。(22)に見られるさまざまな文法形式は、それぞれのカテゴリーごとに出現位置が固定されている。述語成分における文法カテゴリーの主なものは次のような順序で出現する。

(23) (述語語幹) －ヴォイス－アスペクト－テンス－ムード－伝達

ここにあげたそれぞれの文法カテゴリーについては、4節で詳述する。**ヴォイス（態）** とは、述語の形態と格の交替に関わるカテゴリーである。(22)では使役の「させ」と受身の「られ」がこれに該当する。**アスペクト（相）** とは、動詞が示す動きのどの局面に焦点をあてるかに関わるカテゴリーであり、(22)における「てい（る）」は継続を表すものである。**テンス（時制）** は事態と基準時の前後関係に関わるカテゴリーで、(22)における「た」は発話時より前（過去）であることを表している。**ムード（法）** は叙述内容に対する話者の心的態度を表すカテゴリーであり、(22)における「らしい」は話者の認識判断を表している。そして、**伝達**は**終助詞**によって表される。話者の発話するという行為のあり方を示すものである。(22)における「よ」は話者の聞き手に対する働きかけのあり方を表している[*2]。

(21)と(22)のような形式的な対立の関係は、**無標**と**有標**と呼ばれる。つまり、ある形式に対してプラスアルファの形がついているものが有標であり、ついていないものが無標である。(22)は(23)に示された文法カテゴリーのすべてにおいて有標であるものだが、文法カテゴリーの一部のもののみが有標であってもよい。

(24) 食べ・た・よ

(24)ではテンスと伝達のみが有標で他は無標である。述語の文法カテゴリーはどのような組み合わせで有標と無標が対立していてもかまわない。

[*2] 日本語文法の有力な立場として、伝達（終助詞）をムードのカテゴリーの一種とする立場もある。その場合は「らしい」などの本書の言うムードを「対事的ムード」もしくは「事態めあてのムード」などと呼び、伝達（終助詞）の範疇を「対人的ムード」もしくは「聞き手めあてのムード」などと呼ぶことになる。この立場の是非をめぐっては賛否両論があるが、本書はこの立場はとらず、単に「伝達」と呼ぶにとどめる。

3−3　必須補語と副次補語－文における重要度－

「3−2」では文の構造を見た目でわかる形式的な観点からまとめたが、ここではより抽象的な観点から文の構成をとらえる。一つの文の中にはたくさんの格成分が出現しうるが、すべての格成分が同等の重要度を有しながら文の構成に関わっているわけではない。文の構造のあり方を決定づけるのは述語であるが、述語との結びつきの強さの度合いから、格成分は必須補語と副次補語に大別される。**必須補語**とは、述語が表す事態を描写するために最低限必要な成分である。**副次補語**とは、最低限必要とは言えない成分である。なお、補語と格成分は基本的に同じものを指すと理解してよい。ただし、格成分とは上述のように述語成分、副詞成分といった概念と横並びの、文の形式的構成に着目した際の概念である。また、**項**と**付加詞**の対立も必須補語と副次補語の対立とほぼ同じ意味で使われている。

必須補語と副次補語の間には、常に明瞭な一線を画することができるものではないが、次の文の棒線部は必須補語、点線部は副次補語であると理解される。

(25)　子供が　グラスを　かなづちで　壊した。
(26)　太郎が　花子と（≠といっしょに）　結婚した。
(27)　太郎が　花子と（＝といっしょに）　映画を　見た。

(25)をみてみよう。「壊す」という行為が成り立つには、「壊す」という行為の主体とその対象がなければ成り立ちようがない。しかし、「壊す」という行為が遂行されるにあたって、「かなづち」などの道具は最低限必要なものとは言えない。われわれが何の道具も使わず何かを壊すことはよくある。(26)も同様で、「結婚する」という行為が成り立つためには、新郎と新婦の存在が不可欠である。この場合の「花子と」は必須補語である。これに対し、(27)の「見る」という行為が成り立つためには、やはり行為の主体とその対象が必要である。したがって、「太郎が」と「映画を」は必須補語である。しかし、われわれは映画を見るにあたって、連れそう相方が絶対に必要なわけではない。映画を見るのはひとりでも可能である。したがって、この場合の「花子と」は副次補語である。一般に「といっしょに」に置き換えられる「と」は副次補語、置き換えられない「と」は必須補語である。

必須補語と副次補語の区別は、反問誘発の可能性でテストすることができる。

(28) a　グラスを壊したよ。　　→　誰が？
　　b　子供が壊したよ。　　　→　何を？
　　c　子供がグラスを壊したよ。

必須補語が欠落している(28)aと(28)bは、事態の描写がいかにも不完全である。特別な文脈や場面を想定しないで解釈した場合、「誰が？」、「何を？」といった反問を誘発しやすい。これに対し、必須補語がすべてあらわれている(28)cが反問を誘発する可能性は相対的に低いと言ってよいだろう。

　なお、上の議論は格成分を述語との結びつきの強さから二つのタイプに分類したものである。「3-2」で概説した副詞成分は格成分ではないのでこのどちらでもないが、副詞とはもともと文構成上あってもなくてもよいものなので、副次補語と同様に最低限必要な成分ではないということになる。

　このように文を構成する成分は、述語との結びつきから、必須のものと副次的なものに分けられる。

3-4　有題文と無題文－文の情報構造：「は」と「が」－

　ここで問題にすることは、簡単に言えば「は」と「が」の問題である。日本語の文の構造を考えるにあたって、「は」と「が」の問題を避けて通ることはできない。ここで概説するのは、この問題が文の情報構造とどのように関係するかということである。「は」と「が」の具体的な使い分けに対してどのように説明をあたえるかということではない。

　しばしば、「は」と「が」の使い分けは非常に微妙だと言われる。確かに、次のaの文における「は」を、bの文において「が」に置き換えても、微妙な意味の差異はあるものの十分に意味は通る。

(29) a　太郎は学生だ。
　　b　太郎が学生だ。
(30) a　太郎は都内に住んでいる。
　　b　太郎が都内に住んでいる。

しかし、次の例で同じような置き換えをすると、その文は非常に不自然なものとなる。

(31) a　吸い殻はここに捨てた。

b　*吸い殻がここに捨てた。
　(32) a　京都は去年行った。
　　　b　*京都が去年行った。
これは何故なのだろうか。(29)～(32)のａの文を「～こと」という形でくくると興味深いことに気づく。

　(29)′　太郎が学生であること
　(30)′　太郎が都内に住んでいること
　(31)′　吸い殻をここに捨てたこと
　(32)′　京都に去年行ったこと

これらの事実は、(29)ａや(30)ａのような「が」に置き換えてもおかしくない「は」は、潜在的に文の述語とガ格の格関係をもっているのに対し、(31)ａや(32)ａのような「が」に置き換えられない「は」は、潜在的に述語とガ格以外の格関係をもっていることを示している。「は」は文におけるガ格の格成分のみならず、他の格成分や副詞成分につくこともある。

　(33)　昨日　太郎が　花子を　その公園で　たたいた。
　　a　昨日は　太郎が　花子を　その公園で　たたいた。
　　b　太郎は　昨日　花子を　その公園で　たたいた。
　　c　花子は　昨日　太郎が　その公園で　たたいた。
　　d　その公園では　昨日　太郎が　花子を　たたいた。

(33)ａでは副詞成分「昨日」に「は」がついている。(33)ｂ～(33)ｄでは格成分に「は」がついている。ただし、ガ格とヲ格に「は」がつくときには格助詞が消えて「は」のみがつくが、デ格に「は」がつくときには格助詞も残り「では」という形になっている。

　「は」は文内における格の関係を示すものではない。「は」はその文の主題（または題目）を表すものである。**主題**とは、何かについて述べる際のその「何か」にあたる部分のことを言う。主題について述べている部分を**コメント**（または**評言**）と言う。(33)に見るような操作は主題化と呼ばれる。主題を有する（つまり「は」がついている）文は**有題文**、主題を有さない（「は」がついていない）文は**無題文**と呼ばれる。有題文には情報構造という点からみて異質な要素が共存している。

(34) 京都は　去年行った。(＝(32)a)
　　　主題　　コメント

(34)の文は前に一切の文脈のないところでの発話としては理解しがたい。この発話が適切な文脈とは、「京都はいいところだ」、「京都は新幹線ですぐに行ける」などのように京都が話題になっている文脈で発せられた場合である。(34)のように、主題とコメントからなる情報構造を**題述関係**と言う。これに対し、無題文においては文内にこのような関係はない。次の文は、話者が眼前の状況をただありのままに描写するものである。つまり、主題にあたるものはない。このような場合は「が」の文（つまり無題文）しか機能しない。

(35)　（窓の外を見て）あ、雨 {が／*は} 降っているよ。

「は」と「が」は使い分けが困難であるため比較されることが多いが、その基本的な機能は大きく異なる。「が」は述語との論理的な結びつきの最も強い名詞を標示するのに対し、「は」は主題を示し情報構造にかかわる助詞である。

4　文法カテゴリー各論

この節では、現代日本語におけるさまざまな文法カテゴリーにつき概説する。3節でみたように、文法カテゴリーは述語成分の内部構造にみてとることができる

(36)　食べ　させられ　　てい　　　た　　らしい　　よ
　　　語幹　ヴォイス　アスペクト　テンス　ムード　伝達

これらの文法カテゴリーは日本語の文法論において、いずれも重要な位置を占めるものである。以下のような順番で概説していく。

　① ヴォイス　　→　「4−1」
　② アスペクト　→　「4−2」
　③ テンス　　　→　「4−3」
　④ ムード　　　→　「4−4」

4-1 ヴォイス
4-1-1 ヴォイスという概念

　ヴォイスとは、事態の関与者のうちの誰（何）を中心に見立てて文を組み立てるかを対立的に表すカテゴリーである。ヴォイス的対立をなす二つの文においては、述語が形態的に対立し主語の名詞が交替する。別の言い方をすると、名詞につく格が変更される。

(37)は能動文と受動文の対立である。述語の形態は能動文（(37) a ）においては無標であるが、受動文（(37) b ）では形態素「られ」が添加されており有標である。能動文では「追いかける」という動作を行う動作主「ネコ」が主語であるが、受動文では「追いかける」の対象の「ネズミ」が主語である。

　ヴォイスの範疇の現象は能動と受動の対立以外にもあるが、以下では受動を中心に概説する。

4-1-2 受動

　日本語の受動文は、能動文との統語的な対応関係のあり方から大きく二つのタイプに分類される。また、二つのタイプの中間的な性格をもったタイプも認められる。まずは、直接受動文と間接受動文という二つのタイプについて説明しよう。

　直接受動文とは、主語が無標述語の文（能動文）の目的語と同一である受動文である。

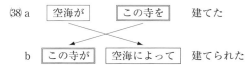

(37) b と(38) b は直接受動文の例である。(37) b の主語「ネズミ」は、(37) a の文の目的語にあたる。(38) b における「この寺」も同様である。直接受動文の諸特徴は次のようにまとめられる。

(39)　直接受動文の特徴
　　a　動作との関係：受動文の主語は動詞の表す動作の対象である。
　　b　迷惑の意味：受動文の主語が迷惑を被ったという意味がある場合とない

場合がある。

c　動作主の標示：動詞の示す行為の動作主は、受動文において主に「に」や「によって」等で標示される。

d　動詞の種類：述語動詞は必須補語を二つ以上とる。

これらの点を確認しよう。㊳bの受動文の主語は「建てた」という動作の直接の対象である。また、この文では誰かが迷惑を被ったという意味はない。ただし、同じ直接受動文である㊲bの主語は迷惑を受けていると解釈されるだろう。つまり直接受動文では、動詞の表す行為が相手に迷惑をかける性質のものであれば受動文は迷惑の意味をもち、そうでなければ迷惑の意味をもたない。また、受動文において動作主を標示する最も基本的な形式は「に」であるが、直接受動文の場合はそれ以外の形式もある。㊳bの動作主「空海」は「によって」で標示されている。直接受動文とは簡単に言えば、英語の受動文と同じで、能動文の主語と目的語をひっくり返すことによって成り立つ受動文である。したがって能動文には最低でも主語と目的語の二つが必要である。

　一方、**間接受動文**とは、主語が無標述語の文の目的語でない受動文である。

㊵bと㊶bは間接受動文の例である。㊵bの主語「太郎」は「降った」を述語とする㊵aの文の成分ではありえない。㊶bの主語「渡辺さん」も同様である。間接受動文の諸特徴は次のようにまとめられる。

㊷　間接受動文の特徴

a　動作との関係：受動文の主語は動詞の表す動作の対象ではない。

b　迷惑の意味：受動文の主語が何らかの意味で迷惑を被ったという意味を持つ。つまり、主語は当該の事態からマイナスの影響を受けている。

c　動作主の標示：動詞の示す行為の動作主は、受動文において「に」で標示される。

d　動詞の種類：述語動詞は必須補語を一つしかとらない場合もある。
たとえば(41)において、「建てた」という動作の対象は「高層マンション」であって、受動文の主語「渡辺さん」では決してない。(41) b の主語「渡辺さん」は明らかに迷惑を被っていると解釈される。たとえば、「山田さん」と「渡辺さん」が隣人の関係で、マンションの建設によって「渡辺さん」の家の日当たりが悪くなったなどといった状況が想像される。「(マンションを) 建てる」という動作自体は必ずしも人に迷惑をかける行為ではない。しかしそのような動作であっても、間接受動文で表現された場合は迷惑の意味をもつことになる。また、間接受動文においては動作主は必ず「に」で標示される。(40) b や(41) b の「に」を「によって」などに置き換えたとしたら非常に不自然な文になるだろう。さらに、間接受動文に関しては、述語動詞は必須補語を一つしかとらない動詞（自動詞）でもよい。(40)はその例である。ちなみに、間接受動文は英語などには見られないタイプの受動文である。

　以上が直接受動文と間接受動文の概要であるが、この二つの中間的なタイプとして、所有者受動文がある。

(43) a　次郎が　太郎　の肩を　たたいた
　　 b　太郎が　次郎に　肩を　たたかれた

所有者受動文とは、主語が無標述語の文の目的語の一部と対応している。(43) b における主語「太郎」は(43) a における目的語の一部である。所有者受動文の主語は、無標述語文の中に見いだすことができるという点では直接受動文と同じであると言える。しかし、格成分という単位で考えた場合、対応関係があるとは言えない。その意味では間接受動文と重なるところがある。

　なお、これらの受動文の分類はしばしば紛らわしく、誤解されやすい。
(44) a　泥棒が　山田さんの家を　荒らした
　　 b　山田さんの家が　泥棒に　荒らされた　（直接受動文）
　　 c　山田さんが　泥棒に　家を　荒らされた　（所有者受動文）
(45) a　花子が　太郎の髪を　切った
　　 b　太郎が　花子に　髪を　切られた　（所有者受動文）
(46) a　花子が　（花子自身の）髪を　切った

b　太郎が　花子に　髪を　切られた　（間接受動文）

(44)bでは、主語「山田さんの家」は能動文(44)aの目的語と対応しており、したがって直接受動文である。他方、(44)cも同じ事柄を表してはいるものの、主語「山田さん」は(44)aの目的語の一部なので所有者受動文である。また、(45)bと(46)bはまったく同じ形をしているが、能動文との関係のあり方から前者が所有者受動文、後者が間接受動文である。(45)bでは主語「太郎」は能動文の目的語の一部である。他方(46)bでは、主語「太郎」は能動文のどこにもない。したがって、間接受動文である。この場合、この受動文は「太郎は恋人である花子のロングヘアーが大好きだったのに、花子が勝手にそれを切ってしまったのでがっかりしている」といった状況を述べていることになる。

　このように日本語の受動文は大きく直接受動文と間接受動文に分類される。さらにその中間的なタイプとして、所有者受動文というタイプも認められる。受動文のタイプは、受動文の主語が対応する能動文の何と対応するか（あるいは対応しないか）によって見分けられる。受動文主語が能動文の目的語と対応している場合は直接受動文、能動文のどことも対応していなければ間接受動文、能動文の目的の一部と対応していれば所有者受動文である。

4－1－3　その他のヴォイス

　紙幅の都合でスケッチ程度にとどめなければならないが、**使役文**も受動文とともにヴォイスの中心的なカテゴリーである。

(47)a　生徒が　　　　　　英語を　勉強した

　　b　先生が　　生徒に　英語を　勉強させた

使役文において、述語動詞は形態素「させ」が添加された有標の形式である。使役における二つの文の対立の構図は、間接受動のそれと酷似している。(40)と(41)をみてほしい。使役文の主語は無標述語文の成分としては存在しない。また、無標述語文の主語は使役文において主語の地位を失っている。研究者により見解が異なるが、これらの他に自動詞文と他動詞文の対応（例：「花瓶が割れる」と「太郎が花瓶を割る」）、自発文（例：「（私が）故郷を思い出す」と「故郷が（私に）思い出される」）、可能文（例：「太郎が英語を話す」と「太郎に英語が話せる」）、相互文（例：「太郎が花子を愛する」と「太郎と花子が愛し合う」）などもヴォイ

スの現象として論じられる場合がある。いずれも述語の形態的対立に応じて主語が交替する現象だからである。

4-2 アスペクト
4-2-1 アスペクトの概要
　アスペクト（相）とは、動詞が示す動きのどの局面に焦点をあてるかにかかわるカテゴリーである。
　⑷8　太郎がグラウンドを走る。　　　　＜完成相＞
　⑷9　太郎がグラウンドを走り始める。　＜起動相＞
　⒌0　太郎がグラウンドを走っている。　＜継続相＞
　⒌1　太郎がグラウンドを走り終わる。　＜終結相＞
　⒌2　机の上に花瓶が置いてある。　　　＜結果相＞
アスペクト形式が無標の場合、⑷8のように動詞の示す動きは分割されることなく動きの全体がさしだされる。これに対し有標の形式の場合は、⑷9以下のように何らかの意味で動きが分割され、ある特定の局面に焦点があてられることがわかる。⑷9、⒌0、⒌1はそれぞれ動きの始まり、途中、終わりの局面に焦点があてられている。また、⒌2は動詞の示す動きが終わった後の結果の状態が示されている。日本語のアスペクトの諸形式のうち、最も重要で奥行きが深いのはテイル形である。
4-2-2 テイル形のアスペクト
　それでは、テイル形のアスペクトを概観しよう。テイル形は本来は動きを表す述語動詞について、その述語を状態的な意味に変えるものである。したがって、典型的な状態動詞である存在の「ある」や「いる」につくことはできない。
　⒌3　*机の上に本があってある。
　⒌4　*私は今、家にいている。
テイル形の主な用法としては以下のものがあげられる。
　⒌5 a　太郎がテレビを見ている。（進行）
　　 b　窓ガラスが割れている。（結果残存）
　⒌6 a　不審者は何度もカメラの方をのぞいている。（反復）
　　 b　そのスパイは2ヶ月前に入国している。（記録・経験）
　　 c　私はその話をすでに聞いている。（完了）

(57) a　その先は切り立った崖になっている。（単純状態）
　　 b　この道は東京から水戸へと走っている。（単純状態）

テイル形の用法として最も基本的なものは(55)の進行と結果残存である。アスペクトとは動詞にかかわるカテゴリーであるが、この2用法は純粋にテイルと動詞の意味との関係からえられるものである。これに対し、(56)に示した三つの用法は、副詞成分なども含めた文脈との関係でえられる。たとえば(56)aは、「何度も」という副詞成分を削除したら、進行の意味にしか解釈されないだろう。(57)は時間性という特徴を失っているという点で、さらに特殊なタイプである。

それでは、もっとも主要な進行と結果残存の用法はどのようにして決まるのだろうか。重要なのは動詞の意味的なタイプである。

(58) a　雨が降っている。（進行）
　　 b　太郎は昼ご飯を食べている。（進行）
(59) a　針金が曲がっている。（結果残存）
　　 b　湯が沸いている。（結果残存）

進行を表すのは、継続性のある動詞の場合である。したがって、これらの文における主語は継続性のある動きの主体である。これに対し、結果残存を表すのは変化を表す動詞である。これらの文における主語は、何らかの意味での変化を被るものである。

なお、次の例では進行と結果残存の両方の解釈が可能である。

(60)　太郎はひげを剃っている。（進行または結果残存）

「ひげを剃る」という動作は、主語が自分自身に動作を行い、主語自身が状態変化を被っているという点で再帰的なものである。(60)における「太郎」は、「剃る」という継続性のある動きの主体であると同時に、状態の変化を被る存在でもある。このような場合は、2通りの解釈の可能性がある。このように、テイル形の意味の説明には、前接する動詞のタイプや文脈などを総合的に考える必要がある。このような点でアスペクトはテイルなどの語の問題である以上に文法的な問題である。

4−3　テンス

　テンスとは事態と基準時の前後関係にかかわるカテゴリーである。基準時とは通常、発話時のことである。つまり、テンスの形式は発話時を基準として過去、現在、未来を表すものである。テンスを表すのは述語の基本形である「スル」と「シタ」の形式的対立である。それぞれ、「ル形」と「タ形」、もしくは「非過去形」と「過去形」と呼ばれる。テンスの基本を理解するためには、**動的述語**と**静的述語**に分類することが重要である。形式と意味の対応関係の基本は次のようにまとめられる。

　⑹1)　述語のタイプとテンスの意味

	動的述語	静的述語
ル形	未来	現在・未来
タ形	過去	過去

つまり、タ形は述語のタイプの如何を問わず過去しか表さない。

　⑹2)　{昨日／*現在／*明日} 私は駅前で買い物をした。（動的述語）

　⑹3)　{昨日／*現在／*明日} その庭には池があった。（静的述語）

しかしル形の場合、動的述語の場合は未来を、静的述語の場合は現在と未来を表す。

　⑹4)　{*昨日／*現在／明日} 会議を行う。（動的述語）

　⑹5)　{*昨日／現在／明日} 私は忙しい。（静的述語）

　このように、テンスの意味も前接する動詞のタイプや文脈的諸要因との関係の中で理解されるものである。テンスの基本は上述の通りであるが、タ形が必ずしも単純な過去を表していないものもある。

　⑹6)　なくしていた傘がこんなところにあった。

　⑹7)　お名前は何でしたか。

　⑹8)　さあ、買った、買った。

⑹6)〜⑹8)はそれぞれ、発見、思い出し、命令を表す。このようなタ形の文は現在も活発な議論の対象になっている。

4-4　ムード

　ムードに関する定義やとらえ方はさまざまであるが、叙述内容に対する話者の心的態度を表すカテゴリーと規定しておこう。また、ムードとかなり近い意味で使われる用語として**モダリティ**がある。常に明瞭に区別することは難しいが、ムードは形式の側面、モダリティは意味の側面に関する用語である。ムードの諸形式は、拘束的ムード（または義務的ムード、当為的ムードなど）と認識的ムードの二つに大別される。

　まず、**拘束的ムード**とは、叙述内容の成立に関する必要性や願望等の話者の判断を表すものである。

(69)　君はもっと勉強する<u>べきだ</u>。（当為）

(70)　一所懸命に頑張ら<u>なければならない</u>。（義務）

(71)　ここにゴミを捨<u>ててはならない</u>。（禁止）

(72)　もっとたくさん食べ<u>ろ</u>。（命令）

(73)　明日はピクニックに行<u>こう</u>。（意志）

拘束的ムードの前にはテンスの分化がない。たとえば(69)ではムード形式の前が「勉強する」という形をとっているが、これはタ形に変えることができない。

(69)′　*君はもっと勉強したべきだ。

また、(70)～(73)のムード形式の前は、ル形もタ形も出現することが不可能である。つまりこれらはすべて、叙述内容を表す部分に関してテンスの分化をもたない点で共通する。拘束的ムードとは過去に生じた叙述内容に対する判断ではありえない。叙述内容の成立／不成立そのものに対する話者の願望等を表すものである。

　これに対し、**認識的ムード**とは、叙述内容の真偽にかかわる話者の判断を表す。

(74)　明日は雨が降る<u>だろう</u>。（推量）

(75)　明日は雨が降る<u>かもしれない</u>。（可能性）

(76)　明日は雨が降る<u>はずだ</u>。（確信）

(77)　明日は雨が降る<u>に違いない</u>。（確信）

(78)　明日は雨が降る<u>はずだ</u>。（証拠）

(79)　明日は雨が降る<u>らしい</u>。（証拠）

「推量」とは、話者の想像において真と判断されるということである。つまり、「～と思う」とほぼ同じ意味である。「可能性」とは「その可能性もあるし、そう

でない可能性もある」という意味である。

(74)′＊明日は雨が降るだろうし、降らないだろう。

(75)′　明日は雨が降るかもしれないし、降らないかもしれない。

可能性の判断とその他の判断には、上のような違いがある。相反する二つの可能性の両方を認めるのが、可能性の判断である。また、証拠の判断とは、そのように見なすべき証拠があることを述べるものである。

　認識的ムードの形式の前には基本的にテンスの分化がある点が、拘束的ムードと異なる点である。

(76)′　昨日は雨が降ったはずだ。

(77)′　昨日は雨が降ったに違いない。

認識的ムードとは、叙述内容の成立を話者が待ち望むなどの意味ではなく、過去のことであれ未来のことであれ、叙述内容に対する真偽の判断を述べるものだからである[*3]。また、上のうち、推量だけはムード形式が過去形をもたない。推量の文は常に話者の発話時の判断を表すものである。

　以上、ヴォイスからムードまで、各種の文法カテゴリーの概要についてみてきた。「3－2－3」で述べたように、述語の内部構造の順序は固定的である。内側に位置するヴォイス、アスペクト、テンスなどは表される事態のあり方について述べるものである。これに対し、ムードは事態を話者がどのようにとらえるかというより主観的な側面に関わる。さらに、伝達（終助詞）はそれらをひっくるめて、聞き手にどのように伝えるかということに関わる。このような事実は、文法構造には階層性があることを示している。

[*3]　ただし、次のものは認識的ムードの現象とされるが、ムード形式の前にテンスの分化はない。

　　　ⅰ）　雨が降りそうだ。

　　これは何らかの兆候（たとえば空の様子など）をもとに未来の事態の真偽を判断するものだからである。

〔**参考文献**〕

庵功雄（2012）『新しい日本語学入門　第2版』スリーエーネットワーク
井上優（2002）『日本語文法のしくみ』研究社
北原保雄（1981）『日本語の文法』中央公論社
鈴木重幸（1972）『日本語文法・形態論』むぎ書房
高橋太郎（2005）『日本語の文法』ひつじ書房
寺村秀夫（1982）『日本語のシンタクスと意味Ⅰ』くろしお出版
寺村秀夫（1984）『日本語のシンタクスと意味Ⅱ』くろしお出版
寺村秀夫（1991）『日本語のシンタクスと意味Ⅲ』くろしお出版
野田尚史（1991）『はじめての人の日本語文法』くろしお出版
益岡隆志・田窪行則（1992）『基礎日本語文法－改訂版－』くろしお出版
森山卓郎（2003）『ここからはじまる日本語文法』ひつじ書房
山田敏弘（2004）『国語教師が知っておきたい日本語文法』くろしお出版
渡辺実（1996）『日本語概説』岩波書店

3 言語の接触

　約6,000ともいわれる世界の言語は、人々の旅行や交易、戦争などを通して接触を繰り返してきた。複数の言語や方言が地理的・社会的に接近し、互いに影響を与えることを**「言語の接触」**という。**ピジンやクレオール**のように接触して混合する言語もある。

　ピジンは、異なる言語話者同士が商用や植民地生活などにおいて、コミュニケーションのためにお互いの言語を利用して作り上げた共通語である。語彙数が少なく、文法規則も簡略であるといわれる。いっぽうクレオールは、一般的には母語となったピジンをさす。ピジンを使う親のもとに生まれ、日常的にそれを使っていると、語彙が増え文法も複雑になり、クレオール化するのである。パプア・ニューギニアのトク・ピシンや米国ルイジアナ州のクレオールなど、世界には100ほどのピジンとクレオールが記述されている。

　言語の接触は**マルチリンガリズム**（複数の言語が共存している状態）を生む場合もある。世界的には1言語しか使用しない国はむしろめずらしい。インドネシアのように300を超す言語がある中で公用語をインドネシア語と定めている例もあれば、スイスのようにドイツ語、フランス語、イタリア語、ロマンシュ語の4言語を公用語としている例もある。

　日本でも外国籍の人々が増えている。従来から在住する韓国・朝鮮、中国人に加え、70年代からのアジアや南米を中心とする外国人労働者などのニューカマー（新住民）の定住が進んでいる。これを受け、移民や長期居住者の母語を保持し、母語による教育や母語文化を大切にする権利を保障する取り組みが必要になってきている。海外に暮らす日本語話者もまた、現地語との言語接触を通して母語の喪失を経験したり、母語と現地語を場面ごとに使い分けたりする言語生活を送るようになっている。定住が進み、二世以降の子どもたちに対する**継承語教育**も重要な課題として議論されるようになってきている。

文章と文体

1　はじめに

　文法の章で簡単に述べたように、複数の文があるまとまりをもって展開された言語単位を、**談話**、**テクスト**、もしくは**文章**と言う[*1]。これらはほぼ同義で使われているとみてよいが、あえて使い分ける場合は談話は話し言葉、テクストと文章は書き言葉を指す場合もある。ここでは基本的に話し言葉と書き言葉の違いを問題にする意図のないときには「文章・談話」と一括して扱うことにしよう。

　近年の言語研究において、文章・談話は研究が活発な分野である。前章で見たように、文法論では句から節、文にいたる単位において語という基本的な単位がどのように統合されるかということをみる。つまり、狭義の文法論においては、文が最大の分析上の単位ということになる。しかし、われわれが日常において発する文は、ほとんどの場合、ある内容的なまとまりを有する**結束性**のある文章・談話の中に位置づけられて機能するものである。あるいは、状況や場という言語外の要因との関わりの中で働くものである。このような点を考えれば、言語の分析の単位が文のレベルから文章・談話や状況や場のレベルに間で拡大されるのは自然ななりゆきである。

　ひとくちに文章・談話レベルの言語研究といっても、アプローチのしかたはさまざまである。たとえば、文章・談話全体の構造や働きを分析する研究もあれば、文のレベルでは説明のしきれない言語形式の機能を文章・談話のレベルからとらえようとするものもある。また、この章で扱うもう一つのテーマには**文体**がある。本章はこれらの諸問題を網羅的に記述することはできないが、いくつかのトピックを重点的にとりあげてこれらの問題について考えていく。

[*1]　ただし、厳密に述べると、文章・談話は一つの文だけで構成されている場合もある。つまり、一つの文が前後と関わり合いを持つことなく、それ一つであるまとまりをなす場合である。しかし、実際のわれわれの言語活動において、ある一つの文は前後の

ある内容的なまとまりの中で発せられるのが普通である。

2　指示詞

　狭義の文法論においては、言語形式の基本的な意味や機能は文内のレベルで分析される。しかし、言語形式によってはその本質は文章・談話のレベルや発話の場面などのレベルからでないと、分析することが難しいものもある。

2－1　指示詞とは

　指示詞とは、平たく言えば「こそあど言葉」である。指示詞には指示対象が発話の現場に存在する**現場指示**と、文章・談話の前後のどこかに存在する**文脈指示**に大別される。現場指示は発話の場という問題と切り離して考えることはできない。また、文脈指示は前後の文脈と切り離して考えることはできない。
　(1)　ここは私の家です。　＜現場指示＞
　(2)　A：今朝東京駅でジョンソンさんに会いました。
　　　 B：{*この／その／*あの} 人、誰ですか？　＜文脈指示＞
(1)は現場指示のコ系の用法であるが、話者のいる場所を指示していると解釈される。(2)は文脈指示の用法であるが、話者が指示対象を知らないため、適切なのはソ系のみである。ここでは現場指示を中心に概観しよう。
　日本語の指示詞の形態は多様であるが、非常に体系だっている。その主な形を示すと、次のようになるが、「コ」、「ソ」、「ア」という形態素がどのような事物を指し示すかという機能は一定である。
　(3)　指示詞の例

	事物	場所	方向	連体	連用
コ系	コレ	ココ	コッチ	コノ	コウ
ソ系	ソレ	ソコ	ソッチ	ソノ	ソウ
ア系	アレ	アソコ	アッチ	アノ	アア

2-2　現場指示

　現場指示の用法について考える場合、重要なのは話し手、聞き手および指示対象の三つの関係である。日本語の指示詞が使用されるにあたっては、発話にかかわる場のとらえ方に大きく二つのタイプがあるとされる。その一つは**対立型**と言われる。対立型においては(4) a に図示するように、話し手と聞き手の心的領域が峻別され、それぞれコ系とソ系で指示される。また、話し手と聞き手のどちらの領域にも該当しない事物はア系となる。もう一つのタイプは**融合型**と言われる。融合型においては(4) b のように、話し手と聞き手の心的領域は峻別されず、両者が共有する領域はコ系で指示される。また、両者の領域外で比較的近いところはソ系で、遠いところはア系で示される。

(4) a　対立型

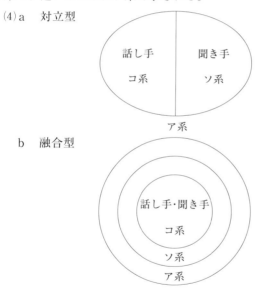

　b　融合型

　(4)の図を見てわかるようにコ系は常に話し手の領域を指示し、ア系は話し手の領域外を指示する。やや複雑なのはソ系である。われわれは聞き手と向き合って話している場合、聞き手の近くにあるものは普通、「その鉛筆」のようにソ系を使うが、「あの鉛筆」とは言わない。つまりこの場合は対立型の場が意識されている。しかし、話し手と聞き手が車の運転席と助手席に座っている場合、数十メートル先を指して、「そこで止めよう」と言うことができる。この場合は融合型

の場が意識されていることになる。

　ところで、指示形態素のコソアを使った慣用表現の構成を見てみると興味深いことに気づく。(5)に示すようなコとソの対立、(6)に示すようなコとアの対立の表現はたくさんあるが、ソとアの対立は基本的に不自然に感じられる[*2]。

(5) a　そんなこんな（*そんなあんな）で…
　　b　そうこう（*そうああ）しているうちに…
　　c　破片がそこここ（*そこあそこ）に散らばっている。
(6) a　ああだこうだ（*そうだああだ）と言う。
　　b　あの世とこの世（*その世とあの世）
　　c　あれこれ（*それあれ）と忙しい。

つまり、これらの対立には常にコ系が軸をなしている。この事実は、コ系こそが話し手の領域にかかわる形態であることの反映である。

*2　ただし、近年のインターネット上などでは、「そんなあんな」の用例も確認することができる。今後は、この原則に合わないと思われる用法の動態にも注目する必要があるだろう。

2−3　文脈指示

　次に簡単にではあるが文脈指示についてみる。話し手と聞き手のいる対話においてどのような特徴をもつのかを、ソ系とア系を中心に考えてみよう[*3]。

(7) A：「今日、東京駅でジョンソンという方に会いました。」
　　B：「え、誰ですか、{その／*あの} 人？」

(7)におけるBは、指示対象の「ジョンソンさん」を知らないことがわかる。このように話し手が指示対象を知らない場合は、ソ系の使用が適切である。

　一方、次はア系が適切である。

(8) A：「今日、東京駅でジョンソンさんに会いましたよ。{*その／あの} 人、相変わらずでしたよ。」
　　B：「ああ、そうだったんですか。{*その／あの} 人は変わらないでしょうね。」

(8)ではAもBも指示対象「ジョンソンさん」を知っている。つまり、話し手または聞き手が指示対象を知っている場合はア系、知らない場合はソ系を使うのが

原則である。

　このように、指示詞の問題は、文のレベルだけでは理解されないものである。現場指示に関しては、話者が身をおく場面という観点から分析されるものである。文脈指示に関しても、文字通り指示詞が使われている文章・談話のレベルでこそ分析可能であることがわかるだろう。

*3　ただし、ここでの議論はあくまで話し手と聞き手の対話を前提とするものであり、書き手（話し手）が一方的に書き続けたり話し続けたりする文章や談話の場合は、これとは別の分析を要するものなので注意されたい。

3　接続詞

　接続詞は文頭に位置して、前の文脈とその文の内容との関係を示す語である。接続詞の機能を分析するためには、文章・談話のレベルの観点でみなければならないのは当然である。また、形態的な観点から接続詞をみた場合、さまざまな品詞からの転成により成り立っていることがわかる。たとえば、「したがって」「よって」「要するに」「すると」等は動詞からの転成であり、「一方」「反対に」「おまけに」等は名詞をベースとしている。その他に、副詞、接続助詞等からの転成もみられる。

　接続詞はよくその前後の文脈の論理的関係からいくつかの基本的なタイプに分類される。接続詞分類のしかたに特に決まったものがあるわけではないが、一例として次のようにその全体像を示すことができる。

　(9)　接続詞の全体像
　　　a　順接：だから、それで、すると、こうして…
　　　b　逆接：しかし、でも、ところが、だが、なのに…
　　　c　累加：そして、そのうえ、また、それに、おまけに…
　　　d　転換：ところで、さて、それはさておき、ときに…
　　　e　対比：または、あるいは、それとも、というより…
　　　f　置換：つまり、要するに、すなわち、たとえば…

もちろん(9)は分類の1例であって、他にも有意義な分類の可能性はいくらでもある。また、それぞれの類型をさらに下位のタイプに分類することも可能である。

接続詞の研究にはもちろん多様な可能性がある。接続詞を手がかりに文章・談話の構造やわれわれの理解のメカニズムを明らかにする研究などがなされている。また、同じ類型に属する接続詞の特徴の相互の異同などが問題になるのも当然である。類義関係にある複数の接続詞の違いは、しばしば文末のムード形式との共起関係にあらわれることがある。

(10)　今日は晴れた。{しかし／??ところが} 明日は雨が降る<u>だろう</u>。

(11)　今日は晴れた。{しかし／ところが} 明日は雨が降る<u>そうだ</u>。

同じ逆接の形式とされるものでも、文末のムード形式との共起関係に違いが表れている。この現象は接続詞が前後の論理関係だけではなく、話者の情報との関わり方という観点からも分析される必要があることを示唆している。「ところが」は純粋な話者自身の認識をあらわす「だろう」とは共起しにくいが、伝聞の「そうだ」とは共起可能である。「ところが」は話者にとって予想外の事態が展開された場合に使われる。したがって、伝聞のように話者が情報を外部から受け取った場合は問題ないが、自分自身の想像として述べる推量の「だろう」とは基本的に共起しない。

　また、接続詞の諸形式の相互の関係も重要であるが、一つの接続詞の内部の用法の多様性も興味のある問題である。「しかし」は逆接の形式とされるが、これといった文脈のないところで、「しかし今日は暑いね」などという場合がある。このような問題も非常に興味深いものである。

4　文章・談話とテンス・アスペクト

　ここでは**歴史的現在**という現象について簡単に紹介しておこう。歴史的現在とは、過去の事象の記述に際して、過去時制（過去形）を用いずに非過去形を用いるものである。次の文章は宮沢賢治の『セロ弾きのゴーシュ』の冒頭部分である。

(12)　ゴーシュは町の活動写真館でセロを弾く係りでした。けれどもあんまり上手でないという評判でした。上手でないどころではなく、実は仲間の楽手のなかではいちばん下手でしたから、いつでも楽長にいじめられるのでした。
　　ひるすぎ、みんなは楽屋に円くならんで、今度の町の音楽会へ出す第六交響曲の練習をしていました。

　　　　トランペットは一生けん命歌っています。
　　　　ヴァイオリンも二いろ、風のように鳴っています。
　　　　クラリネットもボーボーとそれに手伝っています。
　　　　ゴーシュも口をりんと結んで、目を皿のようにして楽譜を見つめながら、もう一心に弾いています。
　　　　にわかに楽長が両手を鳴らしました。みんなぴたりと曲をやめて、しんとしました。　　　　　　　　　　　（偕成社『セロ弾きのゴーシュ』より）

上の例における下線部の前後は過去形が用いられているが、その間に挟まれた下線部は非過去形（この場合はテイル形）が使われている。

　歴史的現在の効果や文章・談話における働きなどはさまざまに論じられているが、上の例からも、テイル形が使われている箇所は描かれている出来事があたかも眼前の出来事であるかのように、聞き手／読み手にいきいきと伝える効果が感じられるだろう。また、下線部の部分では、物語の時間的進行が停止していることも読みとれる。つまり、直前で「練習をしていました」と時空間が設定されたあと、下線部は時間を前進させるのではなく、一つの静止した情景を眼前の事柄であるかのごとく、描写している。そして、「楽長が両手を鳴らしました」と過去形が用いられることによって、物語の時間は再び進行を始めている。

　歴史的現在は、脚本のト書き、実況放送などでもよく見られる。歴史的現在は時制形式を有する言語には幅広くみられる現象である。過去時制とはある出来事が過去の事柄であることを明示する形式であるが、過去に関する記述であることが明白な文章・談話においては、ことさらに過去であることを提示する必要性から解放される。このような場合、時制形式を使い分けることによって、さまざまな効果を得ることが可能になるのである。

5　さまざまな文章・談話

　これまでとりあげてきたトピックは、文章・談話のレベルからさまざまな文法的現象をとらえるという趣旨のものであった。それでは、文章・談話という単位そのものの構造や特徴についてはどうであろうか。

　文に構造があるように、文章・談話にも構造があるとの見方にたち、これまで

も「文章の構造」はさまざまに論じられてきた。たとえば、文章・談話の中心となる部分が全体の中のどこに位置するかによって、「頭括式」「尾括式」「中括式」などの型に分類する研究などがある。しかし、文レベルの研究と比較すると、何を指標として構造を分析するのかという点が曖昧になりがちであり、その多様性のゆえにある決まった型というものを指摘すること自体が非常に困難である。「文章構造」というもののあり方について、定見というべきものはない。

　それでは、文章・談話とは具体的にいかにして多様なのか。この点について考えるためには、そもそも文章・談話とは何なのかという問題の根本に立ち戻らなければならない。この点に関して、誰もが認める明確な基準があるわけではない。1例であるが、南（1974）は文章・談話という単位を考えるための手がかりとして、次のような要素をあげている。

　⑬ a 　表現された形そのもの：問題の言語表現の前後またはまわりに非言語的時間または非言語的空間があるという点で外側にくぎりがある。また、言語表現の内部が時間的・空間的に連続しているという点で内側が連続している。
　　 b 　内容（話題）：言語表現の内容に一貫性がある。
　　 c 　言語的コミュニケーションの機能：言語表現がある一定の言語的コミュニケーションの機能をもっている。
　　 d 　参加者：言語表現に参加するメンバーが一定である。
　　 e 　媒体：言語表現がある一定の種類の媒体を通じて現れる。例えば、ある言語表現が1回の電話で話されるなど。
　　 f 　使用言語：言語表現において使用されている言語（または方言）は一つである。
　　 g 　全体的構造：言語表現を構成する要素間の関係が一定の型をもつ。例えば、「序」「結論」「あとがき」、「拝啓」「敬具」など。

典型的な文集・談話とは、上のすべてを満たしているものであろう。実際に、文章・談話というまとまりのある単位として分析されているものは、上のうちのいくつかの条件を満たしている。しかし、文章・談話とされるものが上のすべての条件を満たしているわけではない。南（1974）はさまざまなジャンルの文章・談話の特徴を⑬の観点から次の⑭のようにまとめている。

(14) さまざまなジャンルの文章の特徴

	形	内容	機能	参加者	媒体	使用言語	全体的構造
手紙	○	△	△	○	○	○	○
一編の随筆	○	○	○	○	○	○	△
新聞記事（本文）	○	○	○	○	○	○	△
雑誌記事	○	○	○	○	○	○	△
新聞（全紙面）	○	×	×	△	○	○	△
総合雑誌（全体）	○	×	×	△	○	○	△
個人文集	○	△	○	○	○	△	○
多数書き手文集	○	△	○	×	○	△	○
雑誌の広告	○	△	○	○	○	○	△
部・章・節・パラグラフなど	○	○	○	○	○	○	○

　見てわかるように、(14)は書き言葉に限っているが、ジャンルによりその特徴はさまざまである。表のすべての欄で○が記されているのは、一番下の「部・章・節・パラグラフなど」である。一冊の書物における構成部分である部・章・節・パラグラフなどは、確かにまとまりの度合いが高いのが普通であろう。

　文章・談話のあり方はあくまで多様である。しかし、その多様性を支える諸要因を上のような形でとらえることは有意義である。もちろん上に紹介したとらえ方は一つの例にすぎないが、文章・談話を分析するにあたっては、その多様性を十分にとらえた視点が必要であろう。

6　文体のバリエーションと変化

6－1　さまざまな文体

　文体とは言ってみれば文章の**スタイル**である。つまり、文章の固有の性質を何らかの観点からとらえるものである。文体という概念のとらえ方は大きく二つに分けられるだろう。

　一つは文章の書き手や作品と言った個人的な文体を問題にするものである。夏目漱石なり、森鷗外なりの文体と言うことが問題とされる。もう一つは、文章の類型という観点から見た文章の特徴である。文章の類型とは、「小説の文体」「手

紙の文体」「新聞の文体」と言ったように文章のジャンルという観点から分類されるし、「話し言葉の文体」「書き言葉の文体」のように媒体という観点からも分類されるし、「フォーマルな文体」と「インフォーマルな文体」というように場という観点からも分類される。また、日本語には文法的に文体のバリエーションがある。デス・マスによる丁寧体とダによる非丁寧体が使い分けられている。

また、文体は時代という観点から考察することも重要である。日本語はもともと話し言葉（口語）と書き言葉（文章語）の乖離が著しかったが、明治以降の教育の普及や民権運動の高まりにともなって、書き言葉の文体を話し言葉の文体に近づけようとする動きが高まった。明治期には二葉亭四迷、山田美妙らの小説が口語体でなされ、大正期には新聞の社説も口語で書かれるようになった。**言文一致運動**は近代日本の発展に大きく影響した。

文体の問題はもちろん、文章・談話の構造の問題と深く関わり合い、決して切り離すことのできないものである。上の(14)にみた文章の構造の特徴とはまさに文体の問題でもある。また、文体論とは社会言語学、心理言語学の問題でもある。文体論の研究は、まさに学際的な分野である。

6－2　現代社会と文体

文体の問題は、その時代の社会の意識と大きく関わる。たとえば、役所の使う言葉は、独特なカタカナ語が多用されるなど一般市民にとってわかりにくいと指摘される場合がある。また、司法の言葉も難解でわかりにくいことが指摘されてきたが、これを平易に改めようという試みもなされている。刑法は1907（明治40）年に制定されたが、難解な語が多用され漢文調の文語体で記されていた。そのため、一般市民にわかりにくいとの批判も多く、1995（平成7）年に平易化された文体の刑法が施行された。平易化された刑法では、漢文文語体は口語体に改められ、使用される漢字は原則として常用漢字に限定され、平易な用語への置き換えや意味の補充などが行われた。次の(15)と(16)はともに刑法第38条であるが、前者が平易化される前、後者が平易化後のものである。

(15)　罪ヲ犯ス意ナキ行為ハ之ヲ罰セス但法律ニ特別ノ規定アル場合ハ此限ニ在ラス

(16)　罪を犯す意思がない行為は、罰しない。ただし、法律に特別の規定がある

場合は、この限りではない。

2009（平成21）年には、裁判員制度が施行され、一般市民も司法に参加することが求められる時代となった。このような社会情勢にあって、司法の文体の変化は自然な流れであると言えよう。

また、現代はテクノロジーの進化の著しい時代である。文体論はこのような社会的状況とも無縁ではいられない。会話の参加者が時間を共有しながらも空間を共有しない電話の普及は、われわれにとってとうに目新しいことではないが、それ以前の時代の空間を共有しないコミュニケーションとは、手紙のように空間のみならず時間も共有しないものであった。手紙は書き言葉であるため、記録性があることが重要な特徴である。このような条件下において、手紙の文章は独特の文体を形成してきた。前文、主文、末文、後付け、副文といった文章の構成や、「拝啓」「謹啓」などの頭語、「敬具」「かしこ」などの結語は手紙の文章に独特のものである。

これに対し、近年の電子メールの普及という事象は新たな文体を出現させている。電子メールでは記録性があり空間を共有しないという点は手紙と同じだが、送り手と受け手の時間的な落差はかなり少ない。これが携帯メールやチャットとなるとその傾向はさらに顕著である。これらは書き言葉でありながら、きわめて話し言葉に近い文体的特徴を備えもつものである。

さらに、ソーシャル・ネットワーキング・サービスの一種であるLINEの2010年代に入ってからの急速な普及は、現代社会におけるコミュニケーションのあり方に大きな影響を与えている。LINEも書き言葉ではあるが、話し言葉的な文体的特徴をさらに多く備えもつ。すなわち、一般的傾向として時間的落差はさらに小さく、非常に話し言葉に近い文体がとられることが多い。しかしながらその一方で、当事者どうしのやり取りの履歴が常に明示されており、それにつけ加える形で新たなやり取りが表示される。つまり、記録性という書き言葉的な特徴を

も顕著に有している。また、スタンプと呼ばれる画像のみを送信するスタイルは、われわれがかつて経験したことのないものである。

　テクノロジーの進化という言語外的要因によってもたらされる変化が、言語の文体、ひいてはわれわれのコミュニケーションのあり方そのものにどのような変化や影響をもたらすかは、今後、慎重に調査・研究されるべきであろう。実際に、このような変化により、若い世代がそれまでは常識とされてきた文体の文章が書けなくなっているのではないかと危惧する声もある。いずれにしても、文体は社会と時代を映す鏡である。

〔**参考文献**〕
庵功雄（2012）『新しい日本語学入門　第2版』スリーエーネットワーク
市川孝（1978）『国語教育のための文章論概説』教育出版
甲田直美（2001）『談話・テクストの展開のメカニズム』風間書房
佐久間まゆみ（編）（2003）『朝倉日本語講座7　文章・談話』朝倉書店
泉子・K・メイナード（1993）『会話分析』くろしお出版
田中ゆかり（2010）『首都圏における言語動態の研究』笠間書院
永野賢（1986）『文章論総説』朝倉書店
野田尚史・益岡隆志・佐久間まゆみ・田窪行則（2002）『複文と談話』岩波書店
橋内武（1999）『ディスコース：談話の織りなす世界』くろしお出版
橋元良明（編）（2005）『講座社会言語学第2巻　メディア』ひつじ書房
ポリー・ザトラウスキー（1993）『日本語の談話の構造分析』くろしお出版
益岡隆志・田窪行則（1992）『基礎日本語文法－改訂版－』くろしお出版
南不二男（1974）『現代日本語の構造』大修館書店

文字と表記

1 日本語で使われる文字の種類と成り立ち

　普段読んでいる雑誌や新聞、何気なく書いているメモ、パソコンや携帯電話などで入力しているメールの中にはどんな文字が使われているだろうか。

　日本語で使われる文字の種類は実に多様で、漢字・平仮名・片仮名・ローマ字という四つの文字種のほか、数字、句読点などの記号がある。

1－1　漢字

　漢字は紀元1世紀あるいはそれ以前に漢文とともに中国からもたらされたもので、漢字で日本語を表記し始めたのは5世紀ごろではないかと言われている。日本語への定着が進むと、後には「峠」「辻」「働」など**国字**も作られた。そのなかでも「麻・呂」を「麿」とするように、2文字を合わせて1文字にしたものを特に**合字**という。

　漢字のように文字自体が意味をもつものを**表意文字**という。中国語のように原則として一字が一語に対応する場合は特に**表語文字**という。漢字は日本では当初正式な文書を漢文で表記するためのものであったが、のちに漢字の読みだけを使って日本語を表記する万葉仮名に転用された。現在は、漢字は漢語や一部の和語、活用語の語幹を表記するために使用される。

1－2　平仮名・片仮名

　平仮名は、平安時代に万葉仮名をくずした草仮名からできたもので、和歌や手紙に使われた。一方、**片仮名**は、漢籍などの行間に注釈を書き込むために漢字の点画の一部を略したり（省画）字体を略したり（略体）して生じた。表1・表2は平仮名・片仮名の元になった文字（字母）の例である。仮名（仮の文字）という名称は真名（正式な文字＝漢字）の対語である。仮名には非常に多くの字体が

あったが、現在通用している字体は1900年の「小学校令施行規則」を基にしており、それ以外の字体は**変体仮名**という。

　平仮名・片仮名のように、文字自体が意味をもたず読みだけを表すものを**表音文字**（**音節文字**＝子音と母音を1文字で表記したもの）という。平仮名・片仮名では直音のほか、小さな字を表記することで拗音・促音を表す。また撥音は「ん・ン」を使って表記される。

　平仮名は現在では、助詞・助動詞、漢字表記しにくい和語、送り仮名に使われる。片仮名は、外来語、擬音語のほか「ツツジ」「イワシ」など動植物名を表記する時にも使われる。視覚的な効果をねらった広告などで和語や漢語を表記するのに使われることもある。平仮名と片仮名は日本語固有の文字なので日本文字と呼ばれることもある。変体仮名は現代では「きそば（き楚者）」「しるこ（志る古）」などで見かける。

表1　平仮名の字母の例

あ　安	い　以	う　宇	え　衣	お　於

表2　片仮名の字母の例

ア　阿	イ　伊	ツ　川・爪	ヤ　也	ユ　由

1－3　ローマ字・記号・数字

　ローマ字による日本語表記は16世紀半ばにポルトガル人の宣教師によって行われたが、日本人がローマ字で表記するようになるのは幕末以降のことである。ローマ字も表音文字（**音素文字**）である。

　ローマ字を使った語の表記には、「NHK」などのように頭字語を表記したもの、「YAMAHA」のように日本語の固有名詞などをその読み方に従ってローマ字表記したもの、「Cafe」のように欧文の原語をそのまま表記するものなどがある。最近では「Tama Plaza」（たまプラーザ・駅名）のように両者を組み合わせる例もみられる。ローマ字は後年になって日本に入った文字であるが、現在では日本語の文章の中で他の文字種とともに使われている。

　ローマ字による日本語表記は、1954年に告示された「第一表」（訓令式）と「第二表」（標準式＜ヘボン式＞と日本式）によっている（表3）。標準式＜ヘボ

ン式＞は、明治時代にアメリカ人宣教師ヘボン（J.C.Hepburn）が考案した表記を元にしており、訓令式では si, ti, hu, zi と表記するところを標準式＜ヘボン式＞では shi・chi・fu・ji と表記するなどの違いがある。このほか撥音はその音価によって「Shinjuku」「shimbashi」（新宿・新橋、ともに駅名）のように n と m が書き分けられることがある。

　記号には句読点や中点、括弧、疑問符（？）、感嘆符（！）などの区切符号、「々」などの反復符号、長音符号（ー）などがある。平仮名や片仮名につけられる濁点・半濁点も記号の一つである。また文字を使って表情を表した顔文字や絵文字も記号の一つといえる。記号と文字の大きな違いは、記号には原則として定

表3　ローマ字による日本語表記
第一表〔（　）は重出を示す。〕

a	i	u	e	o			
ka	ki	ku	ke	ko	kya	kyu	kyo
sa	si	su	se	so	sya	syu	syo
ta	ti	tu	te	to	tya	tyu	tyo
na	ni	nu	ne	no	nya	nyu	nyo
ha	hi	hu	he	ho	hya	hyu	hyo
ma	mi	mu	me	mo	mya	myu	myo
ya	(i)	yu	(e)	yo			
ra	ri	ru	re	ro	rya	ryu	ryo
wa	(i)	(u)	(e)	(o)			
ga	gi	gu	ge	go	gya	gyu	gyo
za	zi	zu	ze	zo	zya	zyu	zyo
da	(zi)	(zu)	de	do	(zya)	(zyu)	(zyo)
ba	bi	bu	be	bo	bya	byu	byo
pa	pi	pu	pe	po	pya	pyu	pyo

｝訓令式

第二表

sha	shi	shu	sho	
		tsu		
cha	chi	chu	cho	
ja	ji	ju	jo	

｝標準式＜ヘボン式＞

di	du	dya	dyu	dyo
kwa				
gwa				
				wo

｝日本式

まった読みがないことである。

　数字の表記には、漢数字（一二三）、アラビア数字（123）、ローマ数字（ⅠⅡⅢⅰⅱⅲ）が使われる。横書きの場合でも「三寒四温」のように一つの語句となっているものには漢数字が使われる。

1－4　日本語の文字と表記
　日本語の表記にはどんな特徴があるだろうか。
・正書法がない
　冒頭で述べたように、日本語にはいくつもの文字種があり、また、それらを混用するために、正しい書き方の（標準はあっても）規則すなわち**正書法**はない。同じ一つの語を漢字で書いても仮名で書いてもよく（煙草／たばこ／タバコ）、さらに、複数の漢字が可能であったり（寂しい／淋しい）、仮名遣い（うなずく／うなづく）、送り仮名の付け方（締め切り／締切り／締切）、外来語を中心とするカタカナの書き方（リホーム／リフォーム）などにも幾通りかの可能性があって、一つに定まっていない。こうした特徴は、表記の多様性・自由度を高める一方で、情報検索などでは障害になることも多い。
・表記の方向
　現在の日本語は縦書きでも横書きでも書くことができる。横書きは以前は縦書きにならって右から左に書いたが、現在は欧文にならって左から右に書く。中国語や韓国語などアジアの言語では縦書き・横書きの両用が可能であるが、たとえば英語では左から右、アラビア語では右から左というように横書きが原則で、欧文では縦書きは細い看板や本の背表紙の一部などに限られる。
　文字表記の方向は冊子の綴じ方にも影響を与え、縦書きでは右綴じ、横書きでは左綴じとなる。日本語は古くは縦書き表記であったため、多くの雑誌・新聞も縦書きを採用しているが、近年パソコンの普及などで横書き使用の場面も増え、国語辞典にも横書き表記を採用するものがでてきている。
・分かち書きをしない
　日本語では**分かち書き**（語や文節を区切るための空白をいれること）をしない。これは、漢字や平仮名などの複数の文字種をまぜて表記する（**漢字仮名交じり**）ときに、文節など文の構造上の区切り目の最初に漢字が置かれ、末尾が仮名であ

ることが多いため、空白をいれなくても区切り目を見つけやすいという視覚的な効果をもっているためである（図1）。平仮名が続くと読みにくいとよく言われるが、漢字の少ない子供向けの本で分かち書きが行われるのは、区切りの見つけにくさを補うためでもある。

・文字と発音の関係

拗音や促音では、本来とは別の音価を表記するために文字の大きさを変えて代用する。また［ka］と［ga］のような無声音・有声音の組み合わせが意識されていて、「か・が」のように同じ文字の濁点の有無で表す。

・表音文字・表意文字の併用

東アジアで漢字を使用しているのは日本・中国・台湾・韓国であるが、韓国では、音素文字であるハングルを主として使用しているが、必要に応じて漢字を使用・併記している。主として漢字を使用している地域を**漢字圏**と呼び、日本も漢字圏の一つであるが、中国・台湾と異なり、表音文字である平仮名・片仮名も併用している（図2）。現代の雑誌や新聞で使用されている漢字・平仮名・片仮名などの割合は表4に示すとおりで、その使用には媒体によりやや違いがあることがわかる。

図1　文字種と区切り目（漢字を●、仮名を○で置換えた文）

図2　東アジアにおける文字の使用

```
表音文字専用      ベトナム
  ↕             北朝鮮
                韓国
                日本
両種文字使用
  ↕
                中国
表語文字使用      台湾
                    （『日本語百科大事典』より）
```

表4　新聞と雑誌の文字種別含有率（延べ）

文字種	含有率（％）	
	《93年新聞》	《94年雑誌》
漢字	41.38	26.87
平仮名	36.62	35.33
片仮名	6.38	15.99
その他	15.62	21.49

（朝倉漢字講座2「漢字のはたらき」より）

2　漢字を読む

2-1　漢字の数

　日本で最大の漢和辞典『大漢和辞典』には約5万字が収められている[*1]。しかし実際に日常使用される目安は常用漢字（「3-3」参照）の約2千字程度である。1993年の朝日新聞における漢字使用率調査では、上位1,600字で99％をカバーすることがわかっている（図3）。

[*1]　中国の最後の勅撰字書で、日本にも影響を与えた『康熙字典』（1716年）には約4万9千字が収められている。

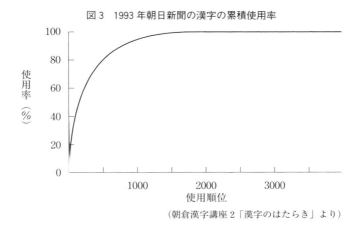

図3　1993年朝日新聞の漢字の累積使用率

（朝倉漢字講座2「漢字のはたらき」より）

2－2　漢字の音と訓

　日本語の漢字は、主として古代中国語での発音に基づいた読み方（音）と、その意味に対応する和語をあてた読み方（訓）の2種がある。

　音には、日本に入ってきた中国音の時期によって、呉音・漢音・唐音（宋音）がある（表5）。すべての漢字にこの3通りの読み方が備わっているわけではなく、またどの読み方を使うかは語によって時代によって異なっている。「書籍」（ショジャク（呉音）→ショセキ（漢音））、「音信」（インシン（漢音）→オンシン（呉音））のように読み方が変化したり、1語の中で「言語」(ゲンゴ)（漢音・呉音）、「正気」(ショウキ)（呉音・漢音）のように異なる読みの種類を組み合わせたりする例もある。このほか「輸出」のユ、「消耗」のモウ、「口腔」のクウなど慣用音（日本で生じた読み方）と呼ばれるものもある。「馬（うま）・梅（うめ）・絵（ゑ）・銭（ぜに）・鬼（をに）」などは訓読みとされるが、古代中国語の音（古音）に由来する。また、「幕（マク）・菊（キク）・柵（サク）・枠（ワク）・肉（ニク）」などは、訓読みとまぎらわしいが音読みである。

　訓は、たとえば〈やま〉〈ひと〉という意味をもった漢字「山」「人」に、対応する日本語をあてて「やま」「ひと」と読んだものである。その漢字に対応する和語の意味が複数あれば複数の読み方をあてたり、逆に中国語で似た意味の語（漢字）が複数あればどちらの漢字にも同じ読み方をあてたりする（図4）（「3－4　同訓異字」参照）。

表5　呉音・漢音・唐音（宋音）の例

文字	呉音	漢音	唐音（宋音）
行	ギョウ（行列）	コウ（行進）	アン（行灯）

図4　音・訓と漢字の対応関係

やま	ひと	おこなう	いく	き	
↓	↓	↘	↙	↙	↘
山	人	行		木	樹

2－3　あて字・借字・熟字訓

　漢字と意味・語形との間の対応関係にずれがあるものを広く**あて字**という。

「兎角」「矢張」のように読み方を表してはいるが、字の意味と語の意味に対応関係がないものを**借字**(借音・借訓)という。「時雨(しぐれ)」のように2字以上の漢字の組み合わせに、その字と意味上の関わりのある読みをあてるものを**熟字訓**という。熟字訓では個別の字の音訓と語形との対応はなく、どの字にシ・グ・レの読みをあてるかは決められないが、「日和(ひより)」のように一方の字だけが対応する場合もある。「煙草」「合羽」「珈琲」「亜米利加」「麦酒(ビール)」「燐寸(マッチ)」など室町時代以降に日本に入った外来語の漢字表記もあて字の一種である。

3 漢字を書く

3-1 漢字の字体・書体

　漢字は点や直線、曲線などの点画で構成されており、その配置によって他の字と区別される。このように漢字の構造を示すものを**字体**という。「國・国」の組み合わせのように、常用漢字以外の古来の字体は**旧字体**(繁体字)、常用漢字表の字体は**新字体**(簡易字体)と呼ばれることがある。「島・嶋・嶌」「国・圀」「和・咊」のように別の字体ではあるが同じ字として扱われるものを**異体字**という。「職」に対する「𦴢・𦸣」のように、点画を省略したものを**略字**という。中国で現在使用されている簡略化された字体は**簡体字**といって区別される。このほか学生の間で使われる「广応」(慶應)といった位相文字の例もある。

　一定のデザインで統一された字体を**書体**という。書体には、明朝体・ゴシック体・教科書体などの印刷体(表6)と、楷書・行書・草書などの筆写体(表7)がある。歌舞伎の看板に使われる勘亭流、相撲の番付に使われる相撲文字などもある。

表6　印刷体の例

明朝体	女	火	心	令	芝	込
ゴシック体	**女**	**火**	**心**	**令**	**芝**	**込**
丸ゴシック体	女	火	心	令	芝	込
教科書体	女	火	心	令	芝	込
正楷書体	女	火	心	令	芝	込

(朝倉漢字講座2「漢字のはたらき」より)

表 7　筆写体の例

篆書　隷書　草書　行書　楷書

（朝倉漢字講座 2「漢字のはたらき」より）

3 − 2　漢字の部首・画数・筆順

　漢字を構成している部分のうち、漢字を分類するときの基本になる部分を**部首**という。どの部分を部首とするか、どの漢字をどの部首に分類するかは字典により違いがある。部首はその部分が漢字のどの位置に配置されているかによって、偏や旁などに大別される（表 8）。

表 8　漢字の部首の大別

偏（へん）　旁（つくり）　冠（かんむり）　脚（あし）　垂（たれ）　繞（にょう）　構（かまえ）

　漢字を構成している点画は**画数**として数えられる。個別の文字の画数は字典により若干違いがある。また 1 画は、筆をおろして離れるまでを数えるので、**筆順**とも関わりがある。小学校で教える漢字については『筆順指導の手びき』（1958年）が当時の文部省から基準として出されている。

3 − 3　常用漢字・人名用漢字・JIS 漢字

　一般の生活における漢字使用の目安を政府が示したものに「**常用漢字表**」（2010 年改定）の 2,136 字がある。「常用漢字表」は、漢字制限の役割を果たした**当用漢字表**（1946 年制定）に代わって示されたもので、法令・公用文・新聞・放送など公の場で用いる漢字の一覧表とされている。このうち小学校で教える漢字は学習指導要領で示された 1,006 字である（1989 年発表）。常用漢字表には音訓のほかに新字体・旧字体なども示されている。また常用漢字表に掲げられていないが（表外字）、人名に使用できる**人名用漢字**（863 字・2017 年現在）がある。

　当用漢字・常用漢字や人名用漢字は政府が発表した規範として、社会における

文字使用にさまざまな影響を与えている。たとえば、以前は新聞では当用漢字表に従って「こん跡」「そ撃」などのまぜ書き（漢語の一部を平仮名で書くこと）が行われてきたが、常用漢字表に切り替えられたことで、「痕、狙、亀、骸、挫、哨」の6文字が使用されるようになったという[*2]。まぜ書き・仮名書きを避ける場合、「叡智・顛覆・叛乱」を「英知・転覆・反乱」とする書き換えや「梯形(てい)・矩形(く)・涜職(とく)」を「台形・長方形・汚職」とする言い換えが行われる。

　これらの漢字表とは別に、パソコンなどの情報機器で文字情報を扱うことを目的とした日本工業規格の**JIS漢字**がある。現在の多くのパソコンではこの規格に基づいて非漢字（記号、数字、仮名、ローマ字など）1,183字とJIS第1水準・第2水準合わせて6,355字の漢字を使うことができる。またJIS規格では表外字の一部の文字について、常用漢字表の字体に準じて「鴬（鶯）」「鴎（鷗）」などが使われている。

[*2] 横山詔一・笹原宏之（2000）「文字と暮らし」（国立国語研究所（編）『新「ことば」シリーズ11・豊かな言語生活のために』大蔵省印刷局所収）

3－4　同訓異字・同音異義語・同表記別語

　「はかる（測・量・計・図・謀・諮）」「とる（取・採・捕・執・撮）」のように、別の漢字に同じ訓があてられているものを**同訓異字**という。これは、日本語では一語に相当する概念が、中国語では複数の字に分かれているために起こる現象である。これらの使い分けには厳密な原則はないので、同語・異語の判別に問題が生じることもある。たとえば「立つ・建つ・発つ」は別語と判別しやすいが、「固い・堅い・硬い」「小父・叔父・伯父」を同語と見なすかどうかは意味の分化をどこまで認めるかによる。

　「貴社の記者が汽車で帰社した」のように同じ音であっても表記と意味が異なるものは**同音異義語**という。日本語の音韻構成は、特に漢字音の場合、比較的単純なので同音語が生じやすい。このような語が似た文脈で使われる場合は「イチリツ（市立）高校・ワタクシリツ（私立）高校」などと言い分けられることもある。

　同じ表記でも読み方が違って別語と判別されるものもある（**同表記別語**）。「コウバ・コウジョウ（工場）」のように意味のへだたりがないものもあれば、「サイ

チュウ・モナカ（最中）」のように全く違う意味の語もある。このような語は読み仮名の情報がないと情報検索の際の妨げになりやすい。

4 仮名で書く

4-1 仮名遣い

　仮名遣いのよりどころを示したものは内閣公示「**現代仮名遣い**」（1986年）で、古典のための仮名遣い（**歴史的仮名遣い**）と区別される。

　現代仮名遣いは基本的に現代語の音韻体系に基づいているが、いくつかの点で例外もある。たとえば、助詞「は・へ・を」、「こじま・はなぢ・こずえ・みかづき」（連濁）、「しじみ・ちぢみ・すずり・つづみ」（連音）など**四つ仮名**（「じ・ぢ・ず・づ」）を含む語、「おおきい・おうさま・オーダー」（オの連音・長音）、動詞「言う（ユー）」、「映画（エーガ）・丁寧（テーネー）」などのイ段・エ段の長音、「今日は（コンニチワ）」の「は」のように語の成り立ちを重視した語、などの例がある。

4-2 送り仮名・振り仮名

　語を漢字と仮名で書く場合の、仮名の部分を**送り仮名**という。送り仮名は「行く」の「く」のように主に活用語の活用語尾を書くものであるが、「答え」の「え」のように動名詞のもともとの活用語尾にあたる部分や、「後（あと）」と区別するため「後ろ」の「ろ」のように名詞にもつけることがある。内閣公示「送り仮名の付け方」（1973年）がよりどころとされているが、文脈で誤解されるおそれがない範囲で許容も認められている。

　漢字の脇に小さく添える字を**振り仮名**（ルビ）という。ルビは現在は読みを示すものであるが、明治時代には意味を書き添えたものもあった。

4-3 外来語の表記

　英語などから日本語に入った外来語は片仮名を使って、原語に比較的近い音価の日本語に表記される。だが、日本語は英語などと比べて子音の数も少なく、音韻体系もCV（子音＋母音）形式が中心なので（音声と音韻の章参照）、その対

応関係にはかなりの幅があり、従って表記も一様ではない。

同じ語の表記でも時代によって「バイオリン・ヴァイオリン」「フイルム・フィルム」などと変化するものも多い。また同じ原語でも専門分野によって「デジタル（一般）・ディジタル（工学）」と表記が異なることもある。「ミシン・マシン」のように原語は同一でも日本語では別語（これを**二重語** doublet という）とされている例もあるし、ヘボン式ローマ字のヘボン（明治時代のアメリカ人宣教師・医師）と女優のオードリー・ヘップバーンは同じ姓である。

1991年に内閣告示「外来語の表記」が制定され、外来語の表記に「一般的に用いる仮名」（第1表）と、「原音や原つづりになるべく近く書き表そうとする場合に用いる仮名」（第2表）とが示された。日常的には「第1表」で表記することを原則とするが（バイオリン、ウイスキー）、必要な場合には「第2表」の表記を許容する（ヴァイオリン、ウィスキー）ということである。

5 文字教育・文字生活

5-1 読み書き能力

漢字のテストで書き取りの方が読みよりよくできるという人は少ないだろう。図5は1948年の日本人の読み書き能力調査[*3]の結果であるが、漢字の読みに比べて漢字の書き取りの点が非常に低い。歴史的にみても明治以来英語学習の高まりに伴って漢字廃止運動が繰り返し起こっている。図6（1963年発表）は漢字のなくなる時期を予測したものである。1900年から1955年までの小説をサンプルにして、そのままの傾向が続けば2191年に小説から漢字がなくなり（①）、漢字保護の傾向が強まれば②に、漢字廃止の傾向が強まれば③になると予測している。これらは漢字学習の負担の大きさを示しているといえよう。

[*3] 全国270地点から、『物資配給台帳』に基づく無作為抽出法（ランダムサンプリング）で選ばれた15～64歳の男女計16,820人を被験者とする調査。

図5　日本人の読み書き能力

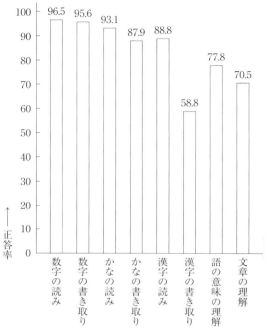

（野元菊雄「日本人の読み書き能力」より）

図6　漢字はいつなくなるか

① $y = -1.244x + 2726.17$
② $y = 360.17e^{-0.0038659x + 7.34521}$
③ $y^2 = -1074.14x + 2181603.11$

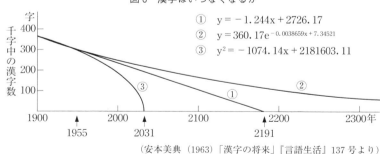

（安本美典（1963）「漢字の将来」『言語生活』137号より）

5－2　電子機器における文字入力

　現在は、パソコンによる文書作成や携帯電話でのメールの普及とともに、漢字は「書く」時代から「選ぶ」時代に入っているといえる。それに伴って、手書き

ではふだん書かない「薔薇」「憂鬱」のような漢字も簡単に入力できるため漢字を多用する傾向や、いざ手書きをしようとすると「悠」の縦棒があったかどうかといった細かな字画に迷う傾向が指摘されている[*4]。

　漢字の多用傾向は、図6の予測を25年後に（芥川賞受賞作品をサンプルとして）検証した調査からもうかがえる（図7）。小説中の漢字は、戦後のある時期までは減り続けたが、その後は安定ないし逆転に向かっている。

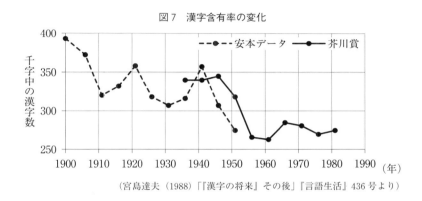

図7　漢字含有率の変化

（宮島達夫（1988）「『漢字の将来』その後」『言語生活』436号より）

　電子辞書での語の検索は、たとえば「あい」「love」と入力すれば該当の語が表示されるため、「愛」「love」が辞書のどのあたりにあるかという、辞書における文字の順番（五十音順・ABC順）と使用者の意識が切り離される傾向にある。

*4　森岡健二（1984）「わたしのワープロ体験」『日本語学』3巻4号、明治書院

6　漢字の性質と表語性

　漢字には、字形（表記）・意味・読みの三つの要素が備わっていて、英語のアルファベットのような表記と読みだけの表音文字とは違った性質がみられる。

6-1　字形の選択と視覚的効果

　字形は意味を連想させる視覚的効果がある。「山」のように実際の事物をかたどった字（**象形**）もあるし、たとえばポルトガル語由来の外来語でも「金平糖」と漢字をあてれば、いかにもカラフルな甘いお菓子という感じがする。人に愛と

書いて「優」(ぼんやりしている意)という字を人名用漢字に加えてほしいという要望もあったという*5。顔文字や絵文字もこのような視覚的効果をねらったものであるが、記号には通常規範的な読みがない点が異なる。字形の選択は「なじみ」とも関わりがあり、たとえば言語心理学の調査では東京・葛飾区の住民は旧字体(葛)を選択する傾向にあるという*6。また字画の多い漢字を多用することは、漢文を重視した歴史的な背景から平仮名よりも硬い印象を与え、平仮名書きはやわらかい印象を与えると言われている。

*5 笹原宏之(2006)『日本の漢字』岩波書店
*6 横山詔一(2006)「潜在記憶と言語習得」『月刊言語』大修館書店

6-2　漢字の造語力

　漢字には語基(意味の中心部分を担う語構成要素)として漢語をつくる造語力があり、たとえば「校」という字は「学校」「校庭」など多くの漢語をつくることができる(図8)。「学校の歌」と4文字で書くところを「校歌」と2文字ですむといったように、情報の圧縮力もある。せまい紙面に多くの情報を盛り込む新聞に漢語が多用されるのはこのためである。この場合、読みには音が使われる。

　その漢字がどのくらいたくさんの漢語をつくる力をもっているかは、**異なり語漢字カバー率**という考え方で算出される*7。これは、その漢字がある範囲でどのくらいの頻度で出現するかという漢字の使用率とは別の尺度で、たとえば日本語学習者は漢字カバー率の高い字から優先的に学習すれば、効率的により多くの漢語を書けるようになる(図9)。

*7　異なり語漢字カバー率(‰) $= \dfrac{ある漢字の用いられた異なり語の数}{異なり語数} \times 1000$

　　田中章夫(1976)「漢字調査における統計的尺度の問題」

図8　漢字の造語力

(古田東朔ほか(1980)『新国語概説』より)

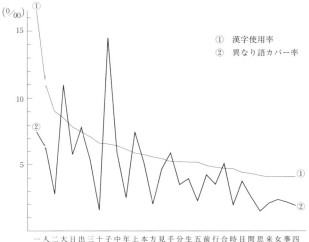

図9 雑誌の語彙調査における上位30字の使用率と異なり語カバー率

① 漢字使用率
② 異なり語カバー率

一人二大日出三十子中年上本方見手分生五前行合時目間思来女事四

（田中章夫「漢字調査における統計的尺度の問題」より）

6－3 漢字と訓

　漢字の訓読みは、もともとその字の意味に対応する和語をあてたものである。たとえば「悲・嬉」に、中国での本来の読みや日本での音読みとは別に、「カナシイ・ウレシイ」とあてるということは、1音節が1字1語に対応する中国での漢字の使い方と異なり、「カナシイ・ウレシイ」という読みの「長さ」をもっていると見なすこともできる。漢字圏でこのように自国の語をあてて漢字を読むのは日本だけである。

6－4 漢字の表語性

　このように、日本の漢字には字形（表記）・意味・読み（音）、さらには長さをもった語としての読み（訓）を兼ね備え、造語ができる性質がある。つまり漢字は文字であるが、同時にきわめて語彙的な性質を有した言語成分であるといえる。たとえば語の長さと語の使用率に負の相関があるのと同様に、画数と漢字の使用率にも負の相関がみられる（図10）。「短い語ほどよく使われる」というのと同じように「字画の少ない字ほどよく使われる」傾向にあるということである。このような考え方は（表音文字に対して）表"形態素"文字と呼ばれたり文字形態

素論などと呼ばれたりしていて、日本語における漢字が欧文のアルファベットとも中国語の漢字とも異なる性質があると認識されてはいるが、漢字をどのような基準で分類するかなど理論としての検討課題は多い。

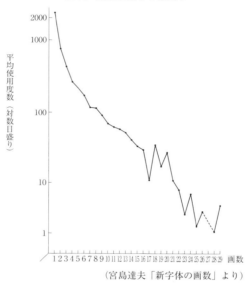

図10　画数と漢字の使用率

（宮島達夫「新字体の画数」より）

〔参考文献〕

金田一春彦・林大・柴田武（編）（1988）『日本語百科大事典』大修館書店

笹原宏之（2006）『日本の漢字』岩波書店

佐藤喜代治（編）（1996）『漢字百科大事典』明治書院

林大・宮島達夫・野村雅昭・江川清・中野洋・真田信治・佐竹秀雄（編）（1982）『図説日本語』角川書店

前田富祺・野村雅昭（編）（2003〜2006）『朝倉漢字講座』朝倉書店

4 マルチリンガル

　ある社会の中で複数の言語が共存している状態を**マルチリンガリズム**、そのような能力を持っている個人を**マルチリンガル**（複数言語使用者）と呼ぶ。二言語併用の場合は**バイリンガリズム**、**バイリンガル**という。日本人のマルチ／バイリンガルに対するイメージは、英語や多言語を流暢に操る話者というものが一般的だが、マルチ／バイリンガルといっても、複数の言語能力の高さや領域の幅は習得の年齢や居住地、経験の違いなどによって異なる。たとえば社会生活では日本語が完璧な英語話者でも、日本の学校教育の経験がないと算数や国語の簡単な用語さえ使えない。

　日本語と外国語のバイリンガリズムは、国内では在日コリアン・在日中国人・在日ブラジル人の集住地域、外国企業や国際学校、海外ではハワイや北米・南米の日系人社会、海外に駐在する日本人コミュニティーなどでみられる。近年はマルチリンガリズムが増えてきており、たとえば国籍や言語の異なる両親の元で育つ日本在住の子どもたちは、日本語を含む3言語や4言語が飛び交う環境で生き、それぞれの言葉を習得したり使用したりしている。

　マルチ／バイリンガル間では、**コードスイッチング**（code-switching）という現象がみられる。談話の中で2言語以上を切り替えながら話す話し方をいう。コードスイッチングの起こるタイミングは、一つの言語で意味が思いつかず起こる場合もあるが、場面や状況、話題の変化により切り替えたり、自分のアイデンティティーを主張したい場合や相手との利害関係がある場合などに意図的に切り替えたりすることもある。

　複数の言語を常時使用することにより**セミリンガル**（どの言語も母語話者並みに至らない話者）になる弊害を危惧する見方が従来からあった。しかし近年は、グローバル化を背景に、複数言語環境下で育ち活躍する子どもたちの能力を評価し、言語を個々に数えるのではなく、個人の中に不可分にある総合的な言語・文化能力を肯定的に捉える**複言語・複文化主義**が唱えられている。

敬 語

　伝統的な日本社会には、その社会や集団ごとにそなえている個別文化や構造があって、一つの習慣の体系が存在している。一人前というのは、村々によって基準はさまざまではあるが、とにかくその所属する社会の伝統（慣習）からはみでないような人間に仕立てあげるために、両親や家族は心血を注いだ。「お里が知れる」ということばがあるように行儀作法やことば遣いは、その人の門地や地位、学歴や社会的身分を感じさせる素材ともなるためにことばのしつけ・教育にはことさら力が入れられてきた。

　今ではあまりうるさく言われなくなったが、ひと昔前の日本では、ことば遣いにとても神経を使っていて、ぞんざいで荒っぽいことばを発したり、無遠慮で無愛想なことば発したりすることは、人間関係を損なう恐れがあるため、細心の注意が払われてきた。それは何代にもわたってそこに暮らし、職と住が同じ地点で行われるライフスタイルの人々にとっては、その閉じた空間のみが生きる場であって、そこから離れて新たな幸せをつかむような考えはない。そのためには人の顔色をうかがい、相手を傷つけて不快にすることのないように気を使い、時には多義的で曖昧な発話とも思える辞句を何度も何度も用いて「気を使っている」ことを相手に表示する必要があった。

　敬語とは、単純な言い方をすれば人間関係における「配慮」「気づかい」をことばで表すもので、礼儀作法やお行儀あるいは、マナーや人づきあいの基本的ルールというような、その人の教養、見識のレベルを見る目安になるとの考えともなっている。したがって、敬語に対する関心はとても高いが、学校では古典解釈に必要なために、尊敬語や謙譲語は国語で教えるものの、日常生活で使用する現代語で、尊敬語をどのように使うのか、謙譲語をどのように使うかなどについては、教えられることはない。敬語に対する一般の関心は低くないが、きちんと学ぶ機会は、ほとんどないのが実情と言える。そのため、公的な場に出たり就職活動などの時期になって、あわてることにもなっているようだ。

1　敬語表現の分類

　敬語は、かつて「尊敬語」「謙譲語」「丁寧語」の3種類に分けることが多かったが、現在では1尊敬語（「いらっしゃる・おっしゃる」型）、2謙譲語Ⅰ（「伺う・申し上げる」型）、3謙譲語Ⅱ（丁重語）（「参る・申す」型）、4丁寧語（「です・ます」型）、5美化語（「お酒・お料理」型）の五つに分類するのが一般的である。

表1　敬語表現の分類

	5種類	3種類
尊敬語	「いらっしゃる・おっしゃる」型	尊敬語
謙譲語Ⅰ	「伺う・申し上げる」型	謙譲語
謙譲語Ⅱ（丁重語）	「参る・申す」型	
丁寧語	「です・ます」型	丁寧語
美化語	「お酒・お料理」型	

1－1　尊敬語

　尊敬語は動作や状態の主体を高めるために使われる敬語である。

＜動詞＞

　A「お／ご＋中止形・サ変動詞の語幹＋になる」

　　待つ→お待ちになる　利用する→ご利用になる

　B「語幹＋られる、サ変動詞の語幹＋される」

　　待つ→待たれる　利用する→利用される

　C「お／ご～です」

　　待つ→お待ちです　掛ける→お掛けです

　D特殊な尊敬語をもっていて語彙自体を変える。

　　いる・行く・来る→いらっしゃる　食べる→召し上がる　見る→ご覧になる
　　する→なさる

＜形容詞・形容動詞＞

　A「お／ご」を付ける。

　　若い→お若い　きれいだ→おきれいだ

＜名詞＞
　前に「お」「ご」「御（おん）」「み」「尊」「貴」「玉」などを付ける。
　・和語には「お」を、漢語には「ご」を付けることが多い。
　・「お」「ご」の二つは美化語としても用いられる。
　　菓子→お菓子、心→お心・み心、母→ご母堂、会社→貴社などがある。
　人名には、「様」「さん」「殿」「閣下」「殿下」「陛下」「先生」や「課長」「館長」「船長」などの役職を付けることで敬語に変えることができる。

1－2　謙譲語Ⅰ
　謙譲語というのは動作主を低めることによって動作の対象である人物に対する敬意を表す表現で、尊敬語と謙譲語の違いは、尊敬語では高めるのが動作主であるのに対し、謙譲語では高めるのが動作の対象である点にある。この種の敬語は、かつては「謙譲語」と呼ばれてきたが、「謙譲語Ⅱ」と区別して、「謙譲語Ⅰ」と呼ぶこととする。
　A「お／ご～する」の形に変える。
　　待つ→お待ちする　掛ける→お掛けする　相談する→ご相談する
　B特殊な謙譲語で語彙自体を変える。
　　行く、来る→伺う、参る　見る→拝見する
　　食べる、飲む→いただく　尋ねる→伺う、お尋ねする
　　言う→申し上げる　する→いたす
　C名詞に粗や愚などの語を付けて謙譲語を作る。
　　茶→粗茶　品→粗品　妻→愚妻　弟→愚弟　我が社→弊社

1－3　謙譲語Ⅱ（丁重語）
　謙譲語Ⅱ（丁重語）は聞き手に対してへりくだった気持ちを表すために使われる敬語で、常に丁寧語とともに使われる。「謙譲語Ⅰ」との違いは、話し手の動作を低めるものの動作の対象は存在しなくてもよい点にある。
　例として次のようなものがある。
　謙譲語Ⅱとして使える動詞には「参る、いただく、申す、いたす、おる」などがある。たとえば「来週、アメリカに行きます。」を「行く」の代わりに「来週、

アメリカに参ります。」のように「参る」を使うことで、相手に対して自分の行為を改まった述べ方で表現することになって、相手に対する敬語としてはたらくことから謙譲語Ⅱ（丁重語）として扱われる。なお、「おる」は常に謙譲語Ⅱとして使われる。

このほか名詞では、「拙宅」「小生」などの名詞も、自分に関することを控え目に表す語であるため、謙譲語Ⅱだと言える。

1－4　丁寧語

丁寧語は、聞き手に対して話し手が丁寧に話そうとする場合に使われる敬語で、現代語の「です」「ます」「ございます」、古語の「はべり」「候ふ」などがこれにあたる。

「です・ます」で終わる文体は**敬体**と呼ぶが、「だ」や、動詞・形容詞の終止形で終わる文体を**常体**と呼ぶ。文法的には丁寧語というよりも丁寧体として分析されることが多い。

① 動詞には「ます」を付ける。
　　来る→来ます　来た→来ました　来ない→来ません
　　来よう→来ましょう　など
② 動詞以外には「です」を付ける。
　・形容詞　　楽しい→楽しいです　楽しかった→楽しかったです　など
　・形容動詞　きれいだ→きれいです　きれいだった→きれいでした　など
　・名詞＋だ　学生だ→学生です　学生だった→学生でした　など

1－5　美化語

美化語とは、話者が聞き手に対して自身が上品であるとの印象を与えるために使う語のことである。上品な言い方をするための手段でもある。聞き手に対する配慮を示しているということで、敬語に準じるものとされることが多いが、これは、話し相手を丁寧に扱うことを目的にしたものではない。

美化語は名詞に「お」や「ご」を付けたり、語彙を変えたりして作られる。

　A「お／ご＋名詞」
　　箸→お箸　茶→お茶　友人→ご友人　など

B　語彙を変える。
　　　めし→ごはん　腹→おなか　便所→お手洗い　など

1－6　対者敬語と素材敬語

　敬語にはその性質上、話題中の人物を高めるもの（**素材敬語**）と話し手が対面している聞き手を高めるもの（**対者敬語**）がある。話し手が、文の内容に関わらず聞き手に対して敬意を表するための表現を対者敬語と言い、話題の人物に対して敬意を表するための表現を素材敬語と言う。

　たとえば、「まもなく私の父が来ます」における「ます」は、聞き手に対する敬意を表するもので対者敬語である。したがって先の５分類で言えば「謙譲語Ⅱ（丁重語）」「丁寧語」がこれにあたる。

　一方、「先生がいらっしゃる」「先生にさしあげる」の「いらっしゃる」「さしあげる」は、話題の人物である「先生」に対する敬意を示す素材敬語である。

2　敬語の変化

2－1　絶対敬語から相対敬語へ

　　　父は９時ごろ帰ります。
　共通語の素材敬語は、話し手と話題の人物の関係だけではなく、話題の人物がウチかソトかに影響される。このような敬語のシステムを**相対敬語**と言うが、韓国語や日本の古典で見られるような、話し手と話題の人物との関係だけで敬語の使い方が決まるシステムを**絶対敬語**と言う。日本語の敬語の歴史的変遷を概観すると、最も大きな変化は絶対敬語から相対敬語への移行であるとする考えがある。

　絶対敬語の用例としては、まず、天皇など特定の皇族の動作だけに使われる
　　ア　「天皇に申し上げる」という意味の動詞＝奏す
　　イ　「中宮・東宮・上皇に申し上げる」という意味の動詞＝啓す
などがある。

　また、帝など高貴な身分の人が会話の中で、自分の動作に尊敬語を用い、他者の自分に対する行為に謙譲語を用いて自身を高めた例があり、これを**自尊敬語**と言って、どのような場面でも、常に一定の敬語使用を行う絶対敬語の典型例とさ

れる。

　君なのめならず御感なつて、「なんぢやがて夜さり具して参れ。」と仰せければ、（帝は並々ならぬほどお喜びになられ、「ではすぐに、お前が今夜（小督を）連れて参れ。」とおっしゃるので、）「平家物語」

　このほか、ウチとソトの論理がはたらくことによって、「私の父は上京しています。」と使用されるのが一般的である。こういう敬語の使い方を相対敬語という。この背景には、日本人が、自と他、公と私という二つを社会関係の基調としていることがある。

　敬語の歴史を見れば、古くは身内敬語や自尊敬語の使用といった状況に見られるように徹底した絶対敬語であったが、自敬表現が話し言葉から影をひそめ、身内敬語の使用も差し控えられるようになって次第に絶対敬語的性格を弱め、相対敬語的になったと考えられている。

2－2　尊敬語の丁寧語化（聞き手敬語化）

　現在、敬語は、目の前にいる人に対する待遇的配慮の方が話の場面にいない人に対する配慮より重視されるようになっている。つまり丁寧語に重点が置かれるようになっているという指摘がある。

　たとえば、高校生や大学生が友人同士でプライベートな会話をしている場合、「昨日、先生は、授業で言ったよ」と口にするのに違和感はない。しかし、校長先生に対しては「昨日、先生は、授業でおっしゃいました」のように、言う→おっしゃると尊敬語に変えたり、マスを付けたりして表現する。もしも、高校生や大学生が友人同士で「昨日、先生は、授業でおっしゃったよ」という言い方をするならば、「おっしゃった」は誰に対しても、話題の人物（先生）を高めているから、尊敬語だと見てよい。しかし、友人同士では「（先生が）言ったよ」という言い方をし、校長先生に対しては「（先生が）おっしゃいました」という言い方をするならば、「おっしゃった」は友人に対しては使わず、校長先生に対して使うことになるから、それは丁寧語マスの機能と同じく、目上の聞き手に対して使っていることになる。つまり、「おっしゃった」はマスと同じく丁寧語として機能していることになる。これが尊敬語の丁寧語化（聞き手敬語化）と言われる現象である。このように、友人同士の会話で話題の人物に対する尊敬語が現れな

くなると、尊敬語が丁寧語化しているととらえられる。

　敬語は、社会生活とともに身に付くと言われるが、社会経験が少なく、日常的に尊敬語や謙譲語の使用が少ない若者には仕方のないことかもしれないが、就職活動をしている大学生にもデス・マスを使用していることが「敬語を使用している」ことだと理解している人がいることは驚きである。

2－3　サービス産業と敬語

　1992年のバブル崩壊以降、企業のコスト削減指向に拍車がかかり、工場の海外進出が盛んになった。その影響を受けて1993年から製造業の就業者数が減少に転じる一方、サービス業の就業者数は拡大の一途をたどっている。

　大学生や若者たちを店員の主力とするコンビニやファースト・フード店でもそれなりの接客ができるようマニュアルを使った教育がされている。彼らが使用する敬語は「マニュアル敬語」とも呼ばれている。

　とあるファースト・フード店の「明るい挨拶、礼儀の基本」と題したマニュアルのなかには、

・客への挨拶のポイント
  1　型どおりのセリフに日常的な挨拶を付加。
  2　街であったときも声をかける。
  3　感謝の気持ちを込めて気配りを示す。
  4　時候の挨拶も用いてうちとけた雰囲気で。
　　（マニュアル化された挨拶：中井（2001a）より）

・挨拶の意味と基本形
  1　挨拶の意味（漢字「挨」と「拶」の意味）。
  2　客以外（店員同士や出入り業者）への業務上の挨拶の方法。

などについてわかりやすく漫画で説明されている（図1）。

　若者に限らずこれらの表現で接客する上記業界従事者は増えてきている。
　主なものとしては、
1　名詞＋の＋ほう（方）　コーヒーフレッシュの方はお付けしますか？
2　名詞／金額＋になります　（レジの計算結果が）358円になります。
3　金額＋から　1万円からお預かりします。

4 よろしかったでしょうか　グラスは一つでよろしかったでしょうか。
5 お待ちいただく形になります　ただ今（ですと）30分ほどお待ちいただく形になります。

　学生アルバイトといった、まだ十分な社会性や教育を受けていない若者を雇用し、安価で就労をはかるファースト・フード店やコンビニでは、教育時間もないためこのようなマニュアルによる接客をしている。

図1　ファースト・フード店のマニュアルの例

　一方、都内のあるデパートでは、八つの用語を定め時間をかけて社員教育をしていると言う。

　1「いらっしゃいませ」…30度のお辞儀、明るく笑顔で。第一印象を決める大切な言葉。2「はい　かしこまりました」…15度の会釈（言葉のあと敏速に対応）。3「少々お待ち下さいませ」…15度の会釈（同じ言葉のあと敏速に対応）。

4「大変お待たせ致しました」…30度のお辞儀（笑顔ではなくお待たせして申し訳ないって顔をする）。5「恐れ入りますが」…15度の会釈（笑顔ではなく、申し訳なさそうな顔で）。6「誠に申し訳ありません」…45度の最敬礼（ここで笑顔は厳禁！）。7「ありがとうございました」…30度のお辞儀（笑顔か神妙な面持ちかはそのときの接客で判断する）。8「また、どうぞお越し下さいませ」…45度の最敬礼（心を込めて）。

　というふうに、言葉遣いや立ち居振る舞いに注意を払い、時間をかけた社員教育をしている。また「マニュアル敬語」で使用される「名詞＋の＋ほう（方）」や「名詞／金額＋になります」を禁止しているところもあると言う。丁寧な接客で、高級感を売り物にする大手デパートや老舗では、コンビニ等と差別化することで生き残りをはかっているとも言える。

3　地域社会と敬語行動

　日本語社会は、東京を中心とした共通語に象徴される画一化した社会と方言に代表されるような地域的多様性を前提とした社会がある。

　次に地域社会（越中五箇山方言）における待遇行動を調べた研究を見てみよう。真田は、自分以外の集落構成員および数名の外来者に村の道で会って「どこへ行くか」と相手の行き先を尋ねる場合、「行く」の部分をどのように言うかを、一つの集落の構成員全員を対象にして調査した（リーグ戦式調査）。結果は図2に示す。

　この地域社会では、イカッサル・イキャル・イクが伝統的な方言形である。イカッサルの方がイキャルよりも敬意が高く、イクは敬意を含まない。イカレルは、町部（砺波平野部）から入ってきた新しい敬語形式だと考えられている。また、当該集落には明確な家格の上下が存在し、n家が家柄としては最上位（本家）で、以下、中位のa家・t家・u家（以上分家）、下位のj家・k家（それぞれの家と相互の血縁関係はない）と続く。

　この調査から、真田は、家の格が待遇行動と密接な関係にあることを明らかにした。具体的には次のようなことである。

　(a)　待遇形式の運用の仕方には、インフォーマント個人によるゆれがあまりなく、集落として統一のある一つのパターンがあること。

図2 家格による待遇表現の使い分け（真田（1979）より）

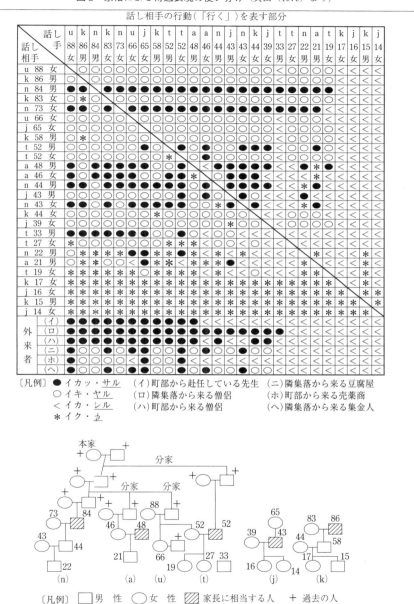

(b) 話し相手に注目した場合：
- (b-1) 若年層に対しては主としてイクが用いられるのに対して、中年層以上には、身内の場合も含めて、イカッサルとイキャルが使われること。
- (b-2) 敬意のもっとも高いイカッサルは、話し相手の属する家の格にあること（n 家の構成員に対する使用がもっとも多い）。
- (b-3) イカッサルはまた、同じ家の構成員に対して使用する場合でも、家長＞家長の妻＞家長の息子＞家長の息子の妻という順に使用が多く、家の中での座がその運用のあり方を制約していること。
- (b-4) 外来者については、教養があり、集落の人々が尊敬する先生と僧侶にイカッサルが使用されること。

その他、(c) 話し手に注目した場合、次のような傾向も見出せる。
- (c-1) イカッサルの使用者には女性が多いこと。
- (c-2) 若年層では、敬語形がイカレル一つに収束し、単純化しつつあること。

当該地域は、伝統的に農業を基盤として成り立ってきたが、当地のように寒冷で雪の多い場所で農業を営むには、かつては山の頂まで焼き畑を作って稗をまかなければならず、その作業は小人数の家族では乗り切れないほど苛酷であった。また、そこには分家をするほどの耕地もなかったために、女でも男でも家を離れることが禁じられていた。「越中五箇山の合掌造り」として知られる当該地域の家屋は、こういった大家族が住むにふさわしい家として形成されたものである。また、当該地域社会の日常生活では、個人の権利よりも、「公」の共同体的規制が優先されることが多かった。もしそれに違反するならば、共同社会に協力しない異端者というラベルを貼られ、いわゆる村八分にあうことになる。ここには厳しい社会的な規制があった。上で見た親族名称や待遇行動は、こういった、村落社会をめぐる背景的・歴史的な知識とあわせて見るとき、なぜそのような形で存在するのかをより明確に理解することができる。

4　敬語行動から見る地域社会の類型

日本語敬語の地域差の一つとして、関西方言の「うちのお父さんは、さっきか

らずっと先生をそこで待ったはりました」「お母ちゃんは、昨日の晩えらい遅う帰って来られました」のような、父親や母親などの身内の人間に敬語を使用する用法（加藤（1973）の用語で「**身内尊敬用法**」）をもつ方言ともたない方言があることが報告されている。この身内尊敬用法は、図3に示すように、近畿、西日本を中心に、東は新潟県から、西は鹿児島を経て沖縄に至るまでの広い地域に分布している。「3」で取り上げた五箇山方言にも、身内尊敬用法があった。

　こういった地域差が生じる理由には、標準語を形成するのに大きな役割を果たした東京と、近畿を中心とした西日本各地とで、その歴史の違いなどを反映して、言語行動のあり方を左右する社会的なルールが大きく異なっていることが挙げられよう。

　身内尊敬用法を運用する近畿地方中央部では、家族や身内も、それ以外の人も、同じように待遇する。特に身内を尊敬しているわけではない。ここには、〔自分〕対〔身内・他人〕という人間関係のとらえ方があり、自分と自分以外の人間とを

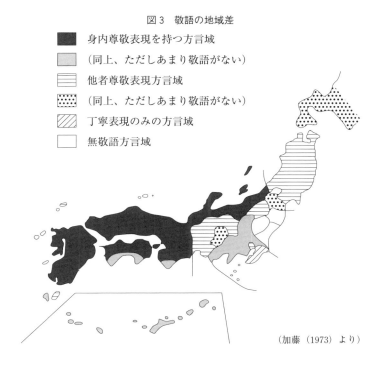

図3　敬語の地域差

■　身内尊敬表現を持つ方言域
▨　（同上、ただしあまり敬語がない）
▤　他者尊敬表現方言域
▦　（同上、ただしあまり敬語がない）
▨　丁寧表現のみの方言域
□　無敬語方言域

（加藤（1973）より）

明確に区別する社会だと言える。つまり、家族はともに家を構成する構成員ではあるが、個人としての独立が基本にあり、個の責任と自由が確認されている社会だと理解することができる。「身内尊敬用法」の基調となっている待遇表現の枠組みでは、身内を含め、同等かそれ以上の人物に対しては誰にでも気を遣うというのが待遇表現の原則である。

これに対して、家族や身内には尊敬表現を用いず、それ以外の他者にそれを使用するといった「**他者尊敬用法**」を運用する地域（東京を含む）は、身内と他人を明確に区別するといった人間関係を基調とした地域社会のあり方を示している。標準語の基盤となっている〔自分・身内〕対〔他人〕という人間関係のとらえ方は、身内はどこまでも自分と同じ単位であって、それは地位も身分も名誉も同じくするかわりに罪や責任も共同とする連座の考え方を背景にした、ウチとソトの区別を基調にしている社会である。

このように敬語は、社会のありようを言語に反映して表現する典型的な言語事象であり、敬語の研究には、ことばとことばをとりまく言語外的要因を加味して研究する社会言語学による分析が今後はより重要度を増してくるものと考えられる。

〔**参考文献**〕

井上史雄（1999）『敬語はこわくない』講談社学術文庫
井上史雄（2010）「敬語の心－敬語変化の社会的背景－」『応用言語学研究12』明海大学大学院応用言語学研究科紀要　59-70
荻野綱男（2003）「言語行動の調査法」『朝倉日本語講座9　言語行動』朝倉書店
加藤正信（1973）「全国方言の敬語概観」『敬語講座6（現代の敬語）』明治書院
菊地康人（2003）「敬語とその主な研究テーマの概観」『朝倉日本語講座8　敬語』朝倉書店
真田信治（1979）『地域語への接近』秋山書店
杉戸清樹（1992）「言語行動」『社会言語学』おうふう
中井精一（2005）「日本語敬語の地域性」『日本語学・敬語』24-11　明治書院
宮治弘明（1996）「方言敬語の動向」『方言の現在』明治書院

5 看板のことば

　宮古島東平安岬に向かう途中で、驚くような看板を見つけた。時局柄、飲酒運転追放を目的にした看板であることには間違いはない。ただ、この看板の設置にはもう少し奥深い戦略があるようにも感じる。というのも宮古島の地元の人にむけての看板ならば、いくら若者の方言ばなれが進んだとしても「（いんしゅうんてんはしない）飲酒運転ばぁすぅんどぅ」といった共通語と宮古方言の併記をする必要はないからだ。

　ことばは経済的な価値を持ち、ことばそのものが商品として売買されると考える意見がある。現代の日本では、共通語が学校教育やマスメデイアをとおして普及することで、地域方言を圧倒的な力で凌駕している。この事情は看板や書籍の広告など、目に見える景観に反映されるし、耳で聞こえる音にも表れている。ことばの使われ方のデータを収集し、さまざまな統計資料と突き合わせて分析すると、共通語と方言の勢力争いが浮き彫りになるとともに、日本社会の中央と地方の関係も見えてくる。

　生活環境を作り上げている一つの要素として「目に見えることば」も無視できない。方言の看板は、地域社会の人びとが地元に対しての郷土愛を醸成するとともに、不特定多数の受け手（読み手）のための作られた文字言語として地元の人びとと観光客との間接的なコミュニケーション行為として重要な研究資料となっている。

方言と共通語

1 方言とは

　現代日本では、共通語が改まった場面で使うよそいきのことばであるのに対して、方言はくつろいだ場面で使うふだんのことば、というような場面による使い分けがなされている。共通語は、学校やテレビ・ラジオ・新聞などの公共性の高いメディアを通じて人々に普及していくが、方言は生まれて最初に父母や兄弟、家族などから耳をとおして脳に伝わり成長とともに発達していく生活のことばという性格がある。

　一つの言語の中には、集団や属性による社会的な特徴を背景にする**社会的変種**（social dialect）や都市や地方などの**地域的変種**（local dialect）が存在する。わが国で「方言」を考える場合は、日本語のさまざまな要素の中から主に「地域差」にかかわる「地域的変種」を指している。

　「**方言**」はある特徴的・個別的な要素だけでなく、音韻も文法も含んだ、地域の言語体系全体を指してのもので、あくまで体系としてとらえなければならない。したがって、共通語と同じような形式や意味であることばも、地域の言語体系の中でとらえれば、それらは方言ということになる。たとえば、津軽方言のアシ（足）も、鹿児島方言のアシ（足）も、共通語と同じアシであるが、方言は地域の言語の体系というふうに見れば、津軽で使用されるアシは津軽方言であり、鹿児島で使用されるアシも鹿児島の方言を構成する語と言えるわけである。「方言」と似たような用語に「俚言」がある。これはたとえば東京では「ステル」と言うが、東北や北海道では「ナゲル」と言ったり、関西で「ホカス」、北陸で「ホッパル」というふうに共通語と違っていたり、特定の地域のみで使用される語を指す。

　したがって「方言差」とは究極的には体系間の差異と認識すべきで、体系を構成する要素としては、音声・語・文・文章・談話など、小さな単位のものから大

きな単位のものまでさまざまあるが、それぞれの要素ごとに個々に地域的変種が存在していると言える。

　日本は、ユーラシア大陸の東端と日本海を隔てて位置する島嶼(とうしょ)国家で、温帯モンスーン気候という恵まれた気候条件によって自然と調和した自給自足的な農耕社会が長く続いたことや海を隔てた島嶼国家であったことから、歴史的に見ても異民族との接触・交流が少なく、同質的な民族からなる国家というふうに特徴づけることができる。

　このような日本の地理的な環境や歴史的な環境によって、諸外国に比べ日本は、国内のどの地域であっても理解される全国共通語（共通語）がとても普及している。

1－1　日本語の地域差と分類

　各地で日々使用されていることばを地域ごとに分類してみる場合、音韻・アクセント・文法・語彙などに認められる特徴に注意して、方言が区画されている。

　まず、日本語の方言にはどのようなものがあるかについて紹介すれば、その分類は日本を二分する大区画から、地方や府県・郡単位、市町村単位、さらには各集落を単位とするものまであるが、その区画は言語体系全体として同質的なものが存在する地域で考えている。

　日本で方言区画を行う場合、音韻・アクセント・語法・語彙などを総合的に見わたして分類を行うが、音韻に大きなウエイトをおく欧米の分類とは、やや趣を異にしている。

　現在、日本の方言に関する分類は言語を構成する諸要素のうちどれを重視するかによって研究者間で相違が認められるが、ここでは総合性という面で代表的な東条操の分類にしたがって考えてみたい（図1参照）。

　まず日本の方言は、本土方言と琉球方言の二つに大きく分かれるというのが通説になっている。琉球方言は、ひとことで言って非常に特徴ある方言で、多くの島々の方言同士が対立の様相を呈し、場合によっては島が違うとひとこともわからないといったこともある。

　琉球方言は、大別して奄美・沖縄・先島の3方言に分類される。

　次に本土方言は、大きく東部・西部・九州の3方言に分類される。

図1　日本の方言区画（東条操（1953）より）

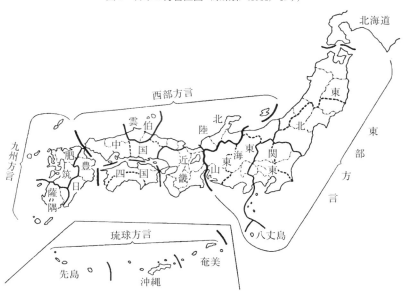

　現代日本標準語の基盤となっている東京語を含む東部方言のなかで、特に標準語と異なった特色を示すのは、東北方言である。東北方言は、音韻の面では、イとエの区別がなく中間的な音［ë］で、またシとス、ジとズなどの区別がなく、ともに中間的な音で発音される。さらにカ行・タ行の音が語中にある場合、ツグイ（机）、カダ（肩）のように濁音化する。文法の面では、推量・勧誘・意志を示す「ベー」、「東京サ行く」のように方向・場所を表す助詞「サ」の存在などが特に目にとまる。

　西部方言のなかでは、アクセントなどで東京式ときれいな型の対立を見せる近畿方言を代表的に示したい。近畿方言は、音韻の面では母音無声化が少なく、また一音節の語がテー（手）ハー（歯）のように長音化する。文法の面では、断定・打消・待遇・命令などの表現が東部方言・標準語と異なり、たとえば、エーテンキヤ〈いい天気だ〉、タベヘン〈食べない〉、タベハル〈お食べになる〉、ミー〈見ろ〉のような形となる。

　九州方言を考える場合には、著しく音韻的な特徴を有する薩隅方言や、アクセントの型の区別を持たない熊本方言などが著名であるが、語法的に顕著な肥筑方

言を対象に見れば、この方言でしばしば指摘される特色は、「赤カ」「良カ」のような形容詞のカ語尾や、「良かバッテン」のような接続助詞、「本バ読む」における目的格助詞の「バ」、「あした雨バイ」のような文末詞バイやタイの存在で、これらの事象はこの地で生活する留学生たちの日常の話題としても往々に取り上げられる。

なお、北海道の方言は、内陸の都市部では、共通語（首都圏方言）に近い方言が使用されるが、海岸部及び道南では東北方言の特徴が顕著に認められる方言が使用されていたり、関西方言など西日本方言の影響も見受けられる。つまり近世以前から続く交易ルートや近代以降の開発政策や移民といった歴史的背景が複雑に重なり合って北海道方言が形成されている。

1－2　中央と地方の差

奈良や京都、大阪といった近畿地方は、歴史的に見て長く日本の政治・文化の中心地で、「上方」という名称でそれを表現されてきた。現代のように通信手段やマスメディアの発達していなかった時代、都で流行したことばが地方に伝播する方法は、ただ人から人への口づてか、せいぜい手紙程度でしかなく、都から周辺へ、そしてさらに近隣地域へと、そのあいだを行き来する人によって次第に地方に都のことばが伝わるしか方法はなかった。つまり伝播は、地を這うようにして人の交流の速度に応じて、徐々に文化の中心地からその周辺部へともたらされたわけである。

徳川（1972）では、国立国語研究所が作成した『日本言語地図』の方言の広がりと文献による京都における使用開始時期から計算した。図2は、それを年代ごと、および方向ごとに集計してグラフ化したものであるが、時代が下るほどその速度が速くなっていることがわかる。これは交通手段の

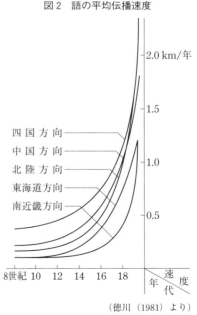

図2　語の平均伝播速度

（徳川（1981）より）

図3 かたつむり(蝸牛)　　　図4 ことばの広がりと周圏分布

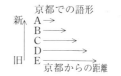

(徳川(1979)より)

発達による交流機会の増大や通信手段やメディアの発達が背景にある。

　各時代を通じた中央から地方へのことばの変化のスピードは、1年間でおよそ930mで、近畿中央部から四国への変化スピードが最も早く1年間でおよそ1,230m。次いで中国地方への1,100mとなっている。一方、南近畿地方は年速490mで最も遅い。京都から見ると、四国とは人々の往来が多く伝播速度が早いのに対して、南近畿は紀伊半島の山々にはばまれ、人々の往来が難しかったことが理由に挙げられよう。なお、近年では、同様の研究が井上(2003)でも行われている。

　ことばの伝播の様子は、水面に小石を投げた時の波紋が、中心から円を描くよ

表1　富山湾沿岸方言グロットグラム（麦粒腫）

2004麦粒種	石動	福岡	西高岡	高岡	越中大門	小杉	呉羽	富山	東富山	水橋	滑川	東滑川	魚津	黒部	生地	西入善	入善	泊	越中宮崎
70代	▼	+	□	□	□	□	▼	+	▼	+	▼	+	△	▽	+	▼	▼	▲	+	▲	+	▼	+
50代	□	+	▼	□	+	□	▽	▼	△	+	▼	+	▼	+	▼	+	▼	+	▲	+	▲	+	▼	+
30代	□	□	+	+	□	+	▽	+	▼	+	▼	+	▼	+	▼	+	▼	+	+	◆	▲	+	▼	+
10代	+	□	+	+	□	+	▽	+	▼	+	▼	+	+	⋈	+	◆	▲	N	▲	+

記号凡例：
- N　回答なし
- ⋈　KEMUSHI
- ○　MANAITA
- ◆　DEKIMONMO
- ▽　IMORA
- △　MEMORO
- ▲　MEMORA
- ▼　MEMORAI
- □　MEBORO
- +　MONOMORAI

うにして次第に周辺へと伝わるようなもので、あることばが地方に拡散している最中に、都で新たに同一の物を指す別の語が生まれれば、その新しい語が古い語を追いかけるようにして伝わっていったと想像される。したがってその状況を時間を止めて、注視すれば文化の中心地から遠いところにかつて中心地で使われた古いことばが分布し、そこから中心地に近付くにしたがってより新しいことばが分布しているという状況に気づくことになる。このように新旧のことばが何重かの円を描くようにして分布をすることをもとにことばの史的変遷過程を考える説が、柳田國男の「**方言周圏論**」で、柳田は、蝸牛（かたつむり）の方言形が、東北地方の北部と九州の西部でナメクジであったり、関東や四国でカタツムリ、中部や四国などでマイマイなどの分布から、かつて京都で蝸牛の方言がナメクジ→ツブリ→カタツムリ→マイマイ→デデムシのように変化し、新しいことばが都を中心に東西（南北）に波状的に広がり、都から遠方になるほど、古いことばが残るというふうに結論づけた（図3、図4参照）。

　方言は、地域差だけではなく年齢差にも表れる。表1では、富山県内で調査した結果をグロットグラム（一方の軸に地点を、もう一方の軸に生年（年齢）をおいて、地理的空間×時間を表示したもの）に示した。富山県の県庁所在地（富山市）で優勢な MEMORAI が、西部で優勢な MEBORO 地域に若い世代から浸透していくようすが見て取れるであろう。グロットグラムは、地点間の地域差と年齢差を同時に示すことができ、地点間の方言の変化や伝播のようすをとらえるのに用いられる。

1−3　日本語の地域差の背景

　日本列島は、本州のほぼ中央部で東西に分けられるほかに、二つの大きなクレバスが存在する。一つは北日本（アイヌ社会）と東日本のクレバス、もう一つは西日本と南日本（琉球社会）のクレバスで、アイヌとヤマトの境である北日本と東日本のクレバスやヤマトと琉球の境である西日本と南日本のクレバスは、民族の差異であるとも言えることから、東日本と西日本のクレバスに比べて非常に深

図5　方言の東西対立

（大西（2004）より）

いと言える。

　本州のほぼフォッサマグナにそう東日本と西日本のクレバスに比べては、「西船東馬」と形容されるような東日本の陸上交通と西日本の水上交通の差異やかつては東日本には馬が多く、西日本には牛が多かったという違いでもあり、それは、稲作水田の卓越する西日本と、畑作を主とする東日本の農業形態の差とも関係していると言われている。さらに社会組織の面でも、東北日本では本・分家の従属関係がきびしい、いわゆる同族結合型の社会が多いのに対して、西日本では本・分家の関係が比較的平等な講組結合型の社会が多いといった社会組織や社会の規範の差異が明確に認められている。

　日本の方言もおおよそ日本の本州を東西に分かつフォッサマグナにそって東と西に分かれることは、よく知られている。図5は、「書かない」「読まない」「見ない」などの「ない」（「否定辞」もしくは「打消の助動詞」と呼ばれる）をどのように言うかを示した地図である（国立国語研究所編『方言文法全国地図』（国立印刷局刊）のデータを利用して）。東日本には（書か）ナイが、西日本には（書か）ンが見られ、東西に分かれている様子がわかる。

　奄美や琉球などの南日本や北海道を中心とした北日本といった極めて明瞭な社会や文化背景が異なる地域以外にも、東京を中心とした東日本と近畿を中心とした西日本のあいだで、伝統的な文化や社会には、かなりはっきりした地域差があり、日本社会には明確に異質のいくつもの社会が存在してきたことが指摘されていて、それが方言の分布の意味を説明する有力なカギになっている。

1－4　方言のイメージ

　方言に対するイメージについて、北陸富山県で調査したところ、図6に示すように京都方言が圧倒的なプラス評価、東北方言が著しいマイナス評価を受けていることがわかった。この調査では、価値が高いと思う方言を三つあげてもらい、第1位に3点、第2位に2点、第3位に1点を与え、合計したものが図6の上側に、同様に価値が低いと思う方言についての合計が図6の下側に示されている。また、東京方言も若干マイナスに評価が傾いていて、「標準語と同じで面白味がない」「ありふれていて価値がない」「誰でも使えそうだから」などがその評価をマイナスに導いているようだ。「標準語で聞き取り易い」「都会っぽくてきれいな

図6 価値の高い方言・低い方言

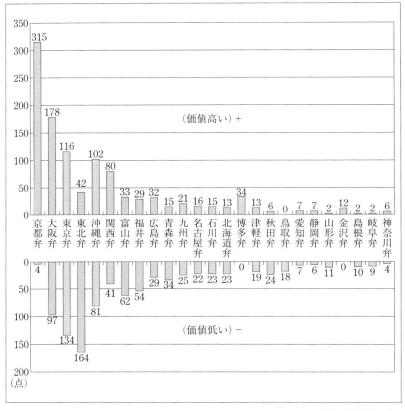

(市島 (2006) より)

感じ」などプラス評価や、伝統的な東京方言の存在を意識した「下町の雰囲気」「粋な感じ」「江戸っ子」といった意見も数例見られたが、「東京方言＝共通語・標準語」というとらえ方が東京の方言のイメージを形成している。

　沖縄方言・大阪方言については、沖縄が「聞き取りにくい」「何を言っているか理解できない」、大阪が「乱暴」「汚い」という異なった理由からマイナス評価がされている一方、両者ともに「有名」「希少価値が高い」「独特」という比較的似通った理由でプラス評価がなされている。この2方言は異なる性格を持ちながらも、個々の要素以上にどちらも「方言」として「有名」であり「独特」であると認識されているようである。

2　共通語とは

　地域に制約された言語である方言に対して、地域的制約を受けることが少なく、どこでも共通に意思を交換することのできる言語を**共通語**という。

　本来「共通語」は common language の訳語であり、原義的には異なった言語間のコミュニケーションに使われる第 3 の言語のことを指していて、東アフリカにおけるスワヒリ語などのことである。英語は世界の多くの地域で共通語として機能している。

　共通語というのは、コミュニケーションの重要な役割を果たしているという機能論における名づけでもある。

　日本で通用している「共通語」という用語は、あくまで、日本語の方言間の共通語を指すものであることに留意したい。具体的には、東京で使われることばを基盤として自然発展し、現実に全国に通用するようになったことばである。

　この「共通語」が、実用的・便宜的なものであるのに対して、**標準語**は、「一国の、規範となる言語として正式に制定されたもの」（『国語学大辞典』）であり、「共通語」を洗練し、規範性を持たせて統制、理想的に磨きあげた人工的な言語を指すものとされる。したがって、両者においては価値が異なるとされるのである（ただし、現在、学界でも一般の人々のあいだでも共通語と標準語とは必ずしも厳密に区別して用いられているわけではない）。

　日本において、共通語を上のような意味あいで使うようになったのは、戦後の昭和 24 年、国立国語研究所が福島県白河市の住民の言語調査をしたときが最初と言われる。その際、地域社会の言語生活が、従来の純粋土地ことばと、そうではないもの（東京のことばに近いが、しかし東京で一般に使われていることばとは必ずしも一致しないもの）との併用によって行われている実態を記述するうえで、この二つの対立する要素を仮に「方言」と「共通語」とに分離したのである。

　すなわち、このときの「共通語」とはあくまで、作業仮説としての用語なのであった。しかし、以来「方言」と対立し、現実に全国に通用していることばを「共通語」と呼ぶことが、国語教育界をはじめとして急速に広まった。その要因について、国立国語研究所の言語調査を主導した柴田武は、次のように記している。

考えてみるのに、このように共通語ということばが歓迎されたのは、標準語という用語にともなう「統制」という付随的意味がきらわれたためだと思われる。価値の転換が始まりつつあった戦後まもないころである。国語教育の目標が標準語から共通語に変われば、目標の達成は楽になる。共通語は、全国どこででも適用することばというだけで、特別に「洗練」された「理想的」な言語である必要はないからである。

　なお、全国どこででも通用するという意味あいで、上の共通語を「**全国共通語**」と称することがあるが、これに対して、ある限られた地域だけで方言の上にかぶさって広く行われることばがあって、これを「**地域共通語**」と称することがある。

　たとえば、和歌山県北部の一部地域では、改まった場において大阪のことばが使われることがある。この地域の話者には大阪のことばが共通語と考えられている。「地域共通語」は、このように全国的に見れば方言であるが、一定の地域においては共通語と考えられているようなことばである。

　なお、地域社会のそれぞれの個人は、場合によって、土地の方言のほかに、地域共通語と全国共通語とを持っていてそれらを互いに使い分けることがある。

　国語教育の目標が「標準語」ではなく、「共通語」にあるとされて、小学校の国語教科書にも「方言と共通語」という一課が設けられるようにもなった。そして、日常会話でも標準語の代わりに「共通語」と表現することが多くなった。たしかに、標準として正しいものを学習するというより、マスメディアや他の土地の人との接触のなかで全国に通ずることばを自然に習得するわけで、その実体は共通語と言われるにふさわしいものかもしれない。

3　方言の共通語化

　東京語を基盤とした共通語が、日本文化の画一化や都市化現象の浸透とともに全国各地で伝統的な方言形式にかわって拡大している。この言語変化は共通語化と呼ばれていて近代以降の学校教育やマスメディアによる普及・拡大によって、地域方言との言語接触がおこり、共通語への方言の干渉や方言への共通語の干渉がおこっている。

図 7　共通語化の進行
音声得点
（国立国語研究所（2014）より）

　共通語は、話者の意識の上でのスタイルとしては「標準語コード」ととらえられることが多く、話しことばにレベルを限定すれば、方言に比べて「公的」な意識を持って話されるという特徴を持っている。

　国立国語研究所は戦後まもない 1950 年に、山形県鶴岡市で共通語化の調査を実施し、その後も約 20 年おきに（1971 年、1991 年、2011 年）同様の調査を行った。

　鶴岡調査は、市民から無作為に選ばれた数百名の人々を対象に、音声・アクセント・語彙・文法などいろいろな観点から、東北弁がどの程度共通語化しているか、その実態を明らかにしようとしたものである。

　調査項目の音声についての結果から 60 年という年の経過とともにすべての年齢区分で共通語化が進み、特に若い人たちのあいだでは 1991 年調査の段階でほとんどの単語が共通語の発音になっていることがはっきりとわかる（図 7 参照）。

　真田（1990）では、関西で使用される「来る」の打消し表現に注目して、

共通語	ネヲ方言	大阪市	京都市	その他関西
コナイ	コーヘン	ケーヘン	キーヒン	キヤヘン　コン

全国共通語の「来ない」が大阪市のケーヘンや京都市キーヒンなどと接触を起こして、郊外の若年層で、来（ko）＋へん（hen）という中間形態が生じたことを指摘した。こういった中間形態は共通語との干渉を受けて生じたステイタスのあ

表2　阪神のアクセントの変化とネオ方言

		阪神（伝統方言）	東京	阪神（ネオ方言）
4類	空が、船が、針が、糸が、箸が、傘が、松が、麦が、海が、…	○○●	●○○　→	○●○
5類	秋が、朝が、雨が、汗が、窓が、春が、猿が、声が、鮒が、…	○●○		

る方言スタイルということで、「**ネオ方言（neo-dialect）**」と表現された。

　真田（1993）では、スタイル（文体）レベルとして最も高いものを「標準語コード」、最も低いものを「方言コード」とし、この中間に位置するものを「ネオ方言コード」と名づけた。そしてこれらを総称して、「地域語のシステム」と呼んでいる。このとらえ方も、地域で話されている全国共通語を方言体系のなかに含めた従来の扱い方とは一線を画しており、やはりスタイルの差に注目した新しい方言の定義として位置づけられる。二重言語生活のなかで標準語コードと方言コードを常にうまく切り換えられるというのはむしろまれであり、標準語コードの中に方言が、逆に方言コード中に標準語（共通語）が現れると考えるのが、むしろ自然である。標準語コードと方言コードの中間コードとしてネオ方言コードが存在する理由も、このあたりにあると言えよう。

　このほかにも、阪神間の若い世代のアクセント2拍名詞の（助詞をともなう）アクセントで、4類の○○●と5類の○●○が、○●○で統合するという現象があって、これも共通語との干渉で生じたネオ方言の現象であると言われている。

　関西では、第4類の名詞に「空が」「船が」「海が」「傘が」のように助詞が付くとアクセントは「が」が高くなって○○●、第5類の「春が」「雨が」「窓が」「汗が」は、○●○になって、4類と5類にアクセントの区別があった。

　4類と5類が5類のアクセント○●○に統合した新アクセントは、共通語のアクセントが4類と5類の区別のない型の統合されたアクセント体系を意識するとともに、侵入した共通語形（●○○）をそのまま受容するのではなく再度方言に

引き戻そうとする過程で生じた対応変換（○●○）して生成された新アクセントの代表事例がネオ方言と言える。

このようにネオ方言は、東京一極集中のなかで進行することばの中央化現象である共通語との接触によって生じる新しい中間言語で、共通語化ということばの画一化や一極化の流れのなかで、全国各地で広まりつつある現象と言える。

4　方言の最近の変化

4－1　気づかれにくい方言

子供のころから共通語だと思って使っていたことばが、何かの機会に方言だと気づかされるという経験は誰にでもある。また、新しく使われるようになった現代語が、地域によって言い方が異なっているということを発見し驚くこともある。篠崎（2000）は、このような「気づかない方言」を「新しい地域差」という観点でとらえて、大きく二つに分類している。

①　現代において新しく発生した地域差
②　現代において新しく発見された地域差

①で注目されるのは現代になって生まれた事物の名称に、すでに顕著な地域差が発生しているという点である。それぞれの分布状況はまた高年層と若年層とのあいだでも異なる場合があり、流動的な要素を持っている。

図8　「模造紙」〈若年層〉

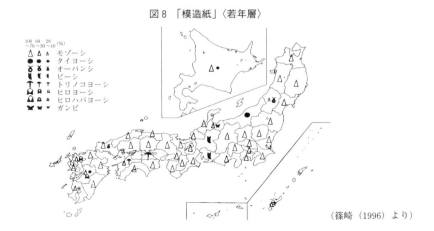

（篠崎（1996）より）

また、②は古くから地域差が存在したにもかかわらず、それが気づかれにくかったというものである。このなかには
　a．共通語と形式は同じだが、用法が異なるもの
　b．共通語と形式（用法も）が異なるもの
の 2 種類がある。

「模造紙」（図 8 参照）などは、①の典型的な例であろう。

ビーシは洋紙の判型を表す B 判に由来する語形と考えられる。

ガンピは富山だけに見られる特徴的な語形で、和紙の原料となるジンチョウゲ科の落葉低木「雁皮」のことであるとされる。

タイヨーシは高年層では新潟、福島、鳥取、高知、熊本、鹿児島に見られ、一種の周圏分布的な様相を呈していて興味深い。ある時期、中央で流行ったことの現れとも考えられるが、たまたま流通経路などの関係で周圏分布的に見えるとも考えられる。

新潟、熊本ではなお使用されているが、他の地域では共通語のモゾーシの進出によってタイヨーシは衰退してしまったようである。タイヨーシの由来については、一般名称、商標名いずれの可能性もあり未詳であるが、新潟県出身者の中には「大洋紙」と意識している人が多いようである。

4－2　新方言

一方、共通語化ということばの画一化や一極化の流れのなかで、新しい方言も発見されている。井上史雄氏が提唱する「標準語／共通語と語形が一致せず、方言という意識を持って、若い世代が使用する」という特徴を持った**「新方言」**が、全国各地で報告されている。

ウザイということばは、わずらわしいの意味を持った新しいことばであるが、井上（1985）では、八王子や国分寺などの郊外（都下）と市ヶ谷などの都心部（都区内）で、この不快感を表す、ウザイのもとになったウザッタイという語を調査した。

その結果、1980 年代には八王子や国分寺などの郊外では盛んに使われていた言い方だったが、都区内では若年を除いて全く使われていなかったということがわかった。現在、ウザッタイおよびその短縮形であるウザイは、都心部はもちろ

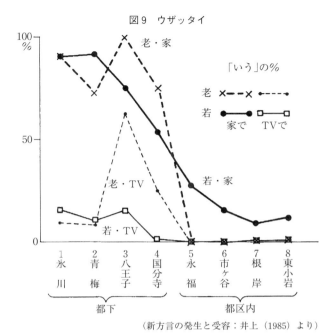

図9 ウザッタイ

(新方言の発生と受容:井上(1985)より)

んのこと、全国に広まっているが、もともとは、西関東の方言だったのが、東京の若い人たちのあいだに取り入れられ新方言として全国に広まっていった。ことばの伝播を考える場合、文化レベルの高い都市で発生し、濃い溶液が薄い溶液のほうへ流れていく浸透圧のように地方に広がるのが普通だが、新方言では、郊外や周辺都市で発生し、中心部に流入するという逆流現象も認められるということになる。

4−3 共通語運用の地域的差異

共通語は、学校教育やマスメディアを通じて、全国の人々が理解し、使用していることばの変種であるが、その内容は必ずしも一律ではないようである。共通語で使用される「絶対に、必ず、たしかに、まさか、もしかして、ひょっとして」などの副詞について、「山田さんは ○○○○○ 東京へ行きますか。」という疑問形式の文との関係について「絶対に、必ず、たしかに、まさか、もしかして、ひょっとして」などの副詞を入れて、文として成立するか否かを調査した李

(2005) によれば、東西両地域ともに真偽判断の副詞「絶対に、必ず、もしかして、ひょっとして」などは疑問形式との共起を許容し、これらの副詞の運用では地域差はない。しかしながら、副詞「きっと、もちろん、たしかに、おそらく、たぶん、よもや、あるいは」は、表3のあみかけ部分に注目すれば、西日本より東日本のほうが、共起の許容度が高く、地域差のあることが明らかになった（表3参照）。

　条件付きで共起可能な場合（△の場合）を見ても、両地域別に共起許容度に違いが生じることがわかる。たとえば、両地域ともに副詞と疑問形式との共起を許容すると判定している副詞としては「もちろん、たしか、おそらく、あるいは」があげられる。

　西日本で共起許容度が高い副詞は「たしかに、よもや」であるのに対し、東日

表3　副詞使用の東西差

地域 副詞	○ 共起可能							△ 条件付きで共起可能						
	西日本				東日本				西日本				東日本			
	石川	富山	人数	%	長野	新潟	人数	%	石川	富山	人数	%	長野	新潟	人数	%
絶対に	6	13	19	100.0	7	7	14	100.0	0	0	0	0.0	0	0	0	0.0
必ず	6	12	18	94.7	7	7	14	100.0	0	1	1	5.3	0	0	0	0.0
きっと	1	2	3	15.8	3	4	7	50.0	2	2	4	21.1	1	1	2	14.3
もちろん	1	1	2	10.5	4	4	8	57.1	2	2	4	21.1	1	2	3	21.4
さぞ	0	0	0	0.0	0	0	0	0.0	0	0	0	0.0	0	0	0	0.0
たしかに	5	9	14	73.7	7	7	14	100.0	1	3	4	21.1	0	0	0	0.0
たしか	0	1	1	5.3	0	0	0	0.0	2	6	8	42.1	5	3	8	57.1
おそらく	0	1	1	5.3	1	2	3	21.4	2	2	4	21.1	4	2	6	42.9
たぶん	0	0	0	0.0	5	2	7	50.0	1	2	3	15.8	2	0	2	14.3
まさか	1	6	7	36.8	4	2	6	42.9	1	4	5	26.3	1	1	2	14.3
どうも	0	0	0	0.0	1	0	1	7.1	0	1	1	5.3	1	0	1	7.1
どうやら	0	1	1	5.3	0	0	0	0.0	1	2	3	15.8	0	1	1	7.1
よもや	0	2	2	10.5	2	2	4	28.6	1	4	5	26.3	0	1	1	7.1
あるいは	0	2	2	10.5	2	2	4	28.6	1	4	5	26.3	2	1	3	21.4
もしかして	6	13	19	100.0	7	7	14	100.0	0	0	0	0.0	0	0	0	0.0
ひょっとして	6	13	19	100.0	7	7	14	100.0	0	0	0	0.0	0	0	0	0.0

（西日本：石川(6)＋富山(13)＝19人／東日本：長野(7)＋新潟(7)＝14(人)）　（李（2005）より）

本のほうで共起許容度が高い副詞は「たしか、おそらく」があげられる。

　学校の教科書や放送などで使用される全国共通語の副詞であっても地域ごとで語感や使われ方に違いがあって、その中身は一様でないことがわかる。

〔参考文献〕

市島佑起子（2006）「現代日本語の地域方言とその評価」『日本のフィールド言語学』桂書房

井上史雄（1985）『新しい日本語－＜新方言＞の分布と変化』明治書院

井上史雄（2003）『日本語は年速一キロで動く』講談社現代新書

大西拓一郎（2004）「方言の東西境界と富山」『日本海沿岸の地域特性とことば』桂書房

国立国語研究所（1965）『共通語化の過程－北海道における親子三代のことば』（「国立国語研究所報告」27）秀英出版

鶴岡市における言語調査研究グループ（編）（2014）「第4回鶴岡市における言語調査 ランダムサンプリング調査の概要 資料編：第1分冊「音声・音韻」国立国語研究所

小林隆（1996）「現代方言の特質」小林隆他（編）『方言の現在』明治書院

真田信治（1987）『標準語の成立事情－日本人の共通ことばはいかにして生まれ、育ってきたのか』PHP文庫

真田信治（1996）『地域語の生態シリーズ　関西編　地域語のダイナミズム』おうふう

真田信治（1990）『地域言語の社会言語学的研究』和泉書院

篠崎晃一（1996）「気づかない方言と新しい地域差」『方言の現在』明治書院

徳川宗賢（1978）「単語の死と生・方言接触の場合」『国語学』115

徳川宗賢（1981）『日本語の世界8　ことば・西と東』中央公論社

李舜炯（2005）「日本語の真偽判断の副詞と疑問形式との共起制約」『地域言語』17

6 辞　書

　辞書にはさまざまな種類がある。言葉に関して記述されているものを「辞典」、事柄に関して記述されているものを「事典」と書き分ける傾向にある。日本語に関する辞書の中にも、いくつか種類がある。いわゆる「国語辞典」と呼ばれるものには、大型・中型・小型がある。現在流布している辞書で大型と言えるのは『日本国語大辞典』（小学館）で約50万語収録、中型には『大辞林』『大辞泉』『広辞苑』等があり、約20万語〜30万語収録、小型には『岩波国語辞典』『新明解国語辞典』『三省堂国語辞典』『明鏡国語辞典』等があり、7万語〜10万語収録。それぞれ、古語を含むか現代語のみか、意味の並べ方が古い順か現在における主な意味の順か、百科項目を重視するか言葉を重視するか等、特徴がある。

　辞書は、紙辞書・電子辞書・ネット上の辞書・スマホのアプリと、さまざまな形態が存在するようになった。大型辞典である『日本国語大辞典』も、「日国オンライン」という形で提供されており、PCで引くことができる（有料であり、多くの大学では機関として契約しており、学生・教職員は無料で使用できる）。ネット上で無料で引ける辞書は、『大辞林』や『大辞泉』であることが多い。goo国語辞書は『デジタル大辞泉』を搭載しているし、コトバンクは『デジタル大辞泉』『大辞林　第三版』を引くことができる。どの辞書を引いているか自覚しないで検索するということが日常となっている。

　一般の国語辞書以外に、日本語学の専門辞書もある。「図書館と文献の調べ方」の中でも述べた『国語学大辞典』『計量国語学事典』『日本語文法事典』等である。方言、発音、表記、専門語、外来語、新語・流行語等、日本語のいろいろな側面に焦点を当てた辞書も存在する。

　コンピュータ上の処理をするために存在する辞書もある。形態素解析用辞書、かな漢字変換用辞書等である。国立国語研究所他で開発したUniDicは、形態素解析用辞書である。近代文語用、中古和文用も開発されている。

III

応用分野

日本語教育

1 「外国語としての日本語」の教育

　「日本語教育」とは、一般に「外国人を対象に日本語を教える」ことであると理解されている。しかし、どのような人にどのような教育を行っているのか具体的に知る人はさほど多くない。日本語を学習している「外国人」のほとんどはアジア圏の人々であること、**帰国子女**などの日本国籍保持者でも教育対象となること、教育の内容が国語教育のそれとは大きく異なることなどは、一般的にはあまり理解されていないのではないだろうか。そこで本章では、「日本語教育」の特徴を「国語教育」や「外国語教育」と対比させつつ概観することにする。

1－1　国語教育と日本語教育

　国語教育と日本語教育の最大の相違点は、国語教育が日本語を母語（第一言語）[*1]とする人たちへの教育であるのに対し、日本語教育は日本語を母語としない人たちへの教育だという点にあろう。

　国語教育では、教育を受け始める時点ですでに「話す」「聞く」などの基礎的な日本語力が備わっている。したがって国語教育で目指されるのは、日本語の構造や特徴を学ぶことではなく、すでにある日本語の基礎的能力を使って新しい知識や概念を学びつつ、高い表現力を身につけていくことである。心身の成長に合わせてことばの習得と概念理解が行われるため、表現したい内容と日本語の表現力の間に大きなギャップはない。

　一方、日本語教育では、日本語の文法体系や発音などを外国語として基礎から学んでいく。言語的な特徴だけでなく、日本語が使われる社会や文化的な特徴も学ぶ必要がある。すでに母語を身につけた成人である学習者の場合、概念理解が形成されているにもかかわらず、簡単な単語や表現もわからない地点から出発しなければならない。自らの持つ高度な概念や思考を言語化できない、すなわち

「いいたいこと」と「いえること」のギャップに直面しつつ学んでいるのが日本語学習者の姿であるといえよう。

　日本語を学ぶ過程で、自らの母語の特徴に影響され、それが障害となって日本語らしい日本語がなかなか使えない場合もある。これを**母語の干渉**という。一方で、母語の理解が日本語の文法体系や表現の理解に役立つこともある。

*1　母語（mother tongue）は幼少期から自然に覚えた言語を指す。日本では第一言語（first language）も同様の意味で用いられがちだが、母語とは区別して、「最も得意な言語」という定義がふさわしい。「最初に覚えた言語＝最も得意な言語」が一般的であった時代や環境では、両者の意味は近接していたが、人や文化の国際間の移動が激しい現在、それでは説明できない状況が多々ある。たとえば、日本で生まれ育った児童が両親の仕事の都合で米国に行き住み着いた場合、母語は日本語であっても最も得意な言語は英語になることがあるが、この場合「第一言語は英語」であるといえる。

1－2　日本語学習者の数と分布

　日本語学習者の状況は国内と国外で異なる。まず海外だが、1973年から国際交流基金が進めている調査によると、2015年現在、日本語教育を実施している国は130カ国、16,179機関、教師数64,108人と、近年は微増になってきたものの、増加が続いている（国際交流基金2017）。しかし学習者数は前回2012年度調査からは33万人程度減少し、3,655,024人となっている。学習者数は中国の953,283人（26.1％）、インドネシアの745,125人（20.4％）、韓国556,237人（15.2％）と続き、2009年まで1位を独占してきた韓国の減少が著しい。

　一方、国内では、日本語教育実施機関・施設等数は2,111、日本語教師数は37,962人である。学習者数は2011年度に震災の影響もあり前年度に比して大きく落ち込んだが、その後増加を続けており、大学を含む公私の教育機関全体で217,881人に達している（文化庁2016）。

　国内の学習者の国別内訳では、中国が最多の73,430人（33.7％）、次いでベトナムの44,797人（20.6％）、ネパールの10,852人（5.0％）であり、ベトナムは前年の1.3倍に増加している。出身地域別ではアジア地域が182,390人（83.7％）と最も多いことから、日本語学習者の大半は、国内外を問わずアジア系であることがわかる。

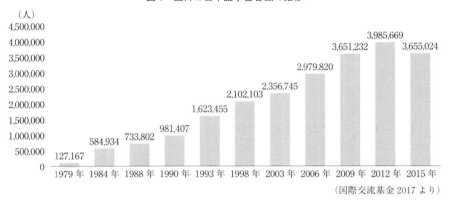

図1　国外の日本語学習者数の推移

(国際交流基金2017より)

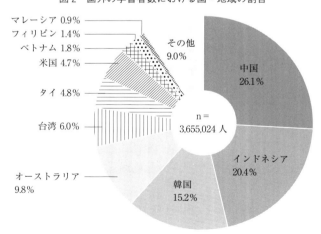

図2　国外の学習者数における国・地域の割合

(国際交流基金2017より)

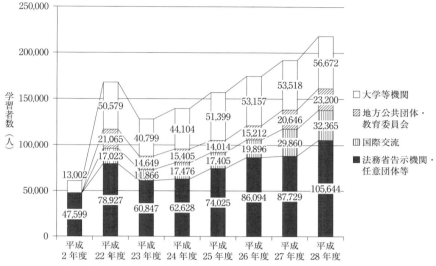

図3 日本語学習者数の推移

(注)「法務省告示機関・任意団体等」…法務省告示機関とその他（特定非営利活動法人、学校法人、任意団体等）を合算したもの。

（文化庁 2016 より）

1-3 日本語教育の対象と目標

ここからは日本国内の日本語教育を中心に説明する。

国語教育が小学校から高等学校までの生徒を対象とするのに対して、日本語教育の多くは成人を主な対象としてきた。近年はグローバル化を背景に学習者の多様化が進んでおり、仕事で駐在する外国人、中国からの帰国者家族、日本人**帰国子女**、インターナショナルスクールの生徒なども日本語を学んでいる。また、日本は外国人労働に依存する産業が年々増えており、それに伴って**定住外国人**の数も増加し、その家族に対する生活や日本語支援が欠かせなくなってきた。文部科学省（2016）によると、日本語指導が必要な外国籍の児童生徒は34,335人で、2年前より17.6％増加している。また、日本語指導が必要な日本国籍の児童生徒（帰国児童生徒、日本国籍を含む重国籍者、国際結婚家庭の非日本語母語話者など）は9,612人で21.7％増加している。

学習者の多様化に伴い、学習目標の多様化も進んでいる。たとえば、現在日本の大学で学ぶ留学生の専門は多岐にわたっており、政治経済、法律、農業など、

それぞれの専門を学ぶために**専門的な日本語**が必要な場合がある。一方、電子工学などで日本語能力がほとんど要求されず、英語で論文やレポートを書くことが認められる場合もある。またクラスやゼミでの会話や日常生活に必要な日本語を必要とする留学生もいる。

　働きながら日本語学校に通う**就学生**の中でも、大学進学を目的とする場合と仕事で必要な日本語を学ぶ場合とでは学ぶべき日本語の内容が異なる。

　定住者や仕事で駐在する外国人の配偶者にまず必要な日本語は、道の尋ね方や銀行口座の開設、体調不良の訴え方など、生活に密着した日本語である場合が多い。定住者の子弟教育では、母語を保持・継承させる**継承語教育**をも視野に入れ、国語教育と日本語教育の連携が必要になってくる。

　このように、動機と専門性の高い学習者が多かった一昔前とは異なり、日本語教育の対象学習者はひと言では語れないほど多様である。学習者の種類とニーズが多様になると、それぞれの学習者に適した日本語教育の必要性が高まる。日本語教師は、従来の教育に対する考え方や教え方の見直しをたえず求められる環境に身をおいているといえよう。

2　国内の日本語教育の特徴

　日本語教育は日本語を非母語話者に教えるという意味で、外国語教育に位置づけられる。大学でも日本語教育の専攻は外国語学部に置かれることが多く、留学生に対する日本語教育科目は、外国語科目としてカリキュラムに組みこまれる傾向がある。

　日本語教育は、厳密には「**外国語としての日本語**」（**JFL** = Japanese as a Foreign language）教育と「**第二言語としての日本語**」（**JSL** = Japanese as a Second Language）教育に分かれる。JFL は、海外など日本語が使用されない環境で行われる日本語教育である。一方、JSL は、（日本国内のように）日本語が日常的に使われる環境の中で、学習者の母語以外の言語として日本語を教育することをさす。日本にいる学習者はほぼこのカテゴリーに入るが、学習者の数全体からいえば、JFL の学習者のほうが圧倒的に多い。JSL では、日本語が実際にどのように使われているかを日々肌で感じることができる点や、学習者が自ら日本語

を使い、フィードバックが得られる機会が豊富にある点で、学習には有利な環境にあるといえよう。両者の違いは、たとえば日本人の英語学習が日本の学校教育の一環として行われる場合と、実際に英語圏に行って学ばれる場合を比較すれば、想像できるのではないだろうか。

　ここでは、日本の大学や日本語学校で行われている日本語教育の特徴を、日本における日本人への英語教育と比較しつつ考えてみる。

① 学習者の母語や社会的背景は多様

　日本の英語教育では、学習者の母語はほぼ全員日本語である。学校で勉強してきたことも類似しており学習上の問題も特定しやすい。一方、日本語教育の学習者は、それぞれ母語が異なり学習経験は質量ともに異なる。年齢や職業、興味や能力、社会・文化的背景も異なり、教育はこれを常に念頭に入れて行わなければならない。英語などの**媒介語**が使えない場合、日本語のみで教えるか、視覚的な教材を用意したり、学習者の母語による文法説明のあるテキストを使ったりするなどの工夫が必要である。

② 教室外での生活が学習に直結

　教室の外は日本語学習の宝庫である。日本人との実際の**インタラクション（相互行為）**から得るものは大きい。テレビ、ラジオ、インターネットなどさまざまなメディアを通して生の日本語と日本社会の現状を学ぶこともできる。日本の英語学習では、さまざまなメディアを容易に利用できるとはいえ、生の英語を吸収したり実際に使ってみたりする機会は限られている。

③ コミュニケーション中心の学習

　日本における英語教育では、読解や語彙・文法知識などの「理解」を重視する教育が行われ、それが「話せない」「書けない」学習者を生み出してきたといわれる。日本語教育では、コミュニケーションができることや実際に使えることが重視され、それを目標に教育が行われている。

④ 比較的少人数の教室

　クラスは多くても20～30人、少なければ数名の規模で行われることが多い。教師が一人一人の学習者の状態を把握し適切に対応することが求められる。日本の英語教育では多人数クラスからの改善が求められている。

⑤　学習意欲、要求が高い傾向

　従来、日本語教育機関や大学で学費を払いながら学んでいる場合、動機付けが高く熱心な学生が多かった。しかし学習者の種類や目的が多様化し、必ずしも日本語学習が第一の目的ではない学習者も増加している。地域でボランティア教室などが開設されて、外国人のさまざまなニーズに応えられるような教育が試みられているが、教育の頻度や質はそれぞれ異なり、学習者の日本語に対する姿勢も千差万別になってきている。

3　学習者にとって日本語とはどのような言語か

3－1　日本語は難しいか

　日本語母語話者の間では「日本語は外国人には難しい」といわれがちだが、具体的にどこが難しいかという問いには窮する場合が多い。また近年は日本語を巧みにあやつる外国人が増えているのも事実である。日本語は本当に難しいのだろうか。どこが難しく、どこがやさしいのだろうか。

　日本語の習得の難しさは学習者の母語によって異なる。たとえば、日本語の文法体系と類似する点が多い韓国・朝鮮語の学習者にとって、日本語の文法はさほど難しくなく、他の言語の学習者と比較すると習得も速い。とはいえ、漢字については中国や台湾の学習者に遥かに及ばない。これは韓国・朝鮮語の文字が現在ではハングル中心なので、漢字を新たに学ぶ必要があるからだ。一方、漢字文化圏の中国や台湾の学習者にとって、日本語の漢字は自らの漢字と類似するという点で易しいが、元の形状から変化していたり発音や意味が異なっていたりする点で難しい。文法も中国語と大きく異なるため、朝鮮・韓国語話者に比べると習得には時間がかかる。

　このように、日本語の難しさ・易しさは一律には語れないが、多くの学習者にとって難しく感じられがちなことを次にあげる。

3－2　日本語の難しさ

　まず、「話すこと」のなかでも、発音は比較的やさしいといわれる。これは子音・母音の数が世界のよく知られている言語と比較してかなり少ないことによる。

しかし「書くこと」は難しい。これは文字体系の複雑さ（漢字、ひらがな、カタカナ、ローマ字を使用し、複数の音読みと訓読みがあり、**同音異義語**が多いなど）に大きく起因している。助詞を難しいと感じる学習者も多い。「は」と「が」の使い分けのほか、さまざまな意味と役割を持つ格助詞、副助詞、接続助詞、終助詞の使い方を習得するには時間がかかる。

　このほか、敬語も難しいと考えられがちである。しかし、これは敬語の種類や表現が難しいというより、どのような場面でどのような相手にどのような表現を使うべきか、どのような使い方が効果的かといった社会文化的・**語用論**的判断をするのが難しいのである。このほかに習得が困難なものとして、**音象徴（オノマトペ、擬音語・擬態語）** があげられよう。次節から、これらの難しさと関わる日本語の特徴を具体的に見ていくことにする。

4　日本語教育からみた日本語の特徴

4－1　音声・音韻

　学習者にとって日本語の「話しことば」が比較的やさしいといわれる理由の一つに、日本語の音素数の少なさがある。母音は /i/ /e/ /a/ /o/ /u/ の5音素のみ、子音は /p/ /b/ /t/ /d/ /k/ /g/ /h/ /s/ /z/ /c/ /r/ /m/ /n/ の13音素、半母音は /j/ /w/ の2音素、そして特殊音素 /N/ /Q/ /R/ の3音素である。これは世界の言語の中でも少ないほうに属する。加えて、表1のように**音節構造**が単純であるため、発音は比較的やさしい。

　難しい点としては、特殊拍（促音、撥音、長音）、拍の感覚、アクセント、音

表1　日本語の音節構造

音節構造	例
C＋V（子音＋母音）	k＋a　か
S＋V（半母音＋母音）	j＋a　や
V（母音）	a　あ
C＋S＋V（子音＋半母音＋母音）	kja　きゃ

V＝Vowel（母音）　C＝Consonant（子音）　S＝Semi-vowel（半母音）

象徴などがあげられる。日本語のリズムを構成する拍単位の概念は、話しことばの理解に大変重要だが、多くの外国人にとっては理解・習得が難しい。

促音（小さい「っ」）の有無で意味が変わるが、その長さを感じ取れない学習者は少なくない。たとえば、「きって」［kitte］（切手）と「きて」［kite］（着て）、「しって」［ʃitte］（知って）と「して」［ʃite］などを聞き分け・発音し分けることは難しい。

撥音「ん」を入れた「あんない」［annai］（案内）を学習者が「あない」［anai］と発音しがちなのは、［an+nai］と［anai］が同様に聞こえてしまうことに起因する。日本語母語話者が1拍分として聞いている「ん」の長さを認識していないことによる。加えて、「ん」の発音が実際には後続子音の発音を受けて様々な鼻音となるということを、日本語話者あるいは日本語教師が充分に意識していない点に問題がある場合もある。

長音（長く引く音「ー」）が1拍分であるという認識も難しい。「おばあさん」と「おばさん」、「びよういん」と「びょういん」が同じように聞こえたり発音されたりするという問題が起こりやすい。

日本語は**高低アクセント**だが、それを**強弱アクセント**で発音したり、一つの語にアクセントの山を複数作る学習者がいたりする（アクセントの項 27 ページ参照）。単語を二つ合わせた複合語になった場合は、アクセントの型が変わることにも留意が必要だ。たとえば「日本大学」は、「にほん」（○●○中高型アクセント）と「だいがく」（○●●●平板型アクセント）を合わせた複合語だが、「にほんだいがく」（○●●●○○○中高型アクセント）と型が変わる。

最後に、音象徴（オノマトペ、擬音語・擬態語）で表される日本語の音感の理解は難関の一つと考えられる。たとえば、たくあんを食べるときの「コリコリ」感と「カリカリ」感はどのように違うのだろうか。胸が「キリキリ」痛むのと「ギリギリ」痛む違いをほかのことばで表現するのは、母語話者にとっても難しい。乳幼児のころから耳慣れ使い慣れた音が表象する感情・感覚の機微の違いを深く理解したり習得したりするのは、非母語話者にとって至難の業であろう。

4-2 文字・表記

日本語は「話す」のはやさしいが「書く」のは難しいといわれる。漢字、ひら

がな、カタカナの3種類の文字を書き分け、ローマ字も頻繁に使用する。これほど多くの種類の文字を日常的に使う言語はめずらしいといえる。

　非漢字圏の学習者にとって漢字は大きなハードルとなる。母語話者でさえ、書き取りを繰り返して覚える漢字は、書く機会が減ると忘れてしまう。このことは、電子メディアが普及し実際に書く機会が激減した現代、ますます危機感をもって実感されている。学習者が新聞や論説文を読めるようになるためには、2,136字の**常用漢字**程度は読み書きできる必要があるが、これほどの数を成人になって学習するのは大きな負担となる。その上、音読みと訓読みがあり、それぞれに複数の読み方がある場合も少なくない。音素数が少ないために同音異義語も多く、漢字がないと意味が同定できないことが多い。送り仮名の付け方も変則があり難しさを助長している。

　初級段階ではひらがな、カタカナの書き間違いもある。「ち」と「さ」、「ツ」と「シ」、「か」と「カ」など、形状が似ているための間違いはその一例である。また、カタカナで表記される**外来語**は、元の外国語の音とかけ離れた発音になっているものが多く、音声を聞いてカタカナに表記することも意味を理解することも難しい。

4－3　文法

　ことばの学習で中心的な役割を果たすのは文法である。しかし、日本語学習者が勉強する日本語文法は、母語話者が勉強する国語文法とはさまざまな面で異なることを認識する必要がある。

　母語話者にとっての文法学習とは、古典文法のように古典を理解するために文法規則を知る、あるいは現代語文法のように自分が使っていることばに潜む規則を自覚する、といったことであろう。特に現代語の場合、自然に使っていることばの法則を基礎から知る必要はない。

　一方、日本語学習者にとっての文法とは、いわば全く使い方のわからない機器のマニュアルの操作説明のようなものである。学習者はマニュアルを参考に、その道具の構造を理解し、使い方を学んでいかなければならない。使い方を間違えた場合は、マニュアルを読み直したり、なぜ間違いを犯したかを考え、次には間違えないようにしたりする必要がある。もちろん、母語話者の反応から誤用を自

覚し修正の必要性を学ぶこともある。いずれにせよ、母語話者が生まれたときから使い始めて、その構造や規則を無意識に理解しているのとは異なり、意識的に理解していく必要がある。

　例をいくつかあげて説明しよう。日本語は動詞が最後に来る **SOV 構造**の言語である。このことを、**SVO 構造**の言語を母語とする学習者は念頭に入れておかなければならない。

```
  SOV 構造 ＝ 主語(S) ＋ 目的語(O) ＋ 動詞(V)
  〈日本語〉   私は      朝ごはんを    食べました。
              S         O            V
  SVO 構造 ＝ 主語(S) ＋ 動詞(V) ＋ 目的語(O)
  〈英語〉    I         ate         breakfast.
              S         V           O      S＝Subject、O＝Object、V＝Verb
```

　もう一つの例を出そう。日本語は実質的な意味を示す自立語（名詞や動詞の語幹など）と、文法上の意味を示す機能語（助詞や助動詞の活用部分）が膠(にかわ)のように付着して、文の中でその語の果たす役割（文法的機能）を表す（**膠着語**(こうちゃくご)）。語順によって文法的な意味が決まる中国語（**孤立語**）や**屈折語**といわれる英語などと違って、日本語は語の並べ方が比較的自由である。その代わり、格助詞が機能語として文の意味を決めるため、どのような格助詞がどのような品詞と結び付いているのかが重要である。

```
〈日本語〉　■＝助詞　語順が変化しても、助詞が同じ場合は意味が同じ
    私は    彼を    愛しています。
    彼を    私は    愛しています。
    私は    愛しています、    彼を。
    彼を    愛しています、    私は。

〈中国語〉　助詞はなく、語順が変わることにより意味が変化
    我    愛    他    （私は彼を愛しています）
    他    愛    我    （彼は私を愛しています）
```

　格助詞以外にも、助詞では「は」と「が」の使い分けをはじめ、場所を示す「に、で、を」、条件・仮定を表す「と、たら、なら、ば」の使い分けなどが難し

い。自動詞と他動詞（例．「開く」と「開ける」）の弁別も難しい。日本語は自動詞表現を使う傾向があるといわれるが、この傾向のない母語の学習者は、他動詞を多用したり、自動詞を**非用**（使うほうが自然である所で使わない）したりする傾向がある。たとえば、日本語では「授業が始まります」の方が「先生が授業を始めます」より自然である。

　授受表現「やる、もらう、くれる」は補助動詞としても使われる（例．「教えてもらう」「行ってくれる」）が、視点の移動を伴うので、使用が難しい項目の一つである。コソアドの**指示詞体系**も習得に時間がかかる。

　日本語教育の文法や見方は、学校文法と異なるところがあるので注意が必要である。たとえば、動詞の活用では語幹と語尾のとらえ方が違う。学校文法では、「書く」は「書」が語幹、「く」が語尾とされるが、日本語教育では［kaku］を語幹［kak］と語尾［u］に分け、活用語尾が［aiueo］と五段に変化することが明確に分かるように説明する。また活用の種類を**五段動詞**・Ⅰグループ（書く、読む）、**一段動詞**・Ⅱグループ（見る、食べる）、**不規則動詞**・Ⅲグループ（する、来る）の3種類に分けて簡潔に説明する。

　動詞・助動詞の扱いも異なる。「食べた」は学校教育では動詞「食べる」の語幹「食べ」に過去の助動詞「た」が結合したものと説明される。一方、日本語教育では「食べた」は動詞「食べる」の〈タ形〉あるいは〈過去形〉ととらえられる。形容詞「赤い」は〈**イ形容詞**〉、形容動詞「静かな」は〈**ナ形容詞**〉として同じ形容詞の中で取り扱う。

　初級段階で重要な学習項目に〈**テ形**〉がある。これは動詞の連用形に「て」がついたものである。五段動詞の〈テ形〉には**イ音便**、**撥音便**、**促音便**がある。〈テ形〉は使用頻度が高く、文法的に重要な項目である。たとえば「書いて」を例に取ると、「書いてください」（依頼・命令）、「書いている」（継続）、「書いておく」（準備）、「書いてもいい」（許可）、「書いてはいけない」（禁止）、「書いてしまった」（完了・後悔）、など、後続の表現と合わせてさまざまな事柄を表す。日本語教育では〈テ形〉を初級から学ぶが、実はかなり複雑な活用規則からできている（表2参照）。先に述べた五段動詞、一段動詞、不規則動詞で〈テ形〉を形づくる規則が異なり、五段動詞では語尾の異なりによって音便の種類が異なるため、完全に使えるようになるまでにはかなりの時間を要する。

表2 〈テ系〉を作る規則

①五段動詞
・動詞の語尾が「う、つ、る」で終わる場合　⇒　促音便
　　例．買う→買って、立つ→立って、折る→折って
・動詞の語尾が「く、ぐ」で終わる場合　⇒　イ音便
　　例．置く→置いて、泳ぐ→泳いで
・動詞の語尾が「ぬ、む、ぶ」で終わる場合　⇒　撥音便
　　例．死ぬ→死んで、楽しむ→楽しんで、喜ぶ→喜んで
・動詞が「す」で終わるもの　⇒　「す」を取り「して」をつける
　　例．貸す→貸して
②一段動詞：語幹に「て」をつける
　　例．見る→見て、食べる→食べて
③不規則動詞：
　　来る→来て、する→して

　このように、日本語教育における文法は、日本語母語話者への国語教育とは異なり、学習者の習得を助ける日本語の見方と教育上の工夫が必要なのである。

4－4　ことばの運用

　文法的に正しい文が作れ、母語話者に近い発音で話せるのに、日本人に違和感をもたれたり相互の誤解を招いたりする事例がしばしば報告される。ネウストプニー（1995）以来、コミュニケーションには、**文法能力、社会言語能力、社会文化能力**が必要だといわれてきた。ここでの「文法能力」は、広い意味で使われており、発音、文字、語彙、文法などの言語の規則を理解し、それを用いて正しい文を作る能力をいう。社会言語能力とは、さまざまな人間関係の中で適切な発話ができ理解できる能力、そして社会文化能力とは、その社会の日常生活や文化生活の中のルールを踏まえてインタラクション（相互行為）ができる能力であるといわれている。発音や文法が正しくても、場面や状況に応じて適切に使用できなければ、またどのような社会的規則のもとで使われているのかの理解がなくては、コミュニケーションは円滑に行われない。

敬語を例にとって考えてみよう。敬語の種類や作り方を覚えて正確に話すのは文法能力である。それをどのような人間関係の基準（たとえば上下関係や親疎関係、ウチソト関係）で、どのような場面（かしこまった場面か気軽な場面か）で使うべきかを判断して適切な動作や表情を交えながら表現するのは社会言語能力である。これらの判断には、日本語社会における場面や物事のとらえ方、恩恵や負担のとらえ方、社会構造や人間関係のあり方などの理解からなる社会文化能力が反映することになる。

従来の日本語教育では、言語知識とその使い方に焦点が当てられる傾向があり、社会言語能力や社会文化能力は、ある程度の日本語力がついてから教えるとの考え方があった。しかしこのような能力は、初級段階から認識され、はぐくまれるべきものである。このような能力は、その文化環境に身をおくことで気づいたり身についたりする側面と、社会文化的知識として意識化することにより向上する側面とがある。学習者が教室活動以外の中で学ぶことを尊重すること、教室でも積極的に学習者の経験を取り上げることに加え、社会言語学の研究成果を積極的に活用することも大切である。また人類学、社会学、認知言語学、談話分析、会話分析などの隣接分野での成果も、社会言語・社会文化能力を身につける上で役に立つことが多い。

5 日本語の教え方

日本語教育では近年、学習者のニーズに合わせコミュニケーションを大切にした教え方の工夫がみられる。しかし日本語教育も当初は**文型積み上げ方式**を教授法の中心に置いていた。

文型積み上げ方式とは、学習者が学ぶべき文法項目を予め決定した上で、その文法の型を繰り返して練習し、その学習を踏まえて次の文法項目を導入し練習していくという積み上げ学習である。たとえば、「〜は…にあります」という構文の代入練習では、「〜」に物品を、「…」に場所を入れて練習する。「〜」に入れるものが人間や動物の場合は、「あります」が「います」になる。このような文法積み上げの教授方式や構造主義言語学・行動主義心理学に基礎を置く**オーディオ・リンガル方式**が1980年代ころまで主流を占めたが、次第に、**コミュニカテ**

ィブ・アプローチといわれる考え方が取り入られるようになっていった。

　コミュニカティブ・アプローチとは、一つの決まった教授法ではなく、学習者のコミュニケーションを重視した教育を目指すという考え方を共有する方法論全体をさす。このような考え方に則って生まれた教育のスタンスとして、**学習者中心**の教授法がある。教師が教える項目を予め決めるのではなく、学習者のニーズや目標に合わせた学習項目や方法をとるという考え方である。そこから**学習者主体**の教授法ということばも生まれた。学習者が主導的に教室活動を行ったり、学習項目や学習時間を決めたりすることをいい、教授法というより学習法というべきかもしれない。このように、学習者を学びの中心にすえる考え方は、「教師は教える人ではなく、学びを助けるファシリテーターである」という基本理念に支えられている。

　ことばは、教師がいくら教えても学習者自身が学ばない限り、学習者のものにならない。文法説明をしたり、情報を与えたりすること以上に大切なのは、学習者の学びが起こるような支援の仕方を考えることであろう。その支援を支えるものとして、日本語の知識や教育方法の知識が重要であることはいうまでもない。

6　日本語教師養成と期待される能力

6－1　日本語教師養成機関

　日本語教師の主な養成機関は、民間の日本語学校に併設されることの多い教師養成講座、大学、大学院である。民間の教師養成講座は短期（数ヶ月）のものから長期（1年～2年）のものまである。大学では、日本語教育専攻学科で4年間学ぶケースや何らかの専攻（たとえば英語学、国際学など）の副専攻として学ぶケースがある。一方、大学院での日本語教育は修士課程と博士課程がある。日本語教育に関連のある事項を深く学びつつ、教育とともに研究にも力を入れる。私学の大学院には、現職の日本語教師や社会人を多く受け入れて教育と研究の両面を育成するところも見られる。

　日本語教育専門の国家資格は現在のところ存在していない。（財）日本国際教育支援協会の主催で毎年10月に行われている「**日本語教育能力試験**」が最も信頼される検定試験であり、一定の教育能力の評価基準として機能している。このほ

か、2001年に発足した全国日本語教師養成協議会が2006年から毎年1～3月の時期に「**日本語教師検定**」試験を実施し、現場に直接かかわる実践的知識や能力を測ることを重視している。大学や専門学校で日本語教育養成講座を終了することや検定に通ることがそのまま「資格」になるわけではないが、日本語教師の能力を判断する際の基本的な基準となっているといえよう。

6－2　日本語教師の資質

日本語教師に必要な資質や技術とはどのようなものだろうか。基本的に求められるのは、日本語の知識とそれを効果的に教える力だが、このほかに、優れた教師には以下のような資質が求められているといえよう（門倉、筒井、三宅 2006）。

① 日本語を相対的にとらえられる
② 異文化間のコミュニケーションにすぐれている
③ 学習者がわからないことを噛み砕いてわかるようになるまで教えられる
④ インタラクティブな（双方向的）教育スタイルをもつ
⑤ シミュレーション、プロジェクトワークなどを含むさまざまな教育方法に習熟している
⑥ 生活面の支援を含む全人間的教育をする

　日本語教育は学習者の多様化に伴いその活動の場を広げている。さまざまな背景を持つ外国人労働者とその家族が定住を始めることによって、地域でのさまざまな取り組みが必要になっている。初等中等教育の中での子どもたちの学習支援には日本語教育との連携が強く求められている。定住外国人家族の生活全般の支援も地方自治体の中で求められており、日本語教育の知識のある職員の活躍の場が広がろうとしている。高等教育においても、近年は交換留学や協定校からの留学生が増加しているため、日本語教育のニーズは高まっている。日本人学生に対する日本語の教育にも近年は日本語教師が関わっている。高校卒業生の半分以上が大学に進む時代となり、日本人大学生の日本語力低下を憂慮する声が上がり、日本語教育担当者が日本人向けの初年次教育や言語表現教育を受け持つ機会が増え続けているのである。先にリストで示した日本語教師の資質が、日本語教育分

野のみならず、英語教育、国語教育、ひいては教育全般の中で発揮されることが期待される。

〔参考文献〕

加藤彰彦・佐治圭三・森田良行（2000）『日本語概説』おうふう
門倉正美・筒井洋一・三宅和子（2006）『アカデミック・ジャパニーズの挑戦』ひつじ書房
国際交流基金（2005）『教授法入門（教師用日本語教育ハンドブック⑦）』凡人社
国際交流基金（2017）「海外の日本語教育の現状－2015年度日本語教育機関調査」
　https：//www.jpf.go.jp/j/project/japanese/survey/result/dl/survey_2015/all.pdf（2017.07.23参照）
高見澤孟（監修）（2004）『新・はじめての日本語教育1』アスク
日本語教育学会（編）（2005）『新版　日本語教育事典』大修館書店
ネウストプニー、J.V.（1995）『新しい日本語教育のために』大修館書店
文化庁（2016）『平成28年度国内の日本語教育の概要』
　http：//www.bunka.go.jp/tokei_hakusho_shuppan/tokeichosa/nihongokyoiku_jittai/h28/pdf/h28_zenbun.pdf（2017.11.17参照）
文部科学省（2016）「日本語指導が必要な児童生徒の受入状況等に関する調査（平成28年度）」http：//www.mext.go.jp/b_menu/houdou/29/06/1386753.htm（2017.11.17参照）
山田敏弘（2004）『国語教師が知っておきたい日本語文法』くろしお出版

7 WWW（ウェブ）

　現在、さまざまな言語研究者・研究機関（大学・研究所・学会）のホームページが公開されている。内容も多岐にわたる。研究論文リスト（目録）の公開、研究論文そのものの公開、データの公開、授業資料の公開、関連サイトへのリンク等、さまざまな情報を知ることができ、有益である。

　一般の検索エンジンですぐ検索することができ、非常に便利である。日本語学に関連するサイトとしては、国立国語研究所（http://www.kokken.go.jp/）、国文学研究資料館（http://www.nijl.ac.jp/）、国会図書館（http://www.ndl.go.jp/）等が重要だし、各章で紹介したような奈良先端科学技術大学院大学（http://cl.aist-nara.ac.jp/）、京都大学の研究室（http://nlp.kuee.kyoto-u.c.jp/）のサイト、個人研究者のHPに有益な情報が載っており、ブックマークをつけておけば、ときどき訪れて情報をチェックすることもできる。

　個人情報保護法の関連で、個人情報について、非常に敏感な世の中になっている一方で、情報公開の流れが進み、いろいろな情報にアクセスしやすくもなっている。公開すべき情報と、公開すべきでない情報が、これからさらに峻別され、公開すべき情報については、より開かれていくのであろう。皆が情報を共有することで発展していく時代になっていると言えよう。

　さまざまな情報が、不特定多数の書き手から世の中に発信されるようになると、玉石混交であるということが問題となり、情報の信頼性が問われることになる。情報に発信者に関係なく、情報そのものが自然淘汰・浄化の力を有するという意見もあるが、暫くは、発信者の信頼性に頼るのが無難であろう。

　近年の発信ツールとしては、SNS（Social Networking Service）のFacebook、Twitter、LINE等が主流であるが、今後更にさまざまなツールが登場するであろう。

社会言語学

1 社会言語学とは

1−1 社会言語学とは

　社会言語学（sociolinguistics）は、言語が実際の社会において具体的にどう使われているかを探ろうとする学問である。すなわち、個人やその個人が属する集団の言語運用や言語現象を、背景となる社会とのかかわりの中でとらえようとする学問であり、言語学の研究分野の一つであると考えられている。

　言語研究は近年になるまで、言語そのものを純粋に取り出し、文法、意味、語彙、音韻などに分けて研究する傾向が強かった。しかし、ことばを使う人間が社会の中で生きている以上、ことばの成立や使用に社会や文化の影響がみられるのは当然であろう。その意味で、社会言語学こそが言語研究であるとする議論もある。ここでその議論に深く立ち入る余裕はないが、現代の複雑化する社会の中で、ことばを社会から切り離して研究するだけでは解明できない言語問題が増えている。今後、言語研究の各分野において、社会や文化に眼差しを向けた研究が深化することが期待される。

1−2 社会言語学の研究領域

　社会言語学の研究範囲とテーマは多岐にわたる。言語研究のあらゆる分野（たとえば本書の音声、語彙、意味、文法と文体などの分類）において、社会とのかかわりを分析に取り入れれば、広義の社会言語学といえる。興味・関心の傾向や方法論を狭義に絞ってみても、社会言語学の取り扱うべき現象の範囲をどこまでとするのか、研究者によって把握や理解は異なる。また、世界の社会言語学を牽引してきた欧米社会で関心をもたれやすい課題や現象と、日本での重要な課題は必ずしも一致しない。社会が異なれば問題となる言語現象も異なる。したがって、社会言語学の研究を一望することは一冊の本をもってしても難しい。

社会言語学という分野は、アメリカの Labov（1972）による社会階層と発音の関係に関する記念碑的研究をはじめとして、Fishman（1971）、Gumperz & Hymes（eds.）（1972）などの優れた論文や著書が70年代に相次ぎ、盛んになっていった。日本では、それより以前に菊沢（1933）の位相論や、第2次世界大戦後の国立国語研究所による国語の実態調査[*1]などが行われてきた伝統があった。1970年代以降は、これらの研究と欧米の社会言語学の潮流が出会い、日本の社会言語学研究が花開いていったといえよう。ここではまず、日本の研究を中心にすえた概説書（真田・陣内・杉戸・渋谷1992、真田（編）2006）を参考にしながら、社会言語学が問題にする事柄の大まかな把握を行う。

表1　社会言語学の主な研究対象・研究領域

1） 方法論（研究方法の種類と特徴、研究テーマに対する適性など）
2） 言語変種（地域差、年齢差、性差、集団語など）
3） 言語行動（場面による言語選択、敬語運用、コミュニケーション行動など）
4） 言語生活（生活環境と言葉、命名など）
5） 言語接触（方言と共通語、外来語、二言語併用、言語選択など）
6） 言語変化（共通語化、ネオ方言[*2]、移住と言葉など）
7） 言語意識（言葉の規範、アイデンティティー、差別語など）
8） 言語習得（第二言語習得、中間言語など）
9） 言語計画（国語政策、国語国字改革、日本語教育など）

（真田・陣内・杉戸・渋谷1992、真田（編）2006に加筆）

　近年、日本国内では外国人の数が増加し、他言語・他文化への関心が高まっている。とはいえ、日本語があればまずはコミュニケーションに支障がないという日本語の独占的状態が続いている。このような国内の状況では、国外において、一つの国や地域で複数言語が日常的に使用されたり、移民の流入や国境の崩壊で言語や文化が変容したりする現象が身近に起こることに想像がおよびにくい。上掲の研究領域の中で、日本語の研究にはあまり現れないトピックが、国外の社会言語学の中では重要な意味を持つこともある。**複数言語併用、ピジン・クレオール**[*3]、**言語選択**、言語維持と消滅などは、そのよい例である。また、近年では**語用論**[*4]、**ことばの民族誌**[*5]、**会話分析**[*6]など、欧米で盛んになった研究の視

点や研究方法が、日本という異なる環境を得て、新たな広がりをみせている例がある。これについては後述する。

＊1　1950年の山形県鶴岡市調査、1953年の岡崎敬語調査など、早い時期から言語使用に関する大規模調査を行い、経年でその変化を見ている。

＊2　ネオ方言とは、方言と共通語の混交形である。たとえば、博多方言では形容詞の語尾を「〜か」で表す（寒い→寒か）。形容動詞「じょうずな」は「じょうずか」というが、ネオ方言では「じょうずい」となる。154ページを参照。

＊3　ピジンとは、異なる言語を話す人々が主として商業取引のための伝達手段として利用した簡略化された補助言語である。いっぽうクレオールは、異なる二つ（以上）の言語が接触したときに異種民族間の伝達手段として生まれる中間言語がその地域の人々の母語となったものをいう。たとえばジャマイカ・クレオール。コラム（97ページ）も参照のこと。

＊4　語用論とはコンテクスト（その場の状況）に左右された発話文を扱う言語使用の理論と研究である。

＊5　ことばの民族誌はHymes（1974）が提唱した。文化・社会によって異なる言語の使用に関する規範や規則などを研究する。

＊6　会話分析は談話分析の一種で、言語活動の社会的な側面に焦点を当て、談話の中でもとくに複数の参与者間で交わされる会話を研究対象として取り上げる。発話の機能・しくみ、また談話の中に見られる社会的相互作用などを分析する。

1－3　研究の内容

上の社会言語学の研究対象・研究領域について、具体的な説明を加える。

1) **方法論**　どのような方法で研究するかに関する議論である。たとえば、ある特定の言語現象が歴史的にどのような変遷をたどるかに注目する通時的な研究、あるいは、ある時代に限ってその中の特定の言語現象に注目する共時的な研究、という研究の視点の違いがある。また、ある属性の言語使用者がどのようなことばの使い分けのレパートリーを持っているのかに注目するような**静的アプローチ**と、場面や相手との相互作用で言語使用を調整・変化させることに注目する**動的アプローチ**のような異なるアプローチがある。研究方法として、欧米は仮説を立てて検証していく型の研究が多く、日本は探索的な研究が多いともいわれる。テーマへの関心のもち方、言語現象の現れ方、背景となる社会・文化の違いなどにより、適切な研究方法が選ばれるべきである。

2) **言語変種**　同じ日本語でも、それを使う人がどのような集団に属しているか（**属性**）により使われ方には差が出てくる。言語変種は、地域、年齢、性、社会階層、職業などの属性によることばづかいの違いについて研究する。方言、男女差、ことばづかいの階級差などの研究はその一例である。
3) **言語行動**　ことばは、場面（相手、場所、話題など）によって使い分けられるとともに、相手の反応により使い分けが変化するという側面をもつ。言語行動の研究例として、たとえば相手との上下関係や親疎関係、心理的な条件、話題、メディア（電話、電子メール、手紙など）のさまざまな要因によって、ことばづかいがどのように変わるかに焦点を当てた研究があげられる。また会話におけるあいづちや相手のことばの繰り返しなどを通して、相互に協力しながらコミュニケーションを成立させている側面に焦点を当てた研究も、盛んに行われている。
4) **言語生活**　「言語生活」という用語は日本独自の概念であるといわれる。ことばをことばとしてだけ研究するのではなく、生活の中で用いられることばの姿や働きを見つめようとする考え方の研究をいう。生活環境の変化によりことばづかいがどのように変化するか、1日の生活時間の中でどのような場面にどのような言語使用が行われるかなど、国立国語研究所による「言語生活24時間調査」をはじめとする調査と研究の積み重ねがある。1951年～1988年に刊行された『言語生活』（月刊）ではさまざまなテーマが取り上げられている。
5) **言語接触**　異なる言語が接触することにより起こる現象を研究する。日本語の方言使用地域における共通語話者との接触、テレビなどマスメディアの影響による話者の変化、外来語の使用量や内容など、従来から研究が行われてきた。日本語以外の言語を使う話者（留学生、駐在員、外国人定住者など）が増加し、さまざまな場所で異言語間の接触が起きている。相互理解、相互変容などをめざした言語接触に関する研究の重要性が認識されてきている。
6) **言語変化**　言語の変遷を通時的に（時間の流れから）とらえた研究をさす。方言が歴史を経て変化する様に焦点を当てた研究や、共通語に触れた方言話者が新たな方言形式を獲得したりする変化をみる研究などがこれにあたる。また、外国人定住者、日本人の海外定住者の母語がどのように変化するかや、母語の保持・継承をどのように行っているかなどの研究も行われている。

7) **言語意識**　自己や他者のことばについてのイメージや意識に関する研究である。たとえば、自分の方言について劣等意識をもつ人もいれば誇りや愛着を強く持つ人もいる。言語意識はその人の、自己の社会に対する位置取り、アイデンティティーと関わっている。差別語を例にとれば、何を差別語とみなすか、差別語として知られるものが差別しているものとは何かなども、言語意識の研究で取り組まれる。

8) **言語習得**　幼児が言語を獲得していく過程と、言語学習者が第二言語を習得していく過程にはどのような違いがみられるのか、中間言語（学習者が目標言語を習得する途中段階で形成する、目標言語とはさまざまな点で異なる体系を持つ言語）にはどのような特徴があるのかなどを研究する。文法のルールを越えた使い方のルール（語用論的能力）、それが解釈される場としての社会・文化を理解する能力（言語文化的能力）にも注目する。

9) **言語計画**　ことばに関する人為的な計画についての議論を扱う。国語国字の改革、言文一致の推進や標準語の普及、戦前戦中における海外での日本語普及などを跡付ける研究も含む。日本語が今後どのように使用されていくべきかなど、将来の計画施策を考えるのも言語計画である。海外や在留の外国人に対する日本語教育の普及も重要な研究課題である。

1－4　社会言語学の視点

　社会言語学では、ことばの使い方が社会・文化のどの側面との関連で変化するかを探ろうとする。一人の話し手が聞き手との関係によって話し方を変える現象が見られる。あるいは同じ話し相手に対しても、場所が会議の場か飲み屋かで話し方が変わる現象がある。このような現象を考察する際には、何らかの拠り所となる基準あるいは尺度（ものさし）が必要である。表2のような要素に分解してみると解明の糸口が見つかりやすい。

　さて、社会言語学で取り組まれている研究を大まかに見ると、その中心的なテーマに**言語の多様性**と**言語と社会活動**をめぐる問題があるといえよう。

　「言語の多様性」とは、言語変種、言語接触、言語変化、言語意識、言語習得など、異なる言語がせめぎ会う中での変化や変容に関連する視点である。「言語と社会活動」とは、言語生活の研究、言語政策や国字問題など社会的な動きと深

表2 社会言語学のものさしとしての4要素

参加者の関係：話し手と聞き手、親疎、上下
状況： フォーマル・インフォーマル、恩恵・負担の有無
トピック：何について話すか・書くか
機能： 客観的な情報・心理的な情報か、目的（依頼、断わり、申し出、誉めなど）は何か

（東 2009：10-11 参照の上作成）

い関係をもつ研究があげられる。人間関係を調整するために行われる言語使用や社会規範に則った言語行動などの研究もその重要なテーマである。

次節からは、この「言語の多様性」、「言語と社会活動」の二つの枠組の中から具体的な研究を数例詳しく見る。そうして、ことばと社会の関係をダイナミックにとらえようとする社会言語学の魅力を示したい。

2　言語の多様性

言語の多様性の例として、言語変種にまつわる研究例を二つ取り上げる。話し手の属性によって変わることばの変種のことを言語変種、あるいは言語のバラエティーという。属性とは、地域、階層、性、年齢など、人が社会のなかで所属する一定のカテゴリーをさす。個々の話し手／書き手がどのような地域に住み、どのような社会階層に所属し、男女どちらの性か、どのような年齢であるかなどの属性の違いは、ことばの使い方に大きな影響を及ぼす。ことばの使い方は聞き手／読み手の属性によっても左右されることも忘れてはならない。

2－1　属性とことば

荻野（1983）は属性とことばづかいの関係を調査した早期の例の一つである。話し手は「知っている」ということを、聞き手の属性の違いによってどのように言い分けるだろうか。図1は男性、図2は女性が相手の属性ごとにどの程度丁寧な表現を使ったかを積み木グラフで示したものである。MAX の値は、データ全体の中で得られた最も丁寧な表現に対しての、男女ごとの最高値（たいてい「最

も丁寧」の値になる）を表している。図1と図2を比べると、女性のほうが男性より総じて丁寧なことばづかいをしていることが見て取れる。特に配偶者に対することばづかいは男女で大きく異なっており、夫は妻に最もぞんざいなことばづかいをするのに対して、妻は夫に父母よりも丁寧なことばづかいをしている。

　話し手と聞き手の上下関係（ここでは年齢差）と親疎関係に関しては、年齢差と親疎差が大きければ大きいほど丁寧なことばづかいをすることがわかった。しかし男女で見ると、男性は聞き手との年齢の上下でことばを使い分けるが、女性は聞き手との親疎関係で使い分ける傾向があることが明らかになった。

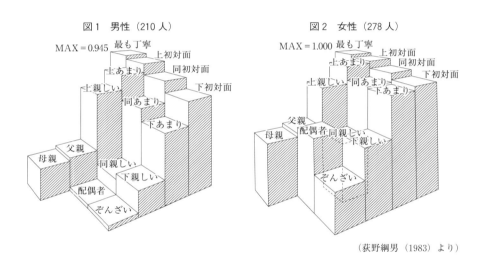

（荻野綱男（1983）より）

　調査時の1981年と現在とでは結果の傾向には異なりが見られるかもしれないが、話し手による聞き手の属性のとらえ方と言語表現の選択との関連を、待遇性の視点から明瞭に示しており、次のジェンダーとことばとも関連が深い。

2－2　ジェンダーとことば

　性差は属性とことばの関係を考える上で欠かせない研究対象である。日本語は男女差が比較的大きい言語といわれる。かねてより「女房詞（にょうぼうことば）」「郭詞（くるわことば）」などの研究が行われており、女性が使うことばが男性のそれとは異なることに注意が向けられてきた（堀井1990）が、その多くは語彙や表現レベルの分類にとどま

っていた。また一般的な女性のことばというより、特殊な環境における女性語を扱ったものが多かった。

　欧米では、1970年代のフェミニズム運動と呼応して、Lakoff（1973）を契機に性差研究が促進されていった。性には、生物学的な性（sex）とは異なる社会文化的な役割に基づく性、**ジェンダー**（gender）がある。ジェンダーとことばの研究は、性差の形成過程を問題にし、言語における性差別をなくすことが、社会における男女の不平等を改善することにつながるという主張を掲げた。

　日本では、寿岳（1979）の『日本語と女』が従来の女性語の研究を超えたジェンダーの先駆的研究として注目される。その後、遠藤（1987、1992）、井出（1997）などにより、ジェンダー研究は進展をみせていった。

　日本語の性差は男性語、女性語が別々にあるのではなく、どちらか一方の性に比較的多く使われるという相対的性差（Bodine、1975）だといえる。どちらかにしか使われない場合は絶対的性差というが、例としてはあまり多くない。ただし日本語でも、文末詞「～ぜ」「～ぞ」「～よ（"行けよ"などの命令形）」は現在でも男性的だと考えられがちである。近年、性差は小さくなっているといわれる。表3の＜例1＞、＜例2＞は東京在住の友人同士（同一の女性）の雑談である。＜例1＞には女性が比較的多く使うといわれる表現が散在するが、＜例2＞は男性同士の会話と受け取られてもおかしくない。

表3　関東圏在住の女性の友人同士の雑談（2006.10録音）

```
＜例1＞
A：牛丼食べたことある？
B：ないの
A：牛丼すごいおいしかったの
B：結構高いほうだっけ、あの中では。
＜例2＞
A：でもら抜きことば定着したら嫌だよね。
B：嫌だなちょっと。
A：これって若者ことばはなっとらんという感覚に近いのかな。
B：どうなんだろうね。
```

波線：女性が比較的多く使うといわれる表現　　下線：男性が比較的多く使うといわれる表現

<例1>の文末の「～ないの」「おいしかったの」は女性に多く使われるが、疑問文であれば男性が使う例もみられる。「すごい」や「だっけ」は女性に比較的多い程度であろう。一方、「だよね」「だな」「だろうね」はこれまで男性語として意識されていたが、現代の若い女性の雑談では頻繁に現れる。

　若者間の SNS のように、話しことば的な表現がふんだんに現れる書きことばでは、性差がさらに縮まりつつある。図3は大学生女子5人グループの LINE のトーク機能を使った会話の抜粋（バスツアーの誘いの開始～終結の抜粋）である。これらのメッセージには、女性語として意識される表現は特に見当たらない。むしろ、「①会話の始まり」のフキダシの3つ目 A「バスツアー行きてえまた」や「③会話の終結」の最後のフキダシ A「みんなが良いのであれば！完璧っすね！！！！！！」のように、一般的には男性語だととらえられている表現が現れている。「②日程が決まった箇所」の最初のフキ出し D の「かしこまりー！」や「③会話の終結」の最初のフキ出し B の「わろた wwwwww」なども男性に使われがちだととらえられている表現である。それにもかかわらず、このトークが女性によるものであると感じさせられるのは、画面の背景のデザインなどの他、絵

図3　LINE のトーク機能を使ったコミュニケーション（バスツアーの誘い）2017.6 採取

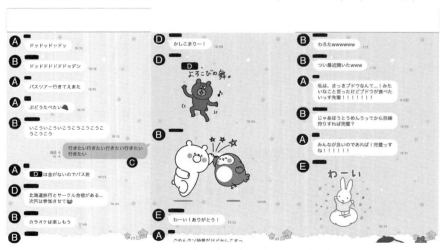

①会話の始まり　　　　②日程が決まった箇所　　　　③会話の終結

文字やスタンプの使用や選択などの要素が大きく影響していると考えられる。メディアでのコミュニケーションが日常的になった現在、言語表現に止まらないトータルなコミュニケーション行動の中で性差を見ていく必要性が高まっているといえよう。

　性差は話し方や会話スタイルのようなレベルにも存在する。男性優位の社会では、男女間の会話は男性が統御する、という上下関係の枠組みがあることが指摘されてきた。しかし近年は、男女差を優位関係の視点でとらえない会話スタイルの研究もある。タネン（1992）は、男性と女性の話し方の傾向を、**レポート・トーク**（公的な場面に代表されるような話し方）と**ラポール・トーク**（私的なおしゃべりに代表されるような話し方）[*7]にたとえ、それぞれの会話スタイルはどちらが優れているとか上位であるとかいうのではないこと、しかしそのスタイルの違いから、相互の誤解がもたらされる場合もあることを指摘した。

　以上、ことばの多様性研究の一例として、言語変種の研究を取り上げて説明した。言語変種の研究としては流行語、集団語、役割語などの研究も盛んである。

[*7]　"raport talk"を「ラポート・トーク」と表記している日本語の文献や辞書が見られる。しかし、"raport"は仏語起源の英語なので、"t"は発音されない。従って日本語では「ラポール・トーク」あるいは「ラポー・トーク」と表記するのが適切である。

3　言語と社会活動

　言語と社会活動に関する研究の例として、**対人関係**の言語行動を取り上げる。**コミュニケーション**は、話し手／書き手と聞き手／読み手の間のやりとりの往還（相互行為）を通して成り立つ。私たちは**場面**（相手、場所、目的など）に応じて適切なことばを選ぶが、同時に、相手の反応によって次の言語行動を調整するという相互的な活動を行っている。対人関係の言語行動には、背景となる社会的・文化的規範や世界観が大きく反映している。言語形式以外のさまざまな知識や能力が重要な役割を果たすのである。

3－1　対人関係認識と丁寧さ

　日本語の中に繰り返し現れる慣用的な表現を観察すると、日本語社会における

対人行動の規範が透けて見えてくる。杉戸（1983）は、話者が自己の言語行動に評価的な言及を行う言語表現を**メタ言語表現**と呼んだ。たとえば、「<u>本来ならばお目にかかって申し上げるところ、お電話で……</u>」、「<u>このような席でご挨拶するのは誠に僭越でございますが……</u>」などの下線を引いた表現である。へりくだりや恐縮の念が感じられる表現だが、前者が接触の仕方の不適切性、後者が自己の立場・能力の不適切性に言及することで、自身の言語行動を評価的に見ている。これらの表現を整理し分析することで、日本語社会の中で配慮されるべきだと考えられている要素を知ることができる。

　日本語の対人関係上の配慮で大変重視されるのが、**丁寧さ**であろう。「丁寧さ」といえば従来、敬語が連想され、人を敬（うやま）う行動であるという認識がもたれがちであった。しかし近年、敬語以外で達成される「丁寧さ」にも関心が払われるようになった。たとえば、依頼や誘いを柔らかく断りたいとき、文を言い切らない表現「<u>今日はちょっと……（都合が悪いです）</u>」を用いたり、「<u>とっても悪いんだけど、……</u>」と前置きをして断ったりする。ここには敬語が含まれていないが、これらが加わることで丁寧さが増していることがわかる。

　いっぽう、丁寧な物言いをしながらわざと相手を不快にさせる、慇懃無礼（いんぎんぶれい）という言語行動もある。また、相手と親しくなるにつれて敬語を自覚的に使わなくなったり、相手もそれに気づいて親しさを実感したりすることがある。逆に、親しくなりたくない相手にはいつまでも敬語を使い続け距離を保つという行動を取る場合もある。このように、従来社会的に遵守すべき規則としてとらえられていた敬語や丁寧なことばづかいが、対人関係調整のために使われることに注目が集まるようになってきた。すなわち、対人関係調整のための**ストラテジー**（言語使用の方略）の一つとして、敬語や丁寧なことばづかいを見る視点である（三宅2011参照）。

3－2　敬語とポライトネス

　対人関係調整の機能を考える上で重要な概念に、**ポライトネス**（politeness）[*8]がある。ブラウン&レヴィンソン（2011）によれば、人間には対人関係において2種類の「基本的欲求」がある。**ポジティブ・フェイス**（positive face、他者と親しくなりたい、認められたいという欲求）と**ネガティブ・フェイス**

（negative face、他者に邪魔されたくない、立ち入られたくないという欲求）である。その欲求に配慮することによって人間関係は保たれる。「ポジティブ・フェイス」に対する配慮が「ポジティブ・ポライトネス」、「ネガティブ・フェイス」への配慮は「ネガティブ・ポライトネス」と呼ばれる。ポジティブ・フェイスとネガティブ・フェイスは、人間の相互行為の中で常に脅かされる危険性をもっている。フェイスを脅かす行為はフェイス侵害行為（face-threatening act、**FTA** と略）と名づけられ、それを避けるために図4のようなストラテジーが用いられるとされる。

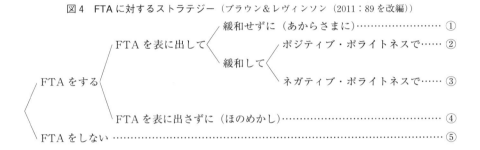

図4　FTA に対するストラテジー（ブラウン＆レヴィンソン（2011：89 を改編））

　FTA は①が最も強く⑤が最も弱い。ここで、ポライトネス・ストラテジーがどのように現れるかを具体的に説明するため、〈部屋を散らかしている子供とそれを片付けてほしい母親の会話〉を想定する。子供が自主的に片付けるのを待って母親が何もいわない場合、⑤「FTA をしない」ことになる。それ以外は、何らかの形で「FTA をする」ことになる。「片付けなさい！」と直接的に言う場合（①）、相手へのフェイス侵害度は非常に高く、人間関係が悪化する可能性がある。そこで、それを緩和させる方法として②〜④が考えられるのである。②は「いっしょに片付けようか」のように親しさに訴える表現、すなわちポジティブ・ポライトネスで言う場合である。いっぽう③は、「時間ができたら、ちょっと片付けてくれないかなあ」のように、押し付けずに心理的余裕を与える表現、ネガティブ・ポライトネスで言う場合である。最も侵害度が低いのは④である。「最近忙しそうだね」のように、ほのめかしやヒントを与え、相手が気づくのに期待する方法である。

このように、ポライトネス行動は親子や友人関係でも行われる。敬語のような上下関係・親疎関係の尺度を基準にした言語行動とは異なる。ポジティブ・ポライトネスは「連帯志向への配慮」、ネガティブ・ポライトネスは「距離志向への配慮」であるといえよう。

*8　ポライトネス（Politeness）は、「丁寧さ」とは異なる概念である。ポジティブ・ポライトネスには、たとえば冗談を言うことや、仲間内のことばを用いることが含まれている。

3-3　発話行為と対人配慮

言語行動がどのような目的のために行われるかによって、そこで選ばれる表現や配慮の仕方は異なってくる。

私たちは普段ことばを使って、感謝したり、約束したり、誘ったりという「行為」を行っている。オースチン（Austin 1962）は、このような、ことばを使って達成される行為を**発話行為**（Speech Act）と名づけた。発話行為とは、たとえば「今何時ですか」を発話することで「質問」という行為が成立することをさす。

しかし、表現の文法上の形式が発話行為の意図と常に一致しているわけではない。上述の「今何時ですか」という表現は、文末に疑問の終助詞「か」を伴なった疑問文である。それがそのまま「質問」の意図を持つ発話行為となり、文法形式と発話行為が一致している例といえる。しかし、「ペン、貸してくれる？」という表現は、同じく疑問文でありながら、「依頼」の意図を持つ発話行為であると考えられる。後者のように、文法形式と発話の意図が異なり、間接的に行為を達成するような発話行為を**間接発話行為**（indirect speech act）という。間接発話行為の表現の中には、日常生活で頻繁に使われ、慣用的な意味が定着してしまったものも多い。たとえば、「～を食べませんか」のように動詞の否定形に疑問の終助詞「か」がついた表現は、一般に疑問ではなく「勧誘」を表す。「すみません」は、本来借りを作ったことに対して「心が澄まない」、「このままでは済まない」といった意図を表したものであったといわれるが、現在では「謝罪」の慣用的表現として定着している。

間接発話行為は、ポライトネスとの関連が深い。間接的な表現が発話を丁寧に

するというだけではない。間接発話行為を使って目的が達成されれば、相手のフェイスを脅かす行為を避けることができるからである。たとえば、目上の人の荷物を持つことは、相手に恩恵を感じさせる行為になる。相手の心理的負担を軽減する方法として、「荷物をお持ちしましょうか」と相手の意思を聞いたり、「お荷物をお持ちします」と自分の意思を述べたりすることにより、相手のフェイスを保つストラテジーがとられる。このような間接的発話行為は、ネガティブ・ポライトネスのストラテジーととらえることができる。

3－4　言外の意味と丁寧さ

　私たちは、お互いの言語行動に関する一定の基準を共有し、それに従って協調的な社会生活を送っている。グライス（Grice 1975）は、これを**協調の原理**と名づけた。協調の原理に基づく会話は、以下のような量、質、関係、様態の四つの公理を遵守しているとされる。

　① 量の公理：　必要とされる情報を与え、必要以上には与えない
　② 質の公理：　真実でないこと、十分な証拠がないことはいわない
　③ 関係の公理：　関連のないことはいわない
　④ 様態の公理：　不明確、曖昧な表現を避け簡潔で順序だてた話し方をする

　相手がこの公理に反した場合、私たちはその裏に含みがあることを理解する。たとえば、上司から「今日の帰り、一杯どう？」と誘われた部下が、返答に「はあ、今日は妻の誕生日なんで……」ということがある。これは上司の誘いに直接的かつ十分に答えていない。①の量の公理に反して、情報を十分に与えていない。③の関係の公理に反して、上司の質問との関連性がない。④の様態の公理に違反して不明確である。「協調の原理」にかなう断りとしては「申し訳ないですが、今日は無理です」のような返答が期待されるのだが、これでは直接的で失礼な印象を与える。このように、日常生活の中では、遵守すべき「協調の原理」にわざわざ違反する行為がしばしば見られる。これは、相手への配慮や丁寧さが「協調の原理」より重要だと意識されるからである。「今日は妻の誕生日なんで……」と聞いただけで、誘った側が断わられていることが即座に理解できる。これは、この発話に含まれた意味が繰り返し使われることによって慣用化が進み、その意味が社会の中で共有されるようになったからである。

日本語には**言外の意味**の解釈を相手にゆだねる表現が多いといわれる。慣用化した間接的な表現や含意を整理・分析することにより、日本語社会とことばの相互的な影響関係を探ることができよう。言語と社会の関係はコミュニティーごとに異なりをみせる。自文化では当然のこととして受け入れられていたことが、他文化ではまったく通じないことも少なくない。日本語と他言語の間で比較分析することにより、単一言語の中では見えにくかった社会と言語との関係が炙り出されてくることもある。これも社会言語学の重要な課題である。

〔参考文献〕
東照二（2009）『社会言語学入門（改訂版）』研究社出版
井出祥子（1997）『女性語の世界』明治書院
遠藤織枝（1987）『気になる言葉－日本語再検討－』南雲堂
遠藤織枝（編）（1992）『女性の呼び方大研究－ギャルからオバサンまで－』三省堂
荻野綱男（1983）「敬語使用から見た聞き手の位置づけの多様性」『国語学』132
加藤重広（2004）『日本語語用論のしくみ』シリーズ・日本語のしくみを探る（6）研究社
菊沢季生（1933）『国語位相論』明治書院
ジョン・サール（1986）『言語行為』坂本百大・土屋俊（訳）　勁草書房
真田信治（編）（2006）『社会言語学の展望』くろしお出版
真田信治・陣内正敬・渋谷勝己・杉戸清樹（1992）『社会言語学』おうふう
寿岳章子（1979）『日本語と女』岩波書店
杉戸清樹（1983）「待遇表現としての言語行動－『注釈』という視点－」『日本語学』
　　Vol.2　No.7
高原脩・林宅男・林礼子（2002）『プラグマティックスの展開』到草書房
田中春美・田中幸子（編）（1996）『社会言語学への招待』ミネルヴァ書房
デボラ・タネン（1992）『分かり合えない理由（わけ）』田丸美寿々・金子一雄（訳）　講談社
ジェニー・トーマス（1998）『語用論入門』浅羽亮一（監修）、田中典子他（訳）　研究社
中尾俊夫ほか（1997）『社会言語学概論』くろしお出版
日本語教育学会（編）（2005）『日本語教育事典』（4章　言葉の運用）大修館書店
ペネロピ・ブラウン＆スティーヴン・レヴィンソン（2011）『ポライトネス－言語使用における、ある普遍現象』田中典子（監訳）　研究社（Brown, P and Levinson, S. (1987) *Politeness: Some universals in language usage.* Cambridge University

Press.）

堀井令以知（1990）『女の言葉』明治書院

三宅和子（2011）『日本人の対人関係把握と配慮言語行動』ひつじ書房

ジョージ・ユール（2000）『ことばと発話状況』高司正夫（訳） リーベル出版

ジェフリー・リーチ（1987）『語用論』池上嘉彦・河上誓作（訳） 紀伊国屋書店

スティーブン・レヴィンソン（1990）『英語語用論』安井稔・奥田夏子（訳） 研究社

Austin, J.L. (1962) How to Do Things with Words. Oxford University Press.（オースティン（著）、坂本百大（訳）(1978)『言語と行為』大修館書店）

Bodine, A. (1975) Sex differentiation in Language. In Barrie Thorne and Nancy Henley (eds.) *Language and Sex: Difference and dominance*. Rowley, Mass.：Newbury House.

Fishman, J.A. (1971) *Sociolinguistics*. Newbury House.

Grice, H.P. (1975) Logic and Conversation. In Cole P, Morgan J.L. (eds.) *Syntax and Semantics 3: Speech acts*. Academic, New York, pp.41-58.

Gumperz, John & Dell Hymes (eds.) (1972) *Directions in Sociolinguistics*. New York：Holt, Rinehart, and Winston.

Hymes, D. (1974) Foundations in Sociolinguistics: An ethnographic approach. University of Pennsylvania Press.（ハイムズ（著）、唐須教光（訳）(1979)『ことばの民族誌』紀伊国屋書店）

Labov, W. (1972) *Sociolinguistic Patterns*, pp.43-54. Philadelphia, PA：University of Pennsylvania Press.

Lakoff, R. (1973) "Language and Woman's Place", Language in Society 2.

コンピュータ言語学（日本語情報処理）

　この章では、コンピュータ言語学や日本語情報処理などといわれる分野について解説する。
　言語工学や自然言語処理などといわれることもあり、どちらかというと工学分野（その中でも情報科学分野）の研究者が研究していることが多い。しかし、日本語学の観点から見ても非常に興味深い研究がたくさんあり、実生活との関わりも深いところなので、これらの話題を概観しておくことも有用であろう。

1　翻訳ソフト

　英日および日英の機械翻訳は、すでに実用段階に入っている。英語のわかる日本人は多いから、メリットがあまり感じられないかもしれない。しかし、そんなことはない。膨大な英語文書を前にして、一体どれから読めばいいのか途方に暮れる場合がある。量とともに、そもそも自分に関係していて読むべきなのか、あまり関係なくて読まなくていいのかが区別できないという問題もある。
　一番研究が進んでいる英語と日本語の間でも、完璧な全自動翻訳はきわめて困難だが、ざっと翻訳することの意味は確かにある。英語では流し読みが困難でも、日本語なら可能で、この文書が自分に関係するものであるかどうかが判断できるからである。
　また、韓国語・中国語・スペイン語などでは、日本人にとってなじみがない場合も多く、読めない人が多いから、たとえ不完全でも、それなりに翻訳してもらえるとありがたい。そんなわけで、英語以外の言語では翻訳ソフトの利用が進んでいるともいえる。
　翻訳ソフトの利用方法は、大きく分けて二つある。一つは、翻訳ソフトを入手してきて、パソコンにインストールして使うものである。
　たとえば、富士通の英日・日英翻訳ソフト「ATLAS V14」（価格 88,000 円）

http://www.fujitsu.com/jp/products/software/applications/applications/atlas/index.html
は、英日143万語、日英143万語の大規模な辞書を搭載している。従来から蓄積されてきた大量の翻訳規則を利用していると考えられる。

　CROSS LANGUAGE社のビジネス＆科学技術分野向けの英日・日英翻訳ソフト「PC-Transer 翻訳スタジオV23 for Windows」（価格128,000円）
http://www.crosslanguage.co.jp/products/pc-transer_v23/index.html
は、300万語を超える基本辞書と、あらゆる分野を網羅した専門語辞書をうたい文句にしており、自動翻訳よりも翻訳作業の支援に重点を置いたソフトである。

　この延長上にクラウド翻訳もある。たとえば、高電社の「J-SERVER Office Biz. クラウド」
http://www.kodensha.jp/platform/jsoc/
は、翻訳ソフトなどを外部のサーバー上に置き、パソコンでは入出力などをもっぱら行う形でサービスを行っている。

　現在売られている翻訳ソフトは中国語や韓国語などとの対訳も含めると、数十種類くらいあるようだ。

　もう一つは、WWW経由で無料で使えるソフトである。細かくわければ、これは二つの使い方がある。一つは、翻訳したい文章を入力する「テキスト翻訳」で、実際は、適当な文書をコピー＆ペーストして指定する形で使うことになる。もう一つは、WWWの記事全体をそっくり翻訳しようという「ウェブページ翻訳」で、WWW内の記事のURLを指定するものである。実際には、WWW上の翻訳サイトでは両方ともできることが普通である。

　最近は、インターネットの利用者が増えているが、海外のWWWにアクセスすると、外国語で書かれたものが多く、そのままでは何が何だかわからない。そんなとき、WWWの情報をそっくり日本語に翻訳してしまおうという需要が多く、最近は各種サイトでこの翻訳機能が無料で提供されるようになってきた。

　たとえば、次のようなサイトがある。

- Google翻訳：テキスト、ウェブページ、ドキュメントを世界各国100以上の言語に翻訳する。

https://translate.google.co.jp/
- Weblio 翻訳：テキスト、ウェブページを英語、中国語、韓国語に翻訳する。
http://translate.weblio.jp/
- エキサイト翻訳：テキスト、ウェブページを世界各国の30以上の言語に翻訳する。
http://www.excite.co.jp/world/
- infoseek マルチ翻訳：テキスト、ウェブページを英語など12の言語に翻訳する。
http://translation.infoseek.ne.jp/
- Bing 翻訳：テキスト、ウェブページを世界各国の60以上の言語に翻訳する。
http://www.bing.com/translator/

　これらの翻訳ソフトの実力はどれくらいだろうか。
　国立国語研究所のサイトから例文を借りて英語から日本語に翻訳してみよう。
https://www.ninjal.ac.jp/english/info/director/
　「An inter-university research institute under the umbrella of the National Institutes for the Humanities (NIHU), the National Institute for Japanese Language and Linguistics (NINJAL) conducts research on Japanese language, linguistics, and Japanese language education with the goal of contributing to the understanding of humanity and human culture from a linguistic perspective.」
　Google 翻訳で、日本語に直してみると、以下のようになる。
　「独立行政法人国立言語科学研究所（NINJAL）の国立人文科学研究所（NIHU）の傘下にある大学間研究所は、日本語、言語学、日本語教育に関する研究を行い、人類と人間の文化を言語学的観点から理解する。」
　翻訳結果は、一昔前とは雲泥の差であり、かなり読める日本語になっている。「with the goal of contributing to」がうまく訳されずに無視されているが、意味が汲み取れるように翻訳されているだけでもすばらしい。このレベルであれば、かなり実用的に使えるようになってきているといってよかろう。

2　音声合成——テキスト読み上げソフト

　パソコン内に蓄積された各種文書を自動的に読み上げてもらえたらと思うことはないだろうか。

　たとえば、原稿が別にある場合の文書の校正のときなど、パソコンの画面と文書を比べるのはめんどうだし、プリントアウトしたものと原稿を比べるのでは紙と時間のムダになる。テキストの読み上げソフトがあれば、目は原稿だけを見て、耳でパソコンに打ち込んだものを聞くことができる。伝統的な読み合わせの方法であるが、パソコンが入力したテキストを読み上げることによって、一人でもこの方法が採用できることはメリットである。

　目に障害がある人には、この技術がとても効果的であることはいうまでもない。これを使うことでWWWの各種情報にアクセスできるようになる。

　今のパソコンは、スピーカーが標準装備であるから、テキスト読み上げソフトが活用できる場面はかなり広い。音声合成ソフトでは、パソコンにインストールして使うものがたくさんある。

　無料ソフト（フリーウェア）としては「Balabolka」
http://www.cross-plus-a.com/jp/balabolka.htm
「SofTalk」
http://www22.atpages.jp/~cncc/download/SofTalk/New/
「ちょぷり-テキストーク」
http://www.vector.co.jp/soft/dl/winnt/art/se508841.html
「JukeDox」
https://www.allegro-inc.com/products/detail.php?product_id=7#page3
などがある。

　ブラウザGoogle Chromeの拡張機能として動作する「Chrome Speak」
https://chrome.google.com/webstore/detail/chrome-speak/mgpmlgbbboameedkldbfbhoigbabcbhk
もある。ウェブページの適当な範囲を選択し、ボタンなどで起動するというような使い方をする。

　有料ソフトもいろいろ販売されている。たとえば、「マルチリンガル・スピー

キング2」（3,980円）

https://ging.co.jp/product/useful/mls2.html

「かんたん！AI Talk 3」（15,000円）

http://www.ai-j.jp/consumer/kantan3

「CeVIO Creative Studio」（6,480円〜）

http://cevio.jp/others/CCS/

などがある。

「VOICEROID＋」（数十万円〜）

http://www.ah-soft.com/voiceroid/

は、個性（キャラクター）を特徴にした音声合成ソフトである。高価だが、「VOICEROID＋ 結月ゆかり EX」であれば、Amazonで7,000円台で購入できる。

　もう少し手軽にテキスト読み上げを試す場合は、ワープロソフトなどを利用する手もある。たいていのWindowsパソコンにインストールされているWordやExcelでもテキスト読み上げが可能になっている。

https://msfl.tokyo/micorost-office-textvoice

　また、一太郎2017のプレミアム版を購入すると「詠太」というテキスト読み上げソフトがセットになっている。

http://www.justsystems.com/jp/products/ichitaro/feature8.html

　テキスト読み上げは、技術的に見ると、自動読み仮名付けの技術と、音声合成の技術が組み合わせられたものである。

　自動読み仮名付けは、基本的に辞書を充実させることで解決可能である。工夫に「くふう」と「こうふ」の読みがある（同表記異義語）とか、口腔に「こうくう」と「こうこう」の読みがある（読み方のゆれ）などの問題はあるが、周辺の語との共起関係を考えるような意味処理・文脈処理を導入することで解決は可能である。

　音声合成は、コンピュータ言語学の研究者とあまり重ならず、別の領域と意識されることが多いが、活発な研究がなされ、技術のレベルが最近急激に上がってきた。

最近は、自然な音声を作るために、入力テキストを「音素」レベルに分解してから合成するのでなく、2〜3個の音素列に対して一つの音声を割り当てるような工夫がなされている。たとえば「さかな」の場合、事前に大量のサンプル音声を蓄積しておき、その中から「sa」「ak」「ka」「an」「na」にあたる音声を取り出し、それを順次つなげるような処理を行う。同じ /k/ の音素でも、前後の母音によって閉鎖の位置も違ってくるから、音声として違うわけで、それを忠実に反映するためには、さまざまな母音との結合を一つの単位として処理するようにしなければならない。また、もっと短い時間的単位に分割して組み合わせる方法も考えられている。

　自然な音声になるためには、当然、合成音声の各語のアクセントも正しく付与しなければならないし、それらが複合語や連文節を作るときのアクセント複合規則も用意しておかなければならない。それに加えて、各種の自然なイントネーションも付け加える必要がある。

3　音声認識

　音声認識は、人間の声をコンピュータに認識させる技術である。単純にいうと、音声表現（話し言葉）を文字表現（書き言葉）に変換することである。なぜ文字表現にするかといえば、二つの応用分野が考えられる。一つは、人間がコンピュータ（機械）に音声で命令を伝えることである。それができると、人間側の負担が小さくなると考えられている。すでに、人間はキーボードやスイッチ、マウスなどを通じてコンピュータに命令を伝えているが、命令伝達手段を音声に置き換えようというねらいがある。もう一つは、人間の音声を文字に変換し、文字を（データとして）コンピュータで処理しようということである。すでに文字による莫大な情報が蓄積されているので、音声表現と文字表現が一致しているとわかることで、そのような情報に簡単にアクセスできることになる。

　音声認識に関しては、すでにいろいろな応用例がある。たとえば、ワープロ入力をキーボードでなく音声で行うという考え方から、「Voice 一太郎 9」が 1998 年に発売されている。個人的に使ってみた経験では、正確な音声認識にはほど遠く、ストレスを感じるレベルだったことがあり、さらに、ワープロソフトの使い

方として、一連の文章を連続して入力していくのでなく、少し入力しては画面を見て考え、修正を加えることが多く、ソフトが想定した使い方ができなかったことがあった。ある部分は実用化したともいえるが、多くの人が使うものにはならなかった。

最近では、アップル社のiPhone 4S（iOS 5）に搭載されたSiriがある。2012年からは、日本語でも使えるようになっている。スマホが音声で操作できるという触れ込みであるが、スマホに合わせて次々にバージョンアップしている。最新版の性能はいかほどであろうか。

4　形態素解析

日本語はどんどん電子化されるようになってきた。書き言葉でいえば、電子メールでやりとりされるメッセージが電子化されたものの代表である。こういうのをコンピュータで処理するとき、文字列（文字がつながったもの）として扱われる。しかし、さまざまな加工を考えると、文字単位では扱い方がむずかしい。やはり、単語単位で行いたい。

そんなとき、文字列を単語単位に分けていくソフトが使われるようになってきた。わかりやすく言えば、分かち書きしてくれるソフトである。コンピュータ言語学の分野では、分かち書きのことを「**形態素解析**」と読んでいる。なぜそう呼ぶかというと、二つほどの理由がありそうだ。第1に、文字列を分割した結果は「単語」の列ではなく「形態素」の列だということである。接頭辞や接尾辞は切り離されることが普通である。したがって、単語に分割しているのではなく、形態素に分割しているのである。第2に、文字列を単に形態素に分割するだけでなく、それぞれの形態素にさまざまな情報が付加されるということがある。品詞が付くのは当然だが、読み、語種、活用の種類、活用語の場合の原形（終止形）などが一緒に表示される場合もある。そこで単語の切れ目を示しているだけではないということで形態素解析と呼ぶのが一般的である。

最近は、形態素解析の精度が上がってきて、間違いが少なくなってきた。解析結果が全部正しいというわけではないが、実用的に使えるレベルになっている。そのため、さまざまな文字データを形態素解析して、単語列に直し、単語単位の

集計を行うようなケースが増えている。

　形態素解析ソフトの一例としてフリーウェア「MeCab（和布蕪）」の Windows 版を取り上げよう。

　MeCab のサイト

http://taku910.github.io/mecab/

からファイル mecab-0.996.exe をダウンロードし、これを起動してパソコンにインストールすると、デスクトップ上に MeCab のアイコンが置かれる。これを起動して適当な文をコピペしてみよう。「日本語はどんどん電子化されるようになってきた。」を入れると、図1のような結果が出力される。

図1　MeCab の出力結果

```
日本語	名詞,一般,*,*,*,*,日本語,ニホンゴ,ニホンゴ
は	助詞,係助詞,*,*,*,*,は,ハ,ワ
どんどん	副詞,助詞類接続,*,*,*,*,どんどん,ドンドン,ドンドン
電子	名詞,一般,*,*,*,*,電子,デンシ,デンシ
化	名詞,接尾,サ変接続,*,*,*,化,カ,カ
さ	動詞,自立,*,*,サ変・スル,未然レル接続,する,サ,サ
れる	動詞,接尾,*,*,一段,基本形,れる,レル,レル
よう	名詞,非自立,助動詞語幹,*,*,*,よう,ヨウ,ヨー
に	助詞,格助詞,一般,*,*,*,に,ニ,ニ
なっ	動詞,自立,*,*,五段・ラ行,連用タ接続,なる,ナッ,ナッ
て	助詞,接続助詞,*,*,*,*,て,テ,テ
き	動詞,非自立,*,*,カ変・クル,連用形,くる,キ,キ
た	助動詞,*,*,*,特殊・タ,基本形,た,タ,タ
。	記号,句点,*,*,*,*,。,。,。
EOS
```

　形態素ごとに1行になっており、最後には「EOS」つまり End Of Sentence が表示される。各形態素の右側にさまざまな付加情報が付いている。最初の二つが、品詞の大分類と小分類であることは明らかである。

　学校文法の品詞とは若干異なるところもあり、たとえば「れる」が助動詞ではなく「動詞,接尾」となっている。「よう」は「名詞,非自立」となっている。し

かし、このように加工してくれれば、そのあと、自分で適宜修正しながら使ってもいいのではないか。

　このような形態素解析ソフトは、コーパスを対象とした言語調査のツールになりつつある。コンピュータ言語学が日本語学に役立っている一側面である。

5　コーパス

　コーパスとは、書かれたことば、話されたことばを大量に集めたものである。古くは、紙媒体のものもコーパスと呼んでいたが、現在は、電子媒体に限定されている。電子媒体は検索（さらには検索結果の処理・加工）に適しているからである。

　現在、実用的に使える最大のコーパスは、2011 年に国立国語研究所が開発・公開した「現代日本語書き言葉均衡コーパス」（BCCWJ）である。http://pj.ninjal.ac.jp/corpus_center/bccwj/

　このコーパスは 1 億語を収録している。1 億語というのは、相当大規模のように感じられるが、いざ検索してみると、用例数としては不足を感じることも多い。

　コーパスの名前のうち、「現代日本語」「書き言葉」は普通に理解できるだろう。「均衡」とは、現代日本語の書き言葉の全体を代表するために、バランスを考えていろいろな資料を収録しているということを意味している。

　最も簡単には、少納言という検索システムを通してオンラインの形で利用することができる。たとえば「油を売っている」を検索すると、図 2 のように 3 件検索される。

　図 2 では、文字通りの意味の例と慣用句としての意味の例の両方が検索されている。

　1 億語でも不足を感じる人は、WWW を検索することが可能である。Yahoo! や Google の検索エンジンを使えば、WWW の膨大なデータがコーパスとして使えるようになる。たとえば Yahoo! で「"油を売っている"」を（両端に半角の二重引用符をつけて）検索すると、約 254,000 件が検索される。ただし、WWW は、先頭の数百件しか実際には見ることができないし、検索件数は不安定だし、品詞などの付加情報が付いていないし、記事が削除されたりして後日用例が確認

図2　BCCWJ の少納言による検索結果の例

できなくなるなどの問題点もある。

　コーパスは、研究目的に応じてさまざまなものが開発されている。最近は形態素解析された上で公開されているものが多い。コーパスは、日本語研究に直接役立つ資料であるとともに、その作成にあたってはコンピュータ言語学の知見・手法・経験が活かされている。

6　コンピュータ言語学の目標

　コンピュータ言語学の目標は、コンピュータに言語を教えて、言語を処理させることである。

　日本語を教え、処理させることは、コンピュータ日本語学と呼んでもいいはずだが、そういう言い方はあまり耳にしない。言語ごとの違い以上に、研究方法論の違いが大きいので、言語別の研究対象というものを意識しないからであろう。また、この分野では、日本人研究者の研究対象の言語がほぼ日本語と英語に限られ（特に日本語が多く）、留学生の場合にはそれに母語が加わる程度であるため、コンピュータ言語学とはつまりコンピュータ日本語学であるかのようなとらえ方

がなされるということもあるだろう。

　コンピュータに言語を教える場合、コンピュータの特性に注意しなければならない。コンピュータは常識も何も持っていない。推論の能力もないに等しい。したがって、言語のすべてを（また、場合によっては言語の周辺に関することも）網羅的に細かく教えることが必要になってくる。この点では、すでに母語を持ち常識を持ち、多様な能力を持っている（しかし日本語をまったく知らない）人を対象とする日本語教育の場合と一部似ており、一部違っている。

　コンピュータは、一方で、無限ともいえるほどの記憶装置（メモリ）を持っている。何でも教えるとなると、メモリが不足するのではないかなどと心配する必要はない。すべてを覚え込み、忘れることはけっしてなく、しかも過去に教えたことは短時間に探し出せるようになっている。そこで必要になることは、言語の徹底的な記述である。何百万語の辞書でも楽々覚えてしまうし、何万個ものルールで構成される「指示書」（プログラム）でも、問題がない。何でもかんでも、記述してコンピュータに教えなければ、何も始まらないが、コンピュータは一度教えたことを忘れないという特性は、ある意味で望ましい学習者のモデルともいえる。なぜならば、いわれたとおりに忠実に行うからである。コンピュータが間違ったことをするのは、実は教えたことが違っていたからであり、その意味で教える側の問題なのである。

　徹底的な言語の記述は、やさしい面もあり、むずかしい面もある。

　何でも記述するということは、記述量が膨大になるということに通じる。これはむずかしいように思えるが、実はそうでもない。もしも、間違ったことを教えても、それは、あとから直すようなことをすればいいのである。以前の記述に対して修正を加えていけばいいということでは、間違いを恐れずに取り組めるということであり、その点では楽である。

　かなり前の話だが、古いワープロを使っていたときに、「いった→行った」という変換ができないケースにぶつかった。ずいぶんひどいものだが、あるとき、このワープロで入力を間違えて「いいた」としたら「行いた」に変換してしまった。これで、内部の活用処理が推定できた。このワープロでは、「行く」の活用を単純なカ行五段活用として処理していたのである。「書く」や「歩く」の活用と比べると、「書かない、書きます、書くとき、書けば、書け、書こう、……」

などでは「行く」も同じ活用をしている。しかし、「て」や「た」につながるときは、「書いて」や「書いた」というイ音便の形になるのがカ行五段活用だが、「行く」だけは例外的に「行って」や「行った」という促音便の形になるのである。つまり、活用が別なのである。こういうふうに、間違いをやったとしても、ワープロを使っているうちにわかるし、間違いがわかったら、命令を書き換えれば次回からは間違わなくなる。その点で着実に進歩するのであった。

　こういう手直しを積み重ねていくときに、本当の問題は、ルールが複雑すぎて、人間にも手に負えなくなってしまうという問題である。非常に複雑なシステムを人間が作るとなると、人間の特性上、必ず間違いが入ってしまうことになるが、このような間違いの訂正が困難なのである。

　しかし、近年は、人工知能的アプローチが使われるようになってきた。人間がコンピュータに教えるのではなく、コンピュータが自分で学習していく手法である。人間が用意するべきは学ぶ対象の大量データということになる。

7　日本語学とコンピュータ言語学の関連

　言語現象を全部記述し尽くす態度は、コンピュータ言語学にも日本語学にも通じるものである。

　この点で、コンピュータ言語学と日本語学は共通の目標を持っているともいえよう。では、今までの研究史を振り返って見ると、両者の関係はどんなものであったか。残念ながら、共同研究などの協力関係はあまり成立してこなかった。

　コンピュータ言語学の研究者から日本語学を見ると、日本語学は、あまり網羅的な記述に傾注してこなかったように見える。日本語学では、むしろ、各研究者がおもしろいと思う現象に着目して分析する傾向が強かった。たとえば、アスペクトやモダリティに関しては日本語学（特に文法論）は多くの研究の蓄積がある。しかし、たとえば日付の表現はまったく研究されていない。研究する価値がないかのように考えられたからである。「2017年9月1日」というような西暦の表現は、実にきちんとした規則性を持っている。最初の数字はいろいろだが、今ならば2017という数字が多く、またそれよりもやや小さい数字が現れることが多い。次に「年」がきて、次の数字は1から12のいずれかであり、次に「月」がくる。

次の数字は 1 から 31 のいずれかであり、しかも、2 月ならば 1 から 29 に限定され、4 月ならば 1 から 30 に限定される。最後に「日」がきて日付の表現が成り立つ。しかし、こういう事象は、あまりにも当たり前すぎて、日本語学としてはおもしろくも何ともなく、研究の価値がない。一方、コンピュータ言語学では、たとえ当たり前であっても、そういうルールを記述しておかないと文書中の日付の表現を日付と理解し、処理することができなくなるから、記述の一部に取り込むのは当然である。これはあくまで一例だが、似たようなことはいくらでもある。

　日本語学の研究者からコンピュータ言語学を見ると、「処理」のハードルが高いように見える。日本語の規則を作り上げること自体はいいのだが、コンピュータ言語学としては、それをコンピュータに組み込んで実際に処理できることを示すことが求められる。そうなると、プログラミングをはじめとするさまざまな「処理技術」が必要となり、日本語学の研究者ではかなり困難になってしまう。

　しかし、このような蛸壺に入っているような状態は好ましくない。コンピュータ言語学の研究成果を見てみると、参考文献として日本語学の先行研究が挙げられることも多く、日本語学の成果を活かしつつ今の研究を進めようとしていることが見て取れる。コンピュータ言語学の処理手法は、データの収集の面でも活用でき、日本語学の研究をすすめるためにも有用である。今後は、両分野の学際的な協力関係が望ましいことは明らかである。その場合、日本語学が理論的研究（基礎的研究）とすれば、コンピュータ言語学は実験的研究（応用的研究）に該当すると考えられる。

　コンピュータ言語学では、実験ができることが特徴の一つである。コンピュータにさまざまなことを教えた結果、コンピュータがどう振る舞うか確認できるわけである。これによって、与えたルールの正しさが検証できる。つまり、コンピュータ言語学は、日本語学にとって「**実験言語学**」の一つの立場を体現していると見られる。

　コンピュータ言語学では、日本語の言語体系を扱うことが主な視点であった。機械翻訳や検索サービスなどの応用面でも、まずは言語体系として扱う必要があったからである。しかし、今後は、それとともに言語行動面も扱う必要が強まる。人間が日本語で命令することができ、また自ら日本語を話すロボットの研究がその典型である。そういうロボットは、人間と同じように日本語が扱える（言語行

動ができる）ことが理想である。そのためには、人間の言語行動を観察・記述し、コンピュータに教えることが必要である。コンピュータ言語学と（言語行動を扱う）社会言語学の融合である。この方面の研究がますます進むことが期待される。

〔参考文献〕
荻野綱男（2014）『ウェブ検索による日本語研究』朝倉書店
奥野陽他（2016）『自然言語処理の基本と技術』翔泳社
奥村学（2010）『自然言語処理の基礎』コロナ社
黒橋禎夫（2015）『自然言語処理』放送大学教育振興会
黒橋禎夫・柴田知秀（2016）『自然言語処理概論』サイエンス社
言語処理学会（編）（2010）『デジタル言語処理学事典』共立出版（CD-ROM付）
高村大也（2010）『言語処理のための機械学習入門』コロナ社
土屋誠司（2015）『はじめての自然言語処理』森北出版

心理言語学

1 心理学と言語学の関連——心理言語学とは

　心理学と言語学にまたがる学際領域・境界領域があると意識され、それが**心理言語学**（psycholinguistics）ないし**言語心理学**（psychology of language）と呼ばれている。心理言語学は言語学分野から、言語心理学は心理学分野からの呼び名であるという程度の違いであり、研究者の学問的背景は異なるものの、両者の研究領域、研究内容、研究方法などは重なっている部分が多い。

　言語の研究が心理に関わるとはどういうことか。社会言語学の章でも言及したように（180頁）言語の話し手はさまざまな言語意識を持っている。言語全体に対するイメージのような場合もあるし、単語一つ、ことわざの一つ、相手に投げかけるあいさつ表現一つに対しても適切だ／適切でないなどのいろいろなイメージを持つことがある。このようなイメージは、言語そのものではないが、言語の話し手が心の中に持っている意識であり、心理的現象である。言語行動の全体をとらえようとすると、このような心理的現象まで手を伸ばして言語との関連を解明する必要がある。

　なお、言語研究者が「心理言語学」というときの「心理」は必ずしも「心理学」ではなく、より広いものを指している場合がある（直接には心理学のテーマになりにくいものがある）ことに注意してほしい。

　一方、心理学は、心と行動についての法則を、科学的な方法論に従って見つけ出すものであり、感覚知覚、行動、知能、感情などを扱う分野である。心理学の重要な一分野に「学習」があり、母語の学習や第二言語の学習は心理学研究者のかっこうのテーマである。これは、言語を扱うものであるため、心理言語学の一部と考えることができる。また、心理学の研究者は、実験などを通じて客観的かつ数量的にデータを扱うことにたけているため、しばしばその方法論を用いて言語研究そのものにアプローチする場合もある。言語研究者から見れば、それはま

さに言語研究であるが、心理学研究者はそれを心理学の一部ととらえ、言語心理学とみなす場合がある。

　こうして、心理学と言語学の両方の分野から学際領域に関するさまざまな研究が行われてきた。ここでは、それらの研究の一端を紹介しよう。

2　心理を扱った日本語研究

　ここでは、日本語研究の側から心理を扱った研究例を眺めてみよう。

　聞き手に対する敬語は、相手との**心理的距離**の表現とみなすこともできる（井出祥子他 1986）。相手を近い存在ととらえる場合にくだけた言い方ができ、遠い存在としてとらえる場合に改まった言い方をすることになるというわけである。相手との心理的距離が決まれば、それに応じた適切な敬語形式の選択も自ずと可能になるだろう。では、相手との心理的距離はどのように測定したらいいのだろうか。これが難問である。「心理的」とは、つまり、話し手の心の中の問題であるから、外部から客観的に測定することはできない。このテーマをきちんと追求しようとすると、心理学の研究領域に足を踏み入れることになる。

　図 1 は、井出祥子他（1986）が示すものだが、日米の大学生（日本側 525 人、アメリカ側 490 人）が日常出会う人をどのように位置づけているかをたずねた結果である。日本では「顔見知りの学生」をかなり低く位置づけるのに対し、アメリカでは「acquaintance in a class」をさほど低くは位置づけないなどの違いが見て取れる。

　井上史雄他（1985）は、中学生の**性格**の違いによって新しいことばを受け入れるかどうかが違っていることを示している。たとえば、図 2 では、中学生 758 人に性格検査を行い、外向型か内向型かで 7 グループに分け、それぞれのグループが新しい表現（チガカッタ）を使うか使わないかを調査している。外向型の性格の中学生は内向型の性格の中学生よりも新しいことばを積極的に取り入れ、自分で使う傾向がある。「性格」は、もともと心理学分野で研究されてきたのであるが、この場合は、それがことばの普及過程に関わっているということが明らかになった。

　オズグッドが提案し、心理学分野で発達した手法として「**SD 法**」（Semantic

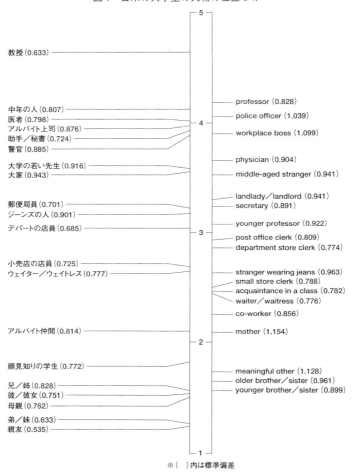

図1 日米の大学生の人物の位置づけ

※（ ）内は標準偏差

Differential method＝意味微分法）というのがある。SD法では、形容詞の対（新しい⟷古い、重い⟷軽い、など）を10〜20個ほど用意し、評価対象（「母」や「父」といった単語だったり、東北弁や京都弁などの方言だったりする）に対して、個々人がどのような印象を持つかを尋ねる方法である。形容詞対の間は1から7の7段階程度（中間が4）の尺度として回答してもらうことが多い。回答者は、数十人〜数百人が普通である。その後、全回答者分の平均値を計

図2 外向型・内向型の性格とチガカッタを使うか否かの関連

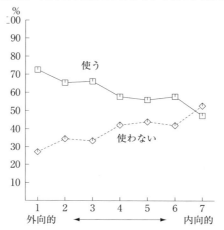

図3 札幌の大学生による四つの方言の評価

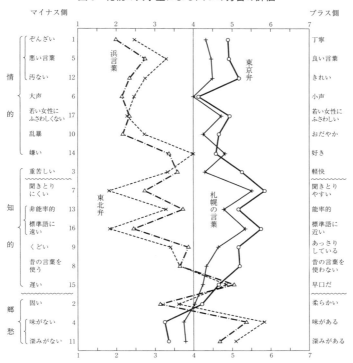

算して、もとの評価対象が形容詞対であらわされる 10～20 個の「意味」のどのあたりに位置するかを調べる。さらには、因子分析法を適用して形容詞対をいくつかの因子にまとめて、それとの関係で評価対象を比べたりする。こうして、元の評価対象の「意味」を形容詞対 10～20 個であらわしたと考え、これを SD 法と名づけた。この手続きによって、「母」と「父」の違い、あるいは東北弁と京都弁の違いが客観的に測定できる。しかし、形容詞対は、必ずしももとの測定対象の「意味」をあらわすとは言い難い。むしろ「イメージ」や「ニュアンス」といったものを求めたといったほうがいいだろう。SD 法は、そのようなものを客観的に求めるための手法と考えた方がよい。

　図 3 は、井上史雄（1977）が示したもので、札幌の大学生が北海道の沿岸部で話される浜言葉など 4 種類の方言をどのようにイメージしているかが見て取れる。東京弁と札幌の言葉は似たようなものとしてとらえられ、浜言葉は東北弁に近いものと考えられている。

　竹内晴彦（1991、1997）は、日本語の程度表現「かなり良い」や「まあまあ良い」を取り上げ、これらの語句に対して人が抱く心理的距離感を計測している。これは、人間の感覚としての「意味」を明示的に示したものととらえられよう。

図4　各表現の指し示す範囲

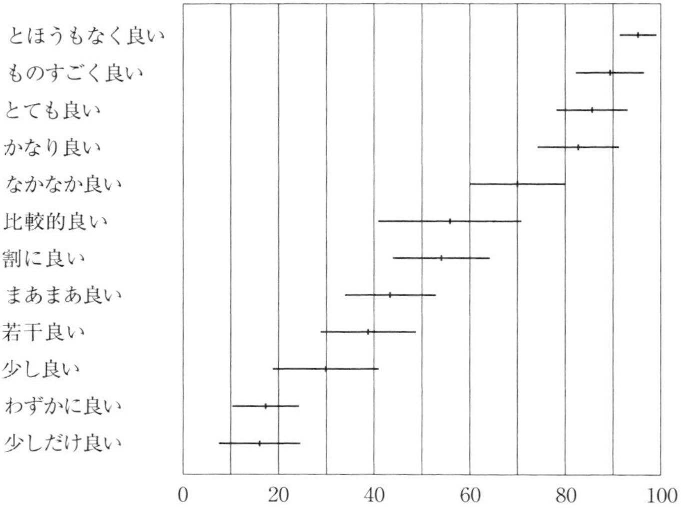

図4は、竹内晴彦（1991）から引用したが、それぞれの言語表現が−100（非常に悪い）から100（非常によい）のどのあたりに位置するかを大学生16人にたずねた結果である。回答者には、下限値、上限値の他に中心値も答えさせている。

3　言語習得

子供が母語を習得する過程は、言語学でも心理学でも研究されてきた。

言語学分野では、子供が獲得する言語がどんなものなのか、特に子供の言語が大人の言語とどう違うかということから言語一般の特徴を探ることに興味と関心があった。

たとえば、子供は「血が出た」ことを「ちがが出た」といったり、「蚊に刺される」ことを「かにに刺される」といったりする。これは特定の子供の話ではなく、かなり多くの子供に見られる現象であるが、この現象は日本語の中で1拍語形が不安定なこと（宮島達夫1982）と関連していると考えられる。

国立国語研究所（1980）は、幼稚園の子供たち225人に**反対語**の一方を与えてもう一方を答えさせている。すると、表1のように、「短い」の反対としての「長い」は、「長い」の反対としての「短い」よりも答えが多く返ってきた。

これは、高い−安い、厚い−薄い、広い−狭い、などでも同様であり、つまり、積極的な性質を求める方がその逆よりも正答率が高くなったのである。この現象は、日本語の中の形容詞の意味の基本性と関わるであろう。「長さ」といえば、対象が長い場合も短い場合もいえるのであり、つまり中立的な意味を持つ。しかし、「短さ」といえば、対象が短い場合しかいえない。「広さ」も「厚さ」も同様である。このような言語体系のわずかなゆがみと子供の言語習得の順番が一致しているというのは興味深い。

子供は、1語文から2語文、3語文へと次第に複雑な文を発話するようになっていくが、これはすなわち文法が発達してきたということでもある。文法研究者の一部は、子供の文法の発達を手がかりに、人間の持つ文法能力を解明しようとしている。

心理学分野では、**言語習得**が学習の一領域とされ、言語習得と他の精神面の発

表1　幼児の反対語の習得

1	小さい	85.6%	1′ 大きい		84.5%
2	少ない	54.6%	2′ 多い		58.8%
3	細い	42.3%	3′ 太い		39.1%
4	最も小さい	15.5%	4′ 最も大きい		20.7%
5	淡い	14.4%	< 5′ 濃い		27.8%
6	安い	19.1%	< 6′ 高い		55.7%
7	いちばん少ない	29.9%	7′ いちばん多い		29.9%
8	薄い	8.8%	< 8′ 厚い		17.5%
9	狭い	29.9%	< 9′ 広い		47.9%
10	低い	45.9%	10′ 高い		47.9%
11	寒い	54.1%	11′ 暑い		53.5%
12	短い	35.0%	< 12′ 長い		51.5%
13	浅い	21.1%	13′ 深い		28.4%

※国立国語研究所（1980）の pp.129-130 の表から引用
「＜」はカイ二乗検定で有意差が認められるもの

達との関連などが研究されてきた。学習は、心理学の基礎的かつ伝統的な分野であり、学習心理学や発達心理学という学問分野がある。言語は、子供が学習するものの中で最も複雑なものであり、また最も基礎的なものである。言語を習得すると、それを通じて他のさまざまなものを学習することができることから、言語はすべての学習の基礎になるものである。また、一方では、言語を習得することが思考の発達や概念の獲得を促進させるという見方もある。そのようなことから、心理学分野でも言語習得の研究は盛んである。

　塩坪いく子（1995）は、認知の発達と言語の発達の関わりに関して、以下の4種類の研究をあげている。
⑴　ことばはシンボルであるという点から、象徴機能の獲得や表象機能の発達と関係する認知発達の研究
⑵　ことばの産出や理解と直接関係する能力についての発達研究
⑶　ことばがまずコミュニケーションの道具として獲得されることから、社会的関係を成立させる能力の発達的研究
⑷　ことばは概念の獲得と結びついているので、こどもによる概念化行動の特

徴あるいはその発達に関する研究

　このように、人間が認知能力を高めていくことと言語を獲得していくことはさまざまな面で関連しているといえよう。

　塩坪によれば、発達心理学の成果があがったのは乳児研究だとしている。言葉を持たない乳児の研究は遅れていたが、1960年代に研究方法が発達し、乳児の認知能力を調べることができるようになったとのことである。その例として、乳児の色覚の発達と幼児による色名の獲得を関連させて考察しようとしている。乳児は赤や黄色の基本色を好む（おもちゃの色がまさにこれである）が、これは各言語が持つ基本的な色彩語彙と一致している。言語ごとに色の区分のしかた（色のスペクトルのどこからどこまでを何色と見るか）は異なるのだが、赤や黄色といった領域は言語間の違いがなく（多くの言語で一致し）、基本色といえる。幼児の色名の獲得はこれほどはっきりせず、2～4歳児では、色の違いでものを分類することはできるのに、色名語彙をその色のものに正しく対応させることがむずかしいという結果になっている。

　心理学分野では、言語習得をそれ以外のさまざまなものの習得と関連付けて広い視野でとらえようとしてきた。それに比べると、言語研究分野（国語教育分野を含む）では、大久保愛や野地潤家などの一連の研究をみればわかるように、子供の発話記録を録音し、文字化し、その資料に基づいた研究が主流である。子供の言語習得の特徴（習得の順番、間違いと訂正、過剰修正など）を調べるには、そのようなやり方が適している面があるが、対象が言語そのものに限定され、研究が広がりにくいことは否めない。

　心理学分野では、幼児だけでなく乳児を対象にしたさまざまな研究が行われるようになっているが、言語研究分野では、どちらかといえば、子供が言語を話し始めてからが研究の対象になり、それ以前は研究対象ではない。乳児でも「ことばを聞いてわかる」ことがあると考えられるが、言語研究者はそのような研究をほとんど行わない。それは言語研究者が「言語」を手がかりとして研究しようとするからであろう。そんなわけで、言語習得の研究は、どちらかというと心理学分野のほうがさまざまなアプローチを開拓しており、研究が盛んで、著書や論文の量を見ても、心理学分野が言語研究分野を上回っている状況である。

　母語の習得には、年齢上の制約があるようである。言語研究の分野では、これ

を**言語形成期**と呼び、だいたい3歳から12歳くらいまでを指す。3歳というと、子供が（幼稚園に入ったりして）回りの子供と遊ぶようになり、言語習得が加速される時期である。また12歳というと小学校卒業ころであり、この時期を過ぎてからだと、言語の習得が困難になることがある。

たとえば、日本語では、アクセントの習得は14歳くらいまででほぼ決まってしまうとされている。戦争中に東京の子供たちが福島県白河市に疎開した。国立国語研究所がその子供たちを調査したところ、6～7歳くらいで疎開した子供は白河市のアクセントを身につけているが、14歳以上になってから白河市に疎開した子供は東京式のアクセントを身につけたままだった。

言語形成期という考え方はあまりはっきりしたものではない。言語の習得は大人になってからも続くものであり、たとえば新語の習得は一生続くといえよう。また、敬語の習得も一般には遅れることが多く、学生時代は敬語を使う機会が少ない人でも、社会人になると使う必要に迫られて正しい敬語の使い方をするようなことが多いことを考慮すると、20代くらいまで敬語の習得が続くと考えてよさそうである。多くの子供たちは、中学校までは地元の学校に通うことで、地域のことばを身に付ける傾向が強い。言語形成期に言語の基本部分を習得するという意味では、義務教育終了＝中学校卒業（15歳）程度を目安にしてもいいのではなかろうか。

4　第二言語習得

母語の習得の後で習得するものが**第二言語**である。大部分の日本人にとっては、外国語のことである。母語の習得は自然場面で行われるが、外国語の習得は教室などの人工場面で行われることが多い。

内田伸子（1997）は、英語母語話者の幼児8名、第二言語学習者の幼児（韓国人、中国人、日本人）10名、第二言語学習者の小学生（日本人）8名に対して、英語の言語能力を調査している。その結果、複数形で答えるべきところを単数形で答えてしまった例が第二言語学習者に多いことがわかった（図5参照）。母語が数量名詞と物質名詞の区別をしない言語であることから、母語の文法が第二言語（この場合は英語）の習得に干渉していると考えられる。

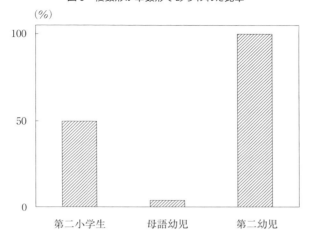

図5　複数形が単数形であらわれた比率

　第二言語の習得過程も、言語学や言語教育学とともに心理学で研究されてきた。その意味で学際領域の一つである。現在、日本が国際化していく中で、日本語教育の広がりとともに、日本語を第二言語とする人たちが増えている。その点からも、この方面の研究の必要性が高まっている。

〔参考文献〕

石口彰（監修）（2012）『認知心理学演習　言語と思考』オーム社

井上史雄（1977）「方言イメージの多変量解析（下）」言語生活 No. 312

井上史雄・荻野綱男（1985）『新しい言葉の伝播過程－東京中学心理調査－』科学研究費報告書（私家版）

内田伸子（1997）「第二言語学習に及ぼす成熟的制約の影響－第二言語としての英語習得の過程」日本語学 Vol. 16　No. 11

岡本真一郎（2013）『言語の社会心理学－伝えたいことは伝わるか－』中央公論新社

国立国語研究所（1980）『幼児の語彙能力』東京書籍 https://repository.ninjal.ac.jp/?action=repository_u-i&item_id=1274&file_id=43&file_no=1

塩坪いく子（1995）「認知の発達と言語の発達」日本語学 Vol. 14　No. 10

重野純（編）（2010）『言語とこころ－心理言語学の世界を探検する－』新曜社

竹内晴彦（1991）「ファジィ評定法による程度表現用語の意味計測」計量国語学 Vol. 17　No. 8

竹内晴彦（1997）「感覚表現の日本語」日本語学 Vol.16　No.11
中島平三（監修）（2010）『シリーズ　朝倉〈言語の可能性〉9　言語と哲学・心理学』朝倉書店
日本認知心理学会（監修）（2010）『現代の認知心理学 3　思考と言語』北大路書房
宮島達夫（1982）「1 拍語形の不安定性」計量国語学 Vol.13　No.7
森島泰則（2015）『なぜ外国語を身につけるのは難しいのか－「バイリンガルを科学する」言語心理学－』勁草書房

8 コーパス

　「コーパス」とは、もともと言語資料の集成のことを指すが、最近では特に、電子化された言語資料を指す。「コーパス言語学」という名称も一般的になってきた。英語のBrown Corpus（アメリカ英語のコーパス、1964作成）が初めての電子化コーパスであるとされる。日本語でも、漸くいくつかのコーパスが提供されるようになってきた。

　書き言葉のコーパスとしては、国立国語研究所のサイトから使用可能な『現代日本語書き言葉均衡コーパス（BCCWJ）』（新聞・雑誌・書籍・白書・法律・広報誌・ブログ等）、『日本語歴史コーパス（CHJ）』（奈良時代編、平安時代編、鎌倉時代編、室町時代編、江戸時代編、明治・大正編）、『国語研日本語ウェブコーパス（NWJC）』（検索システム梵天）等がある。その他、各新聞社から提供されている新聞記事のCD-ROMや『新潮文庫の百冊』のCD-ROM、青空文庫等のデータが使える。青空文庫については、野口英司（2005.11.15）『インターネット図書館　青空文庫』はる書房や、田野村忠温氏の作成したWebアプリケーション「日本語用例検索」（http://www.let.osaka-u.ac.jp/~tanomura/kwic/aozora/）も存在する。

　また、話し言葉のコーパスとしては、国立国語研究所のHPから使える『日本語話し言葉コーパス（CSJ）』『名大会話コーパス（日常会話のコーパス）』、宇佐美まゆみ氏による「BTSによる多言語話し言葉コーパス」、書籍にCD-ROMが付く形で提供されている『女性のことば・職場編』『男性のことば・職場編』『談話資料　日常生活のことば』等がある。

　日本語学習者によって産出された日本語についても、学習者コーパス『多言語母語の日本語学習者横断コーパス』（国語研）がある。

　コーパスを使用するのが有効な研究と有効でない研究があることは心得ていなければならない。またコーパスは、ある事柄を検証するために使用する場合と、新たな観点を見出すために用いる場合がある。

対照言語学

1　対照言語学とその周辺

　対照言語学とは、複数の言語をとりあげてそれらを比べることにより、言語間の異同を明らかにしたり、それぞれの言語に関する新たな知見を引き出そうとするものである。音声・音韻、語彙・意味、文法、文章・談話、言語行動等の言語のさまざまな側面に関して、複数の言語を対照する研究が活発に行われている。日本語に関しても英語、中国語、朝鮮語、スペイン語等の諸外国語との対照により、日本語だけをみていては決して明らかにならなかったであろうさまざまな知見が指摘されている。また、日本語との対照により、他の言語に関してもさまざまな知見を提供することが可能となる。この章では対照言語学という言語研究の一分野、もしくは対照研究という言語研究の一つの方法について紹介する。

　ここで、対照言語学とは似て非なる言語学の領域もしくは方法について述べておこう。しばしば対照言語学と混同を招くものに、**比較言語学**がある。対照言語学も比較言語学も、複数の言語をとりあげて互いを照らし合わせる点は同じであるが、この両者はその方法や目的の点で大きく性格を異にするものである。比較言語学は系統を同じくする諸言語を比較し、それらの関係を明らかにし、**祖語**を再建する。祖語とは、ある系統の諸言語を生じさせた元の言語である。たとえば、英語、ドイツ語、オランダ語等のゲルマン諸語の元になった言語はゲルマン祖語と呼ばれる。簡単に言えば、比較言語学とは言語間の親族・血縁関係を明らかにするものである。これに対し、対照言語学は言語間の系統関係を問題にしない。系統関係とは無関係に複数の言語を突き合わせるものである。

　また、複数の言語を扱うという点は**言語類型論**も同様である。言語類型論は非常に多くの言語を比較することによって、系統関係とは無関係にみられる言語の普遍的特性と個別性を明らかにするものである。対照言語学が普通は2、3程度の少数の言語を扱うのに対し、言語類型論は非常に多くの言語を扱う点が最も大

きく異なるところであるが、言語の普遍性・多様性・個別性を明らかにしようとする点では同じであり、その境界はしばしば曖昧である。

　なお、対照言語学は外国語教育への応用という点からも注目されることが多い。対照言語学の研究成果が常に外国語教育に直ちに応用可能というわけではないが、対照言語学が外国語教育の観点からも重要であることは言うまでもない。対照言語学とはやや異なるが、外国語学習者の犯す誤りのメカニズムを解明しようとする研究は**誤用分析**と呼ばれている。

2　対照言語学の意義

2−1　「比べる」という行為の意味

　上に述べたように、対照言語学とは複数の言語を比べて研究するものである。何かと何かを「比べる」という行為は、もちろん言語研究という分野に限って行われているわけではない。人間が何かについて知ろうとしたり考えようとするとき、その何かを別の何かと比べるという知的な営みは普遍的にみられるものである。そもそも、われわれが何かと別の何かを比べるという行為にはどのような意味があるのだろうか。

　対照研究というテーマそれ自体を論じる前に、もう少し卑近なところから考えてみよう。「最近」という日本語がある。これはどのような意味をもつ語であるのか。日本語を母語とする者であれば、概ね「比較的近い過去から現在に至る時間の幅」であると直観するであろう。確かにその通りではあるが、それ以上のことは「最近」という一語をみているだけではなかなか難しい。ここで最も有効な手だては、「最近」を他の似た何かと比べることである。「この頃」という言葉は「最近」と類義関係にある。

　⑴　｛最近／この頃｝、何だか疲れっぽくてねえ…。

⑴をみるとこれらの語には特に違いはなさそうにみえる。しかし、次はどうだろう。

　⑵　｛最近／＊この頃｝、家の近所で凶悪な事件が起こった。

　⑶　｛最近／この頃｝、凶悪な事件が全国で相次いでいる。

「比較的近い過去から現在に至る時間の幅」という特徴を持っていれば、常に

「最近」と「この頃」の両方が使えるわけではない。「この頃」は、問題とされる時間の幅が、たとえて言うならば金太郎飴のように、均質なものでなければならない。したがって、(2)のように時間軸上の一点に生じた出来事を指すことはできない。「疲れている」などのような状態や「相次いでいる」のように同様のことがある時間の幅で均質に生じている場合は問題なく使うことができる。これに対して、「最近」は一定の時間の幅を指定するだけで、その時間の幅の内部の性質についての制約はない。さらに次の例はどうであろう。

(4) それはあの事件よりももっと {最近／＊この頃} のことだ。

「最近」は「もっと」や「さらに」などと共起することができるが、「この頃」は不可能である。つまり、「最近」はわれわれの心が知的に働いて二つの出来事の時間的前後関係をとらえる際に使われるが、「この頃」はそれができない。読者の中には「最近」の方が知的で堅く、「この頃」の方が柔らかいという印象を持った人もいるかもしれない。そのような直観の背後には、このような言葉の個性の問題がある。

少し考えただけでも、「最近」と「この頃」に関してかなりのことがわかる。しかしいずれか一方の言葉のみをみているだけでは、これらの知見を得ることは相当に難しい。まずは問題の所在に気づくこと自体が困難だからである。ここで重要なことは、この分析が単に「最近」と「この頃」という二つの語の異同関係のみを明らかにしたのではなく、それぞれの語の個性そのものを明らかにしたことである。

日本語を他の言語と比べることを考えてみよう。日本語と他の言語との対照研究の意義とは何であろう。それは単に、日本語とある外国語の異同関係を明らかにするだけではない。何らかの日本語の問題に関して、外国語との対照によりそれまでは認識できなかった問題の所在を明らかにし、その問題を究明することが可能になる。また、日本語を鏡とすることによって、他の言語に関して何らかの問題の所在が明らかにされ、その言語の研究を発展させることが可能になるはずである。

そもそも、人間の言語にバリエーションが無く、この世に言語が一つしかなかったならば、言語がわれわれの考察の対象になること自体が難しかったはずである。言語学は常に何かと何かを比較することで発展してきた。また、上のような

個別言語の研究においても、何かと別の何かを比べると言うことは、当たり前のように行われている。その意味で、対照言語学とは言語研究において特別な存在ではない。

2-2 対照言語学における問題発見の事例

それでは、言語のバリエーションを超えた比較（つまり対照言語学）による問題発見の具体例をみてみよう。井上・生越（1997）は日本語と朝鮮語の過去形の使用のしかたを対照している。例文は井上・生越（1997）のものである。

(5)甲：ここのキムチはおいしいですよ。食べてみてください。

　　乙：そうですか。じゃ、ちょっと。（一口食べて、辛そうな表情をする）

　　甲：（乙が辛そうな表情をした直後に）

　　　　辛いですか？／辛かったですか？

　　　　mayweyo？／??maywess-eyo？

　　　　辛いです　　　辛かったです

(5)の甲の二つめの発話において、日本語の過去形の使用は非過去形の使用とともにごく自然である。しかし朝鮮語において、過去形は不自然とされる。日本語と朝鮮語のこのような相違は、この場限りのものではなく体系立ってみられるものである。たとえば、赤ちゃんが生まれた直後に、日本語では「男の子だったか？それとも女の子だったか？」と過去形を用いることはごく自然であるが、朝鮮語で過去形を使うことはできない。

日本語の話者の立場から言えば、(5)の甲の発話で過去形が使えるのは当たり前のことなので、そのことに気づくこと自体が難しい。しかし考えてみれば、「辛い」という状態は発話の時点で終わってしまったことではなく、その意味で過去形が使えるのがあたりまえと言うべき状況ではない。外国語との対照は、日本語に関してこのような興味深い事実に気づかせてくれる。

井上・生越（1997）は、「日本語では、発話時において直接知覚されている状況が知覚された瞬間だけをきりはなして独立の過去の状況として扱うことができる」と指摘している。つまり、キムチが辛いという状況が終わったわけではなくても、その瞬間だけをきりはなして、過去のものとして扱うことができるとしている。

このように、対照言語学は複数の言語の相対的な関係を明らかにするだけでなく、ある言語に潜在する問題の所在自体を明らかにすることができる。もっとも、上にみた日本語と朝鮮語の過去形の分析は、言語の種類を超えて行われているという点を除けば、「2－1」でみた「最近」と「この頃」の分析と何ら変わるところがない。その意味で、対照研究は言語学において特別な分野ではない。

3　日本語と英語の対照

　対照言語学とは、系統関係にとらわれず任意の複数の言語をとりあげるものである。したがってその組み合わせは無数である。また、対照言語学は言語のあらゆる側面を問題にすることが可能である。ここでは、決して網羅的な記述はできないが、音韻、語彙、文法・表現、会話等のさまざまな領域をとりあげ、日本語の英語の対照を素描する。

3－1　音韻

　日本語は音韻構造が比較的単純だと言われることがある。母音であれ子音であれ、音素の種類も多いわけではない（「音声と音韻」の章を参照）。日本語という言語の内在的な特徴として、「発音が簡単である」という性質があるわけではないが、そのような印象を抱いている学習者は少なからずいるようである。ここでは、音節構造とアクセントの問題をトピックとしてとりあげよう。

　日本語の音節は母音で終わる**開音節**であることが特徴である。これは日本語の単語をローマ字で表記すると、基本的に母音で終わることからも明白である。これに対し英語は開音節も珍しくはないが、子音で終わる**閉音節**が多い。以下、子音をC、母音をVと記すことにすると、put，bag，dog などはCVCの構造をもつ閉音節である。また、next などの場合はCVCCCと言う日本語にはない複雑な型である。これを日本語流に「ネクスト」と読んだ場合、CVの構造が4回繰り返されることになってしまう。日本人が英語を学ぶにあたっては、この音節構造の差異に十分な注意が必要である。

　また、アクセントに関しては、日本語が高さによる**高低（ピッチ）アクセント**であるのに対し、英語は**強弱（ストレス）アクセント**である。ただし、日本語と

英語のアクセントは単に高さと強さという表面上の問題だけでなく、語の意味を区別する機能という点で大きく異なる。たとえば、卵のことをタ̄マゴと発音しても、タマ̄ゴと発音しても意味が通じないことは少ないだろう。これに対し、英語ではアクセントの位置を誤ると語が同定されないことが非常に多い。大文字で表記されている音節がストレスの置かれる箇所だとしよう。BEAUtiful と発音するべきところを、beauTIful あるいは beautiFUL と発音したら、たいていは意味が通じないはずである。

　日本語では若者らが身内意識の高まりから、語のアクセントを場や状況に応じて使い分けることもある。一時期、カ̄レシ（彼氏）のことをカレ̄シと発音することが流行したが、このようなアクセントの平板化の現象はその例である。アクセントが語の同定において決定的な役割を果たしている英語のような言語では、このようなことはしづらいだろう。アクセントが果たす機能は、言語によって異なる点にも注意が必要である。これらの点も外国語学習において重要な点であろう。

3－2　語彙

　言語間の語彙の意味的なずれは無数にある。語彙の指し示す意味のずれは、身体部分という人類が共有するものにもみられる。日本語の「腰」にあたる英語は何だろうか。辞書をひくと、waist と hip があげられていることがわかる。waist は腰の一部分にしかあたらない。日本語で言うと腰のくびれた部分が waist である。また、hip とは腰の左右の張り出した部分のうちの片方を指す。このように、身体部分という基本的な対照に関して、言語によって異なった切り取り方をしているのは興味深い事実である。

　また、語彙による概念の切り取り方は、その言語圏の文化と密接にかかわっている。しばしばあげられる例であるが、日本語の稲、籾、米、飯は英語ではいずれも rice の一語にあたる。基本的にその文化圏の生活に密接にかかわっているものほど細かく語彙化されやすい。一方、これもしばしば例としてあげられるものであるが、英語は日本語と比べて牛にかかわる語彙が細かく語彙化されている。bull（雄牛）と cow（雌牛）のように、性によりまったく違った形で語彙化されている。さらに去勢された雄牛は ox、子供は calf と呼ばれる。日本語でも呼び分けられないわけではないが、複数の形態素を用いるなどして説明的に名づける

しかない。英語におけるこれらの語は形態的に何の共通性もみられないのである。

　これらは文化圏に共通して存在する具象物に対する名付けの際の切り分け方であるが、抽象的な概念となるとさらに言語間の異なりは大きくなる。精神科医の土居健郎氏は、英語に日本語の「甘え」にぴたりとあたる語彙がないと考え、これを出発点として日米の文化を比較し、『甘えの構造』を著した。ある言語において、何らかの事物や概念に対して名前があたえられる（つまり語彙化される）ということは、その言語圏においてその事物や概念が確固たる地位を獲得したことを意味する。このような意味で語彙の研究は興味が尽きない。われわれをこれらの問題に気づかせるのは、何かを他の何かと「比べる」という知的行為である。

3－3　文法と表現

　言語は出来事をとらえてそれを伝えることを主な働きとする。われわれは出来事をとらえあくまでそれを客観的に伝えているつもりであったとしても、そこには必ずわれわれの主観、すなわちわれわれのもののとらえ方が反映される。言語表現とは型である。われわれは、本来ならば決まった型などない森羅万象を何らかの言語の型にあてはめなければならないのである。われわれがどのような出来事を言語表現のどのような型にあてはめる傾向があるかは、言語間の対照により明らかになる場合が多い。

3－3－1　自動詞表現と他動詞表現

　われわれが英語を学ぶさい、日本語に直訳するといかにも不自然に感じられる無生物主語の他動詞構文にでくわす。

(6) a　That made her sad.
　　 b　?そのことが彼女を悲しくさせた。
　　 c　そのために彼女は悲しかった。

(7) a　This medicine makes you sleepy.
　　 b　?この薬はあなたを眠たくさせる。
　　 c　この薬を飲むと眠たくなる。

(6)bや(7)bの日本語訳が決して日本語の文として文法的に逸脱しているわけではない。実際に日本語の文章の中にもこれらのような文は散見される。しかし、これらのような表現が使われた際には何らかの意味で特別な表現効果が意図された

翻訳調の日本語という印象はぬぐえない。(6) a や(7) a はそれぞれ、(6) c、(7) c の自動詞表現に対応させるのが最も自然である。

　われわれは森羅万象を言語表現化する際、それを言語表現のどの型にあてはめるかの選択を常に迫られている。われわれが動きと見なす事象が外界に生じた場合、われわれはそれを自動詞表現の型にあてはめるか、他動詞表現の型にあてはめるかのいずれしかない。他動詞表現とは動きの原因となった主体に注目し、それがある対象に対して影響を及ぼすことによって動きが成り立っているというとらえ方をするものである。自動詞表現とは、原因の側面には特に注目することなく、ただそのような事態があたかも自然発生的に生じたというとらえ方をするものである。

　英語のように他動詞表現を好む傾向が強い言語を**スル的言語**、日本語のように自動詞的表現を好む傾向が強い言語を**ナル的言語**と呼ぶ。ナルは日本語における自動詞の代表的な語彙項目である。しばしば次のようなナルの文は外国語の話者の目には奇異に映ると指摘される。

(8)　私たちは結婚することになりました。

(9)　このたび、転居することになりました。

(8)や(9)のナルの文は、日本人にとってはごく自然な表現である。しかし、英語をはじめとする外国語の話者には奇異に映る。あたかも自分の意志ではなく、他者からそうさせられたかのように感じられるという。確かに、英語ではget を使って受身的な表現をする場合がある。

(10)　He got fired.

また、ドイツ語でナルにあたる werden という動詞は受動文をつくる形式である。

　日本語をさらに観察すると、ナルという動詞を使って実にさまざまな表現を形成していることがわかる。

(11)　先生がおいでになる。

(12)　このあたりは新宿区になる。

(13)　お手洗いは2階になります。

これらが英語の become 等に該当しないのは明白である。(10)は尊敬のナルである。「自然にそうなった」という言い方をすることによって「先生」に対する敬意を表現している。(11)と(12)は「新宿区だ」、「2階です」というのとほぼ同じだが、や

ややわらかい印象を与えるだろう。このように、言語によって表現をとらえる発想は傾向を大きく異にするのである。

3－3－2　所有と存在の表現

上のトピックとも関連するものであるが、人間やモノが何らかの所有物をもつとき、大きく二つの表現の型が考えられる。

(14)　彼はお金をたくさん持っている。

(15)　彼（に）はたくさんのお金がある。

(14)は所有の概念を他動詞「もつ」のテイル形で表している。これに対し、(15)は存在を表す自動詞アルを用いている。つまり、他動詞表現と自動詞表現の対立であるという点で、スルとナルと同様である。ただし、スルとナルの対立は、ともに動きをあらわす表現の型であるのに対し、アルは動きではなく状態を表す型である。したがって、同じ内容の事柄を(14)では動きの結果の範疇としてとらえ、(15)は純粋な状態としてとらえていることになる。

上にみるように、所有と存在の表現の対立は日本語の内部にもみられるものであるが、外国語と対照すると傾向差が浮かびあがる。

(16) a　今日、私は仕事がたくさんある。

　　 b　I have a lot of work to do today.

(17) a　この部屋はドアが二つある。

　　 b　This room has two doors.

(16) a や(17) a の日本語は「持っている」という言い方にするとむしろ不自然である。しかし、英語の have 構文と対応することから、一種の所有表現とみなすことが可能である。つまり、(16) a では「私」という「場所」にたくさんの「仕事」が存在するという言い方により、所有という概念が表現されている。英語のように相対的に所有の表現の傾向が強い言語は**モツ的言語**、日本語のように存在の表現の傾向が強い言語は**アル的言語**と言われる。

次の表現もアルによる所有の表現として理解することができる。また、アルによる感情の表現であるとも言える。

(18)　太郎は花子に気がある。

このように、存在という表現の型を用いてわれわれは多様なことを表現している。

3－4　会話

　対照言語学のテーマは言語のあらゆる側面においてありえる。言語間の共通性や異なりは、狭義の言葉の構造にかかわるものばかりではなく、会話の構造なども問題となりうる。しばしば日本語の会話には相づちが多いと言われる。相づちとは、話し相手の発話の最中や切れ目に、それを聞いているということを示す言語形式である。たとえば、「ああ」とか「うん」などの形式である。試しに日本人どうしの電話の会話を録音してみよう。これを文字化しようとすると、普通は日本語の教科書にあるような、2人の話者の間で交互に発話のターンが行き交う形にはならないことに気づく。いかにわれわれの会話において相づちが多用されているかがわかる。われわれの実際の電話などの会話では、次のような形で相づちが多用されていることが実際の会話の録音から報告されている。

(18)　A：日曜日の件なんだけど、
　　　B：　　　　　　　うんうん
　　　A：都合が入っちゃって、　　　それでさ、
　　　B：　　　　　　　ああ…　　　　　うん…

　相づちはどの言語にもあるものであるが、英語で会話するときに同じ調子で相づちをうつと、相手に不快感を与えかねない。日本語の会話では、会話への参加をより明示的に表す傾向が強い。これに対し英語では、日本語に比べると、相手が一通りの発話を終えるまで相手の話をしっかりと聞いていることを、黙って聞くことによって表す傾向が強いといわれる。

　相づちとは、一見なくてもかまわないごく周辺的な言語形式とみなされがちである。しかし、これらの形式の使用の背景には文化圏ごとの会話のルールが隠れている。われわれの言語においてどのような会話のルールが潜在しているかは、他の言語と比較することにより、より鮮明な形でみえてくるだろう。

〔参考文献〕

安藤貞雄（1986）『英語の論理・日本語の論理』大修館書店
池上嘉彦（1981）『「する」と「なる」の言語学』大修館書店
石綿敏雄・高田誠（1990）『対照言語学』桜楓社
井上優（2001）「日本語研究と対照研究」『日本語文法』1-1

井上優・生越直樹（1997）「過去形の使用に関わる語用論的要因－日本語と朝鮮語の場合－」『日本語科学』1

生越直樹（編）（2002）『シリーズ言語科学4　対照言語学』東京大学出版会

9 モバイルメディア

　現代の**モバイルメディア**を代表するのは**スマートフォン**（スマホ）だが、ガラケーと呼ばれる携帯電話が1995年頃から2010年頃までは主流であった。90年代前半に若者の利用が多かったポケベルからPHS、携帯電話の流れを経て、PC（パソコン）とほぼ同様のことができるモバイルメディアとなってきたといえよう。

　スマホのようなモバイルメディアの利用は、インターネット検索やGPS位置情報関連などの情報入手の側面と、コミュニケーションのためのツールとしての側面に大きく分けられる。そのコミュニケーション空間の基本的特徴を以下にあげる。

① 　モバイル（可動的）→いつでも、どこでも連絡できる
② 　パーソナル（個人的）→個人利用が基本で相手に直接繋がる
③ 　プライベート（私的）→誰にも読まれず聞かれず連絡できる
④ 　ポータブル（小型・携帯可）→肌身離さず持ち歩ける

これらは携帯電話の時代から電話、メールのいずれにもあった特徴だが、スマホ利用の増大と共に**SNS**（Social Networking Service）のコミュニケーションが盛んになってきた。主なSNSにはLINE、Twitter、Facebook、Instagramなどがあり、プロフィールの公開、メッセージ送受信、友だちとの相互リンク、友だち検索などのさまざまな機能を利用してネット上で社会的なつながりをもつことができる。中でもLINEは、その送受信のしやすさも手伝い、メールに代わるコミュニケーション・ツールとして現在若者の9割以上が個人間、グループ間で頻繁に利用している。

　モバイルメディアには伝統的に受け継がれてきた表記・表現の特徴がある。**絵文字**（🐯 🐘）、**顔文字**（^^;）、記号（★！）、**カッコ文字**（笑）、小文字（ぉはよう）、誤字（まぢぎれ！）などである。LINEでは大きなサイズと多様な表現をもつ**スタンプ**が使われるようになり、送受信のスピードとヴィジュアル性を強めて、話しことばに近いコミュニケーション空間の創成を加速させている。

文化人類学

1 文化人類学とは

　大航海時代以降、ヨーロッパ社会では、未知の世界に暮らす異なる文化や異なる言語を使用する人びとについて研究する異文化研究に関心があつまった。

　異文化理解のためには、異なった諸環境が生みだした多様な精神構造や物質文化、たとえていえばその地の風俗・習慣・思想などに関する知識なくして、住民の精神生活を理解することは出来ないし、まして深い愛情で包みあうことは不可能である。欧米では人類学や民族学の成立過程にはキリスト教の海外伝道が常に課題として展開し、近代にいたっては植民地政策とともに民族学がこれに関わってきた。しかしながら、異文化理解の本質は、海外への憧憬と冒険心を背景に芽ばえたものであって、人類が互いに理解し、信頼関係のもと共存することを目的にしてきたのも文化人類学発展の事実である。

　アメリカでは人間についての総合的研究を行う分野として**人類学**が存在し、そのなかに**自然人類学**、**考古学・先史人類学**、そしてこの**文化人類学**の3部門に分けられるが、時には文化人類学の中の言語に関する部門を言語学として独立させ、4部門に分けて考える場合もある。この文化人類学を定義すれば"世界の民族と文化・社会を比較研究する学問"ということになる。

　日本における文化人類学の成果としては、『タテ社会の人間関係』を執筆した中根千枝や『文明の生態史観』を著した梅棹忠夫の研究が有名である。またわれわれ日本人に衝撃を与えた文化人類学の著作としては、ルース・ベネディクトが執筆した『菊と刀』が、欧米文化との対比で、日本文化を見事に説明したことはよく知られている。『菊と刀』は、ベネディクトの戦時中の調査研究をもとに1946年に出版されたものだが、ベネディクトはこの本の中で、西欧文化が倫理基準を内面に持つ「罪の文化」であるのに対し、日本文化の価値基準は外部（世間体・外聞）にあって社会組織としての「集団主義」と精神態度としての「恥の

文化」という特徴があることを示した。ベネディクトは日本を訪れたことはなかったが、日本に関する文献の熟読と日系移民との交流を通じて日本文化の解明を試みた。『菊と刀』はアメリカ文化人類学史上最初の日本文化論であり、出版から50年以上たった現在でも不変の価値を持ち続ける古典的な著作と見なされている。

このようなベネディクトの研究に見られるような異文化研究をなぜ人類学が行うのかは、自文化を見るためである。つまり異文化を鏡にしてそこに自文化を映し出そうという目的があるからだと言われている。

ところで、文化人類学は、人間に関係するあらゆる現象を研究対象としているから、広い範囲の人間にまつわる事物が研究で取り上げられる。

米山（1991）によれば、人類学は、

　人間をとりまく環境の研究として、地球科学のほとんどの範囲を含むし、他方人間の創造してきた多くの文化的な事物もその対象になる。これまで歴史や地理あるいは語学などで学んできたあらゆる情報は、いわばすべて人間、人類に関係があるのだから、それをすべてあつかうことなど、ほとんど不可能ではないか、という人もあるかもしれない。しかしくりかえしいうが、個々の情報に価値があるのではなく、それを認識し、評価判断を加える目を養うことが大切なのであり、その目を鍛えるのには文化人類学の蓄積は決して小さくない。

　現在、言語学、記号論、経済学、技術論といった科学がそれぞれ独立した体系を展開しているが、文化人類学はそれらの成果をふまえつつ人間認識、人類認識のための総合を最終的な目標にしているのである。

とされて、言語学や地理学、歴史学や社会学、考古学などの研究成果をもとにした人間認識のための総合の学問であるとしている。このことは、それ自体には独自の研究手法はなく、個別の科学を人類学的に再提案するといった学問の応用や、学問の専門化・細分化に対する総合化ということをその存在の基礎にしているとも言える。

2　文化人類学の手法と現地調査

文化人類学では、人間認識のため人間関係に大きな関心をもってきた。その中

心は、性と年齢、親族関係などで、たとえば若衆組と娘組、婦人会や長老会などの地域集団、本分家関係や婚姻関係の研究はこの分野の成果として際だっている。また、贈与と交換は、人間関係の支配－被支配や宗教性、経済行動にもつながる人間社会の根幹となる行為に注目した研究でもある。

このような文化人類学の視点は、個別民族の観察だけではなく、異文化をもつ人びとの観察と比較、それをうけての人類としての普遍化といった研究のプロセスを経て論じられる。したがって、文化人類学ではもっぱら異文化の研究に力点をおき、その研究を鏡として、自分自身の文化を批評するというスタイルをとってきた。

かつて人類学とは野外調査（**フィールドワーク**）をする学問だということがよく口にされたが、野外調査では、調査地に数カ月にもわたって住み込み、現地の人びとに聞き取りをしたり彼らの行動を観察したりすることによって得られたデータから問題を発見する方法をとる。人類学的研究とは調査をしながら研究する学問で、調査をすることが同時に研究することでもあった。

現地でのデータの収集には大きくわけてフィールドワークなどの調査による方法とさまざまな既存のデータを利用する二つの方法がある。イギリスの人類学者・マリノフスキーのように現地に長期間滞在して、そこに住み込んで、目で見て耳で聞き、臭いをかいで、肌で感じ、舌で味わいながら、現地の人々に密着し調査をする「**参与観察**」が重要な調査法の一つになっている。

文化人類学における現地調査主義、いわゆるフィールドワーク重視の学風の定着には、マリノフスキーの「フィールドワーカーではない人類学者を肘掛け椅子（アームチェアー）人類学者」と批判したことが影響している。たしかに自分の育ってきた文化から離れて、異なる文化の存在を知ることは人間認識にとって重要なことである。それはただ観念的に書物などを通して知っているのと、実際に体験するのとでは大きい相違があると考えるのは当然で、自身の観察をとおした第一次資料がなによりも重要であろう。

このようなフィールドワークをとおして、世界にはさまざまな民族があり、それぞれの言語、行動様式、価値体系、さらに物質文化の体系をもっていて、一見、奇妙にみえる事物も、それぞれ価値をそなえていることを知ることにつながる。このような考え方を**文化相対主義**というが、これは自文化中心主義に対立する考

え方で、自文化を基準にして他の民族や文化の優劣をとらえる態度を極力排除し、どの文化もそれぞれ環境への最適の適応方法として歴史的に形成されたものであり、すべての文化がそれなりの価値を内在しているという捉え方をする。この考え方では、あらゆる社会に共通する単一の価値尺度というものは存在しないのであり、人間の諸経験のもつ意味の正しい解釈は、それを経験する人々の文化的背景、行動の全体的な準拠枠、他の慣行や社会規範に照らしてしか行えない。なぜなら、それらの諸要因が人間の知覚や価値判断に大きな影響を及ぼすからである、とするのが文化相対主義の考え方である。

　文化相対主義は、人間文化の多様性＝異質性の認知、容認を基礎とするもので、人類文化の研究の深化、そして異文化間相互理解の促進に偉大な貢献をしたと言える。ただ、文化相対主義は、20世紀の後半には思潮としてはその輝きを失い、現代社会でも影響力がすでに薄らいでいる。それは異なった文化的背景をもつ人々が、お互いの文化を尊重しながら、異なる文化の人々を吸収するわけでもなければ、排斥するわけでもない。つまり、未来に向けてなんら明確な社会の方向性を示すものではなく、「みんな違ってそれでいい」というこの文化相対主義の考え方は、結局「なにも言っていない」との批判にさらされてもいる。

3　日本語の研究と文化人類学

　言語は文化と非常に深く関わるということを最初に指摘したのがサピアとウォーフの二人である。

　ウォーフは、イヌイットは雪に該当する単語を数十種類もっていることに注目し、北極圏近くに住むイヌイットにとって、雪は他民族以上に日常生活において重要であり、彼らの語彙も豊富になったと結論づけた。サピアは、このウォーフの仮説にもとづき「現実世界は、かなりの程度社会の言語習慣の上に無意識的に作り上げられるのであり、それぞれの社会は独自の言語を持つから、社会が異なれば世界も異なる。ある言語にあるものを指す言葉がなければ、それはその言語の話し手の思考や世界観の一部にはならず、ある意味では知覚されない。」という。人間の経験や思考の様式はその言語習慣によって規定されているのであり、現実の世界は言語習慣の上に形作られると既定した。このような考え方は、**言語**

相対性仮説（サピア・ウォーフの仮説）と呼ばれることがある。

　たとえば、日本語では虹は「赤・橙・黄・緑・青・藍・紫」の7色であるが、虹に対する認識は諸民族によって一定していない。アメリカでは「赤・橙・黄・緑・青・紫」の6色、これは青と紫の間の色である「藍」をさす語がないからだと言われる。ドイツ語では、「赤・黄・緑・青・紫」の5色で、「橙」と「藍」がない。メキシコのマヤ系ツォツィル語を話すチャムラの集団では、「赤・黄・青」の3色と言われている。

　色彩の研究では、バーリンとケイ（B. Berlin and P. D. Kay）が著名で、彼らは98種の言語を比較し、①どの言語にも必ず二つの基本色彩語があり、それは「黒」と「白」であること。②3番目の色彩語がある場合、「赤」が加わること。③4番目の色彩語が加わる場合、「緑」か「黄」のどちらかであること。④5番目の色彩語が加わる場合、「緑」か「黄」の残りの方が加わること。⑤6番目は「青」。⑥7番目は「茶」。⑦8番目は「紫」か「ピンク」か「オレンジ」か「灰」であることを発見し、基本色彩語はおおむね普遍的なパターンで発展するということを確認した。

　この色彩語彙の報告からもわかるように、言語は人間の経験の仕方を規定する働きを人間の思考が母語によってあらかじめ定められた形式に即して展開する。サピアとウォーフの二人は、この考え方を初めて提示したのであるが、この考えは、言語学以外にも人類学などの分野でも大きく評価されて、人類学と言語学の基本理論ともなった。近年では社会言語学の進展であらためて評価されつつある。

　日本語の研究分野において、言語相対性仮説の考えにたった分析をしてみると、たとえば魚名体系は、英語では tunafish と言って区別をしないマグロとカツオを日本語では厳然と区別していたり、鱈のことを codfish、イカを cuttlefish、クラゲを jellyfish、ヒトデを starfish というような海の中にいる生物の多くの名称に fish の形態素を含む英語とは大きく異なっている。これは日本が海洋国家であるために、細やかな分類の視点が働いているためで、日本語では、カズノコというのはニシンの卵で、カラスミはボラの卵、シャケの卵をわざわざスジコといったりするが、日本人が古くから海洋資源に強い関心と深い関わりをもってきたことを理解させる。

　また、日本語と英語の対比で考えるならば、日本は生まれた順や自分より年長

者か否かといった基準で兄や弟、姉や妹となるが、英語では、兄弟は brother、姉妹は sister と表現し、男女の区別はあっても生まれた順は表現されない。これは、日本社会では長幼の区別をするのに対し、キリスト教の影響を受ける英国では、長幼の序はさほど重きをおかれないことによる、と言われる。

3－1　経済活動と魚の成長段階名

　渋沢敬三の『日本魚名の研究』によれば、日本には成長段階によって名前の変わる魚が 82 種いるとされる。そのなかでもブリやマグロ、ボラは、**出世魚**としてよく知られている。

　そういった成長段階名をもつ魚は、早くから人間の暮らしと関わりをもってきた場合が多く、マグロやブリは、たいへんおいしい魚として年末年始や中元の贈答に広く用いられてきた。

　国立国語研究所が『新日本言語地図』作成にむけて実施した全国調査の結果

図1 ブリの成長段階数

（中井（2016）より）

（図1参照）、ブリ漁で有名な富山湾沿岸では「コズクラ→フクラギ→ガンド→ブリ」や「コズクラ→フクラギ→ブリ」という4段階あるいは3段階での回答が最も多かったが、ブリをあまり食べることのない関東地方や中部地方では、成魚ブリしか知らない1段階やブリそのものを知らないNの回答も多数を占めた。

中でも定置網のある富山県氷見市の灘浦地区では、（モジャコ）→ツバイソ→コズクラ→フクラギ→ニマイズル→ガンド→ブリと、ツバイソという段階を設けたりフクラギとガンドのあいだにニマイズルの段階を設け、6段階での回答が主流を占めた。ニマイズルは成魚に近いフクラギを、ガンドは北陸以外の地域で成魚のブリとして扱われる小型ブリで、商品価値の高い5kg以上のものを区別するために設けられている。このような氷見市灘浦地区におけるブリの細かな成長段階の区分は、ブランド保持にもとづいた商品の品質と規格の表示であり、これらは流通と人間の経済活動による分類とも言える。

3−2　自然環境とことば

日本は、北半球の中程に位置し、季節風の影響で夏は太平洋側に、冬は日本海側に降水量が多くなる。初夏には北海道以外の各地が梅雨に入る。夏の終わりから秋にかけては赤道付近の熱帯低気圧が発達しながら日本に近づき台風となる。春から秋にかけての季節風による「雨」では、黄砂で霞んだ空から降る冷たい「春雨」、季節が進行し菜種の咲く頃に続く「長雨」である「菜種梅雨」、「五月雨」が降り続く「梅雨」、「梅雨」の終盤には「豪雨」が続き、「雷雨」を聞くころにはこれが明けて真夏を迎える。気温上昇とともに「にわか雨」や「通り雨」が降り、モンスーン気候特有のスコールである「夕立」が頻繁に起こって、「台風」や秋の「長雨」の季節に移っていく。春の雨はしとしと降って、夏の雨はざーっと降り、秋から冬にかけての「時雨」は、しょぼしょぼ降る。私たちは、季節による「雨」の降り方を細かく認識し、言語表現に区別を行うという能力をもっている。

＜雨＞一雨　降雨　降り　本降り　吹き降り　大降り　小降り　大雨　小雨（こさめ・しょうう）　豪雨　にわか雨　通り雨　夕立　村雨　時雨（しぐれ）　初時雨　長雨　さみだれ　梅雨　空梅雨　霖雨　春雨　霧雨（きりさめ・きりあめ）　雷雨　慈雨　みぞれ　雹　あられ

＜雪＞白雪（しらゆき・はくせつ）　豪雪　小雪　大雪　ぼたん雪　粉雪　初雪　淡雪
＜風＞無風　微風　そよ風　軟風　大風　強風　烈風　疾風　突風　神風　嵐　暴風　はやて　野分　台風　颶風　旋風　つむじ風　竜巻　追いて　追い風　順風　向かい風　東風（ひがしかぜ・こち）　南風（なんぷう・みなみかぜ）　西風　北風　山風　海風　川風　おろし　山おろし　春風　秋風　初秋風　こがらし　からっかぜ　薫風　朝風　夕風　夜風　涼風（すずかぜ・りょうふう）　熱風　寒風　潮風　松風　爆風
＜霧＞濃霧　朝霧　夕霧　夜霧
＜霞＞朝霞　夕霞　春霞　靄　朝もや　夕もや
＜雷＞いかずち　落雷　万雷　へきれき　雷雨

　このほかに私たちは、季節による空気の流れや温度にも細かな認識能力をもっている。『分類語彙表』をみると、空気の流れを示す「風」に関する語彙のバリエーションが「雨」以上に豊かであることがわかる。日本列島は、南北に長い島国で、地形も複雑であり、さらにユーラシア大陸と日本海・太平洋との間にふく夏はあたたかくしめった南よりの季節風と冬は冷たく北西から吹く季節風の影響を強く受けるため、さまざまな気候がみられる。

　図2は、富山県西部地方の漁業関係者が使用する風位と風の名称を示したもので、16方位それぞれから吹く風を細かく分類している。たとえば、北東からの風をアイノカゼ、タカカゼ、あるいはダシノカゼと言ったり、南西や西南西からの風をシカタと言ったりする。

　このように、私たちが用いる日本語にも、自然環境や生業による人間の暮らしにもとづいて細やかな語彙の体系が存在する。

　人間が日々の暮らしに用いる「ことば」は代表的な「記号」であって、「ことば」は非常に恣意的なもので、同じ対象であっても使用する言語が異なれば、異なる表現をとってなんら不思議なことはない。まさに現実社会は、「ことば」によって区切られ、認識されているということである。

　語彙の分類や、ネーミングとは、あるものを他と区別することであって、語彙を比較すれば、それぞれの文化でいかに対象の分類法が異なるかがわかってくる。あるものを指示する語彙があるのか否か、あるものを意識するのか否か、このよ

図2　富山県西部地方の風位と風の名称

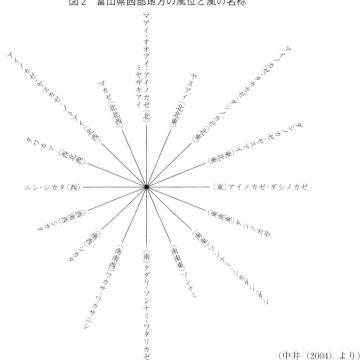

(中井（2004）より)

うな方法をもとに現象世界の体系を探ることが可能である。つまり「ことば」は人間を取り巻く世界を顕在化させ、人々の認識を明確にするという大きな役割をもっている。

　わが国では研究の専門化の名のもとに、学問分野の細分化が進行し、文化人類学は、日本史や東洋史、考古学、地理学といった歴史系部門や社会学などともに社会系部門にあって、言語学や日本語学などとは系統が異なっていて、相互に関わることはあまりない。

　文化人類学は、歴史学や経済学、地理学などのそれぞれ独立した学問体系を、人類認識のために総合化するための学問で、それは経済学の知見や歴史学の知見を人類学的に解釈することでもある。

　言語学や日本語学は、いつのまにか机上で行われる理論的研究が主流となって、実験的でありフィールドの学であるはずの本来の姿からかけ離れてしまった。こ

とばの研究では、単純化された理論のための理論だけでは、どうしても処理しきれない現実的な問題が残る。個別化・専門化による学問的閉塞状況の打破のためにも総合の知である文化人類学的方法が重要となろう。

〔引用・参考文献〕
秋道智彌（1987）「海・川・湖の資源の利用方法」『日本の古代 8　海人の伝統』中央公論社
梅棹忠夫ほか（1994）『文化人類学事典』弘文堂
渋沢敬三（1959）『日べ魚名の研究』アチックミューゼーアム
中井精一（2004）「語彙分布からみた富山県方言の地域差とその背景」『日本海沿岸の地域特性とことば』桂書房
中井精一（2016）「ぶり（鰤）」『新日本言語地図』朝倉書店
福田邦夫（1999）『色の名前はどこからきたか－その意味と変化』青娥書房
宮岡伯人（1996）『言語人類学を学ぶ人のために』世界思想社
室山敏昭（1982）「地方の生活と方言語彙」『方言の語彙』明治書院
米山俊直（1991）『文化人類学を学ぶ人のために』世界思想社
Berlin, Brent; Kay, Paul（1969）, Basic Color Terms: Their Universality and Evolution, University of California Press
E. サピア、B.L. ウォーフ（1995）『文化人類学と言語学』池上嘉彦（訳）弘文堂
ルース・ベネディクト（1967）『菊と刀－日本文化の型』長谷川松治（訳）社会思想社

10 ヴァーチャル・コミュニケーション

　現実の対面によるコミュニケーションとの対比で、電子メディア上の仮想空間でのコミュニケーションを**ヴァーチャル・コミュニケーション**と呼ぶ。**メディア・コミュニケーション**という用語も類義の表現として使われる。**スマホ**などのモバイルメディアやデスクトップPCを含む電子メディア上で行われるコミュニケーションをさす。90年代にメールが普及し始めたころ、**ネチケット**（ネット上のエチケット）ということばがしばしば使われた。**フレーム**（flame、炎上）などの問題がネット上では発生しやすいことが注目されたからだ。フレームとは、PC上の些細なことがきっかけで口論や中傷にまで広がる状態をさし、炎が燃え盛る様にたとえて名づけられた。対面コミュニケーションでは**パラ言語**（声の質や高低、抑揚など言語の周辺情報）や**非言語**（目の動きや顔の表情、体の動かし方）が理解を助けるが、ネットではそれが欠落するため、誤解や不快感につながりやすい。**顔文字**や**カッコ文字**（文末につける（笑）など）が多用されるのも、このような軋轢を避けたいという意思が働いているからだと考えられる。異なるメディアを使ってコミュニケーションする場合、双方のメディアの違いを意識し、それに相応しいマナーを心がけることが求められる。たとえば、**スマホ**からPCへメールを送る場合、自分を名乗る、改行して書くなどの配慮が必要だ。

　近年のコミュニケーションの傾向として、従来対面で行われてきた事柄がメディアを通して、そして書きことばで行われる頻度が増えていることがあげられよう。従来ことばは対面の話しことばを土台に書きことばで整えられてきたという歴史がある。しかしメディア利用の頻度や割合が多くなってきた近年、メディア上のやりとりは対面のやりとりと同等に重要であり、時にはむしろ通常の形であるという方向に進んでいるのかもしれない。メディア上のコミュニケーション・スタイルや頻繁に使われる表現が対面での話しことばにも影響を与える現象も増えてきている。

IV

基礎知識

図書館と文献の調べ方

　言語研究を進めるためには、先行研究を把握するということと、対象とする言語データを収集し、その言語データに基づいた考察を行うということの二つが重要である。ここでは、前者の、先行研究を把握するにはどうすればよいかということについて述べる。

　文献を調べるには図書館に出向くのが基本であるが、近年は、図書館に行かなくても、各図書館のHP（Home Page）を見ることで、本の所在を確かめることができるし、そもそもインターネットで、自宅にいながらにして、その分野の主要文献、存在場所を知ることができ、かつ雑誌論文の場合は、ダウンロードして、その場で手に入れることができるものもある。

　この章では、(1) 文献にはどのような種類があるか、(2) 何を読むべきかを知るにはどうすればよいか、(3) それらの所在場所を知り、手に入れるにはどうすればよいかについて述べる。

1　文献の種類

　文献には、いくつか種類がある。まず、図書館で見ることのできるものとしては、図書と雑誌論文の2種類がある。その他、近年では、さまざまなHPに直接情報が書き込まれ、それが研究上有益な場合もある。

1－1　図書

　図書には、**入門書**として書かれたもの（その分野を学習する者を対象にしたものと、一般の読者を対象にしたものがある）、著者がこれまで書いてきた論文を1冊にまとめたもの、還暦記念・古稀記念のように、ある人物ゆかりの人たちが著者となり関連のテーマの論文を集めたもの、博士論文を単行本としたもの等、さまざまな種類の図書が存在する。単著もあれば共著もある。

講座物も各種存在する。「〜講座」「〜シリーズ」などの名称で、体系的に記述されたもので、入門書的な役割を果たすものが多い。**事典**という形式をとる場合もある。事典には、五十音順に項目を並べる場合と、内容によってまとめて並べる場合がある。

　日本語学の研究を進める上では、いきなり専門的な文献を読むよりは、まず入門的な文献を読んで基本的なことを把握することが望ましい。「概論」「概説」「入門」「要説」と銘打ったものや、上述の講座物、事典類などが参考になる。また、「文献の文献」というべきもの（**文献目録**）がある。どのような文献が存在するかを一覧できるものである。講座物、事典類、文献目録の順に、学習を進める上で有益と思われる、代表的なものをあげる。

〔講座物の例〕
- 『岩波講座　日本語』全12巻＋別巻　1976〜1978　岩波書店
  ［かなり古いが基本的な文献である。］
- 『日本語の世界』全16冊　1980〜1985　中央公論社
- 『講座　日本語と日本語教育』全16冊　1989　明治書院
  ［分野が細かく分かれていて、それぞれの分野について理解しやすい。］
- 『岩波講座　言語の科学』全11冊　1997　岩波書店
  ［周辺領域のことまで書かれていて、参考になる。］
- 『朝倉日本語講座』全10冊　2002〜2005　朝倉書店
  ［日本語学全体の研究を知ることができる。］
- シリーズ『ケーススタディ』全7冊　1987〜2005　おうふう
  ［現在刊行されているのは、「日本語の語彙」「日本文法」「日本語の文章・談話」「日本語教育」「日本語のバラエティ」「日本語の表現」「日本語の歴史」の7冊。それぞれの領域の基本的な考え方が理解できる入門書である。基本的参考文献が列挙されている。］

- 『日本の言語学』全8巻　1978〜1985　大修館書店
- 『論集日本語研究』1978〜1986　有精堂出版
- 『研究資料日本文法』全10巻　1984〜1985　明治書院

- 『日本語研究資料集』1992〜　ひつじ書房
  ［上記 4 文献は、過去の代表的論文が収録されていて便利である。］

〔事典類の例〕

- 『国語学大辞典』1980　東京堂
  ［国語学の分野の専門語を引くのに使用する。見出し語が五十音順に並べてある。］
- 『日本語百科大事典』1988　大修館書店
  ［分野ごとに並べてあり、日本語学の全体を把握するのに便利。］
- 『日本語学キーワード事典』1997　朝倉書店
- 『日本語文法大辞典』2001　明治書院
- 『言語学大辞典』1971〜2001　三省堂
- 『日本語学研究事典』2007　明治書院
- 『計量国語学事典』2009　朝倉書店
- 『日本語文章・文体・表現事典』2011　朝倉書店
- 『日本語文法事典』2014　大修館書店

〔文献目録の例〕

- 『国語年鑑』1954〜2008　国立国語研究所（編）
  ［ある年にどのような文献が発表されたかが記載されている。「文法」「語彙」等、分野別に文献の書誌情報が並べてある。図書と雑誌論文に分けて記載されている。本としての発行は 2008 年で終了しており、現在、「2－2」で紹介する国立国語研究所の「日本語研究・日本語教育文献データベース」に吸収されている。］
- 『日本語学論説資料』（旧『国語学論説資料』）1964〜　論説資料保存会
  ［各分野別冊となり、目録だけではなく、実際に論文のコピーが収録してあり、論文の所在を探して手に入れる手間が省け、便利である。2000 年から CD-ROM 版あり。］

　近年は、書物でなく、インターネット上に、文献目録に相当するものが存在し、便利である。それらは「2」で紹介する。

1-2　雑誌

　雑誌にも啓蒙的なものと専門的なものがある。日本語学の分野の雑誌で啓蒙的なものとしては、以下のようなものがある。啓蒙的な雑誌に掲載されている論文は、ほとんどが依頼論文（その分野の専門家に、編者が執筆を依頼するもの）である。

〔啓蒙的雑誌〕
- 『日本語学』（明治書院）1982〜
  〔毎月特集を組んでおり、日本語学にどのような分野があるかを知るためにも便利である。〕
- 『月刊言語』（大修館書店）1972〜2009
  〔日本語に関する話題ばかりではないが、他の言語の話題を知ることも、日本語研究にとって有益である。2009年12月までの刊行である。〕

　それに対して、専門的な雑誌としては、各学会の機関誌や、各大学で、学科単位、学部単位、研究所単位、大学単位で発行する紀要と呼ばれるものがある。学会誌の研究論文は、査読を経て掲載され、最先端の研究と言えるものである。紀要は、各大学それぞれの審査方法に則って論文が掲載される。

〔専門的雑誌－学会誌の例〕（他は、学会情報の章参照。）
- 『日本語の研究』（旧『国語学』）（日本語学会（旧国語学会）の機関誌）
- 『社会言語科学会』（社会言語科学会の機関誌）
- 『計量国語学』（計量国語学会の機関誌）

など

2　どのような文献があるか、何を読むべきかを調べる

　どのような文献があるかを調べるには、まず一つには、上記「1」に記した、『国語年鑑』や『日本語学論説資料』などの「文献の文献」（文献目録）を使用する手がある。ある年にどのような研究が発表されているかを知り、その中で興味のあるもの、調べたい事柄に関係が深いと思われるものをピックアップする。し

かし、過去何十年にもわたる文献リストを目で眺めるのでは非効率的である（『日本語学論説資料』はCD-ROM化され、かなり便利にはなったが）。近年は、書物ではなく、インターネット上の「**文献検索**」によって、読むべき文献が何かを探し当てることができる。

2－1　図書の検索

　図書の検索システムとして、各図書館では、**OPAC**（オンライン閲覧目録 Online Public Access Catalog）が使われている。題名以外にも著者や発行年、出版社、キーワード等で文献を探すことができる。キーワードは、OPACでは「件名」という名称で各文献に付与されている。「件名」は予め決められた語なので、何を入れてもヒットするというわけではない。たとえば「モダリティ」について調べたいときは、「モダリティ」ということばを題名に含む文献を調べるといくつか候補が出てくるが、「モダリティ」を件名に入れても出てこない。よく見ると、「モダリティ」関連の文献には、「日本語」のような大きな件名しかついていないものと、「法（言語学）」のような「モダリティ」の類義語にあたる語が件名としてついているものとある。「法（言語学）」を件名に入れて調べると、関連する文献が見つかる。一般にOPACで雑誌論文の検索はできない。雑誌そのものの検索はできるが、その中に含まれる個々の論文については検索できないのである。雑誌論文の検索については、「2－2」に記述する。

　最近の図書館は、自宅からでも検索可能である。大学の図書館、地域の公共図書館等、さまざまな図書館がそれぞれのHPを持っており、そこから検索ができるようになっている。

- 国立国会図書館OPAC（NDL-OPAC　http://opac.ndl.go.jp/）
  国立国会図書館サーチ（NDL Search　http://iss.ndl.go.jp/）
  ［国立国会図書館OPACは、日本国内で出版された図書のほぼ全てを網羅していて、検索に便利である。雑誌論文の検索も可能である。さらに、国立国会図書館サーチは、全国の公共図書館、公文書館、美術館や学術研究機関等が提供する資料、デジタルコンテンツを統合的に検索できるサービスである。］
- Webcat Plus（http://webcatplus.nii.ac.jp/）
  ［国立情報学研究所（NII）（http://www.nii.ac.jp/）が提供するサービスの

一つとして、Webcat Plus がある。大量の情報の中から、人間の思考方法に近い検索技術「連想検索機能」を使って、必要な図書を効率的に探すことができるシステムである。所蔵している大学図書館等を知ることもできる。]
- CiNii Books（http://ci.nii.ac.jp/books/）（サイニイ　Citation Information by NII）
［CiNii Books は、国立情報学研究所のサービスの一つとして設けられている。NACSIS-CAT に蓄積された全国の大学図書館が所蔵する本（図書や雑誌など）の情報を提供するサービスである。最近の本だけでなく、古典籍、洋書、CD、DVD などまで幅広く検索することができる。］

2－2　雑誌論文の検索

雑誌論文の検索システムとしては、以下のようなものがある。
- 国立国会図書館（NDL）雑誌記事索引（http://opac.ndl.go.jp/Process）
［「2－1」でも述べたように、国立国会図書館 OPAC から検索することができる。］
- CiNii Articles（http://ci.nii.ac.jp/）
［国立情報学研究所の CiNii Articles がある。CiNii Articles は、学協会誌・大学研究紀要・国立国会図書館の雑誌記事索引データベースなど、学術論文情報を検索の対象とする論文データベース・サービスである。検索された論文の引用文献情報をたどったり、本文を参照したりすることができる。無料一般公開されている論文と有料公開の論文が存在する。論文そのものをダウンロードできる場合も多いことから、雑誌論文の入手が簡単になる。］
- Magazine Plus（http://www.nichigai.co.jp/database/mag-plus.html）
［国会図書館（NDL）雑誌記事索引を上回る、日本最大級の雑誌記事データベースである。合計で雑誌 32,128 誌＋図書 13,124 冊の、論文・記事 1,675 万件を収録している（2017.6 現在）。国内最大の雑誌・論文情報データベースだが、有料なので、各機関が契約を結んで利用している場合が多い。］

その他、各機関が文献データベースを持っており、公開している。
(1)　国立国語研究所（http://www.ninjal.ac.jp/）
- 日本語研究・日本語教育文献データベース

（https://www.ninjal.ac.jp/database/bunken/）

［1950年以降発行の日本語および日本語教育に関する論文・図書のデータベース。国立国語研究所が編集発行していた『国語年鑑』と『日本語教育年鑑』の掲載情報を統合し、新規データを追加している。データは年に4回程度追加され、約22万5千件のデータから文献を検索することができる。また、このうち約2万件の論文については、本文 PDF へのリンクがある。データベースには以下のものが含まれる。

1. 論文データベース
    - 雑誌データベース（学術雑誌・大学紀要掲載論文）：約18万7千件（2017年8月現在）
    - 論文集データベース（論文集に掲載された個々の論文）：約1万5千件（2017年8月現在）
2. 図書データベース（図書）：約2万3千件（2017年8月現在）

このうち 2. については、『国語年鑑 1994〜2009 年版』に採録されたデータを 2016 年 5 月に公開し、これ以降のデータを追加したものである。

雑誌論文データベース（学術雑誌、大学紀要掲載論文）と論文集データベース（論文集などの単行本に掲載された論文）を検索できる。］

- 雑誌『国語学』全文データベース（http://db3.ninjal.ac.jp/SJL/）

    ［日本語学会の（旧）機関誌『国語学』全巻（第1輯（昭和23年）〜終刊第219号（平成16年））の全文テキストデータベース。国立国語研究所に移管された。］

⑵　国文学研究資料館（http://www.nijl.ac.jp/）

国文学論文目録データベース（https://base1.nijl.ac.jp/~rombun/）

［日本文学研究論文の総合目録データベース（大正・昭和・平成）。国文学研究資料館で所蔵している日本国内で発表された雑誌紀要単行本（論文集）等に収められた、日本文学・日本語学・日本語教育の研究論文に関する情報を掲載している。］

2－3　その他の検索

そのほか、インターネット上で、一般の**検索エンジン**を用いて探すこともでき

る。デフォルトの検索だと、ブログ等にもヒットするが、検索オプションでドメインを ac.jp にすれば、大学から発信された情報を得ることができるし、ファイル形式を pdf にすれば、pdf 形式のファイル（論文としてまとめられたものが多い）を見つけることができる。種々雑多なものが拾われる中に、有益な情報が見つかることもあるというわけである。

3　文献を手に入れる

　見つけた文献を実際に手に入れるにはどうすればよいか。存在を知ると同時に手に入れることができる場合もある（ダウンロードで手に入れる場合など）が、存在を知ってから手に入れるまでに、更に手続きを踏まなければならない場合もある。

　図書であれば、図書館から借りる、あるいは書店で購入する、というのが一般的な入手方法であろう。図書館には、大学の図書館、地域の図書館、国立国会図書館等がある。最寄りの図書館になくても、取り寄せてもらうことができる場合が多い（その場合は、持ち帰りは禁止されているのが普通である。図書館内での閲覧となる）。

　図書館や書店の本は、それぞれの図書館、大型書店の HP で蔵書の確認をすることができる。そのほか、「2－1」で紹介した Webcat Plus では、全国の大学・研究機関の所蔵資料を検索することができる。どこに所蔵されているかを知ることができるのである。

　また、単独の図書館、書店を検索するのではなく、複数の図書館、書店を横断的に検索することも可能である。
- 図書館と本の情報サイト（http://www.jcross.com）
　［図書館の本の横断検索と、古本屋の本の横断検索が可能である。］
　古本屋については、以下のようなサイトもある。
- 日本の古本屋（http://www.kosho.or.jp/）
　また、所在確認だけでなく、購入も、最近は、出向いていかなくても、インターネットで注文することが可能になってきている。出版社、書店の各 HP から注文したり、上記の横断検索のサイトや、amazon（http://www.amazon.co.jp

/）等でオンライン注文することが可能である。

　雑誌論文の場合は、一般に雑誌の貸し出しは行わないので、コピーで手に入れることになる。まず掲載雑誌がどこに存在するかを調べ、そこに出向く、あるいはそこからコピーサービスを利用して、当該論文のコピーを取り寄せることになる。インターネット上に公開されている場合は、ダウンロードして手に入れることができる。

4　書誌情報の記録、文献の整理・保管

　せっかく文献を手に入れて読んでも、読んだことすら忘れてしまったり、どの雑誌に載っていたものかわからなくなったりすることが多々ある。文献の書誌情報は、必ず記録しておこう。また、文献に書かれていた内容を簡単にメモしておくとあとで役に立つ。

　また、文献の整理・保管の方法として、雑誌論文の場合は、紙として保管するときは、コピーのサイズを揃えたり、ファイリングを工夫したりしないと、散逸しやすい。今後は、パソコン上での保管が一般的になる可能性もある。

　この章に記述したことは、2017年10月現在の情報なので、特にインターネットに関連する事柄は急速に変化する可能性がある。常に目配りすることが大切である。

〔参考文献〕

岡島昭浩（2005）「日本語学とインターネットの使い方」『日本語学』Vol.24　No.4（特集　今どきの日本語学入門）66-76　明治書院

田野村忠温（1994）「参考文献の見つけ方　現代語の参考文献」『ハンドブック論文・レポートの書き方』（『日本語学』Vol.13　No.6　5月臨時増刊号）明治書院

茂木俊伸（2014）「日本語文法研究のための文献検索－データベース検索から論文公開まで－」日本語文法学会第15回大会チュートリアル資料（http://www.let.kumamoto-u.ac.jp/literature/asia/nihonbungaku/tmogi/misc/sjg_tutorial_mogi.pdf）

〔参考URL〕

後藤斉HP「インターネットを利用した文献検索－主として言語研究のために－」（http:

//www.sal.tohoku.ac.jp/~gothit/bunkenkensaku.html）

聖心女子大学日本語日本文学科ハンドブック WEB 版
（https://www.u-sacred-heart.ac.jp/depart/major/2/handbook.htm）

実践女子大学図書館　図書・雑誌探索ページ
（http://www.jisser.ac.jp/library/search/seach.html）

東京女子大学図書館 HP（http://library.twcu.ac.jp/）

日本女子大学図書館　日本語学研究の資料をさがす（https://www.lib.jwu.ac.jp/lib/ST-JS.html）

学会情報

　日本語学の分野において最も中心となる学会は「日本語学会」(旧「国語学会」)であろう。その他、各分野に学会が存在する。どのような学会が存在するか、ここでは、少し関連学会を広く考え、理系の学会も含めて、次の14学会8研究会1協会を紹介する。
　URLは今後変更の可能性がある。検索エンジンでwwwを探せば見つかるはずである。

1　文系中心の学会・研究会

　1）日本語学会（旧国語学会）(https://www.jpling.gr.jp/)
　2）計量国語学会（http://www.math-ling.org/）
　3）日本音声学会（http://www.psj.gr.jp/）
　4）日本語文法学会（http://www.nihongo-bunpo.org/）
　5）社会言語科学会（http://www.jass.ne.jp/）
　6）公益社団法人　日本語教育学会（http://www.nkg.or.jp/）
　7）日本言語学会（http://www.ls-japan.org/）
　8）日本語用論学会（http://www.pragmatics.gr.jp/）
　9）日本認知言語学会（http://www.2jcla.jp/）
　10）日本方言研究会（http://dialectology-jp.org/）
　11）語彙・辞書研究会（http://dictionary.sanseido-publ.co.jp/affil/goijisho/）

2　理系中心の学会・研究会

　12）一般社団法人　言語処理学会（http://www.anlp.jp/）
　13）情報処理学会（http://www.ipsj.or.jp/）

13-1) 自然言語処理研究会（NL）（https://nl-ipsj.or.jp/）
13-2) 音声言語情報処理研究会（SLP）（http://sig-slp.jp/）
13-3) 人文科学とコンピュータ研究（http://www.jinmoncom.jp/）
14) 電子情報通信学会（http://www.ieice.org/）
14-1) 言語理解とコミュニケーション研究会（NLC）
　　　（http://www.ieice.org/~nlc/）
15) 人工知能学会（https://www.ai-gakkai.or.jp/）
15-1) 言語・音声理解と対話処理研究会（SLUD）
　　　（https://jsai-slud.github.io/sig-slud/）
15-2) ことば工学研究会（SIG-LSE SLUD）
　　　（http://ultimavi.arc.net.my/banana/Workshop/）
16) 日本認知科学会（http://www.jcss.gr.jp/）
17) 言語資源協会（http://www.gsk.or.jp/）

　1）から11）が文系中心の学会・研究会であり、12）から17）は理系中心の学会・研究会である。その中で、計量国語学会は、文系中心ではあるが、かなり多分野にわたる会員を有し、言語処理学会は、理系中心と言えども、文系の参加を積極的に進めており、また日本認知科学会も参加者が多分野にわたる学会と言えよう。それぞれの学会・研究会のホームページを参照すると詳しい情報が得られる。ここでは、ごく簡単にその内容を紹介する。

1）日本語学会（旧国語学会）（https://www.jpling.gr.jp/）

　日本語研究の進展と研究者相互の連絡をはかることを目的として、1944年に「国語学会」として設立され、2004年1月に「日本語学会」に改称した。日本語を研究対象とする研究者、および日本語に関心を抱く人々を会員として運営されている。
　主な活動は以下の通り。
- 機関誌『日本語の研究』（旧『国語学』）（年4回）およびその他の図書の刊行
- 研究発表会・公開講演会の開催（年2回）

会員数は約 1,700 名。日本語学の分野で中心となる学会である。

2）計量国語学会（http://www.math-ling.org/）

　数理的方法による国語研究の進歩をはかり、言語に関係がある諸科学の発展に資することを目的とした学会で、1957 年に設立された。

　主な活動は以下の通り。
- 大会開催（年 1 回、予稿集配布）
- 機関誌『計量国語学』発行（年 4 回）

現在の会員数は約 300 名。初期の『計量国語学』には、計量的研究に関する啓蒙的な記事が多く、今日においても大いに参考になる。また近年は、特集を組んだり、解説記事を設けたりして、この分野の研究の進展に資している。

3）日本音声学会（http://www.psj.gr.jp/）

　諸言語の音声に関する研究を促進し、その研究の教育的・実際的応用の展開に資し、併せて会員相互の連絡提携を図ることを目的とする学会で、1926 年に設立された。

　主な活動は以下の通り。
- 機関誌『音声研究』の発行（年 3 回）、研究録他の学術図書の刊行
- 研究発表会その他の研究集会、講習会等の開催
　　全国大会の開催（年 1 回）、研究例会開催（年 2 回）、音声学セミナー開催（年 1 回）

会員数は約 900 名。90 年の歴史を持つ学会である。

4）日本語文法学会（http://www.nihongo-bunpo.org/）

　日本語文法研究の進展と研究者の育成を図ることを目的として、2000 年に設立された。日本語の文法研究を核に据えた学会である。日本語を核に据えながら、他の言語の研究者との対話を図り、文法を中心にしながら、他領域の研究者とも協同して、日本語文法研究の進展を目指す集まりである。

　主な活動は以下の通り。
- 学会誌『日本語文法』の発行（年 2 回）

- 大会の開催（年1回）

会員数は約630名。

5）社会言語科学学会（http://www.jass.ne.jp/）

言語・コミュニケーションを人間・文化・社会との関わりにおいて取り上げ、そこに存在する課題の解明を目指す学会として、1998年に設立された。

主な活動は以下の通り。
- 学会誌『社会言語科学』の発行（年2回）
- 研究大会（講演・シンポジウム・研究発表）の開催（年2回）
- 講習会などの開催

会員数は約1,270名。

6）公益社団法人　日本語教育学会（http://www.nkg.or.jp/）

日本語を第一言語としない者に対する日本語教育の研究促進と振興を図り、もって我が国の教育・学術の発展並びに我が国と諸外国との相互理解及び学術の交流に寄与することを目的としている。日本語教育に関係している教師や研究者の団体として、1962年に「外国人のための日本語教育学会」という名称で発足し、1977年に、外務省、文部省共管の公益法人となった。外務・文部両省の許可により、社団法人を設立、名称を「日本語教育学会」（The Society for Teaching Japanese as a Foreign Language）とする。2013年、公益社団法人に移行。

主な活動は以下の通り。
- 大会の開催（年2回）、研究集会の開催（年11回程度）
- 学会誌『日本語教育』の刊行（年4回）
- 日本語教師研修コース開催、図書の刊行、データベースの作成等

会員数は約4,000名。

7）日本言語学会（http://www.ls-japan.org/）

言語の科学的研究の進歩・発展に寄与することを目的として、1938年に設立。

主な活動は以下の通り。
- 学会誌『言語研究』の発行（年2回）

- 研究大会の開催（年 2 回）
- 夏期講座の開催

会員数は約 2,000 名。80 年の歴史を持つ学会である。

8）日本語用論学会（http://www.pragmatics.gr.jp/）

語用論ならびに関連諸分野の研究に寄与することを目的とし、1998 年に設立された。

主な活動は以下の通り。

- 年次大会の開催（年 1 回）
- 学会誌『語用論研究』の発行（年 1 回）
- 2016 年よりメタファー研究会を有する。

会員数は約 600 名。

9）日本認知言語学会（http://www.2jcla.jp/）

認知言語学および関連領域の研究推進と会員相互の連携を図ることを目的として、2000 年に設立された。

主な活動は以下の通り。

- 大会予稿集の刊行
- 学会誌等の刊行
- 全国大会（研究発表、シンポジウム、ワークショップ等）の開催（年 1 回）
- 講演会、ワークショップなどの開催（随時）
- 地域レベル、分野レベルの分科会などの開催（随時）
- 関連諸学会との共同研究などの実施
- 諸外国の関連学会との連携
- その他、認知言語学の研究発展に寄与する諸活動

会員数は約 900 名。

10）日本方言研究会（http://dialectology-jp.org/）

日本方言研究の促進と研究者相互の連絡を目的とする学会である。1963 年に設立された。

主な活動は以下の通り。
- 研究発表会の開催（年2回、日本語学会の大会に合わせて開催される。）
- 機関誌『方言の研究』の刊行（年1回、2015年より）

会員数は約700名。

11）語彙・辞書研究会
（http://dictionary.sanseido-publ.co.jp/affil/goijisho/）

日本語の意味・用法をより厳密に分析し記述することをめざすとともに、広く言葉にかかわる諸分野をも含めて、語彙・辞書研究の進展を図ることを目的とする。

主な活動は以下の通り。
- 研究発表会・講演会の開催（原則として年2回）

12）一般社団法人　言語処理学会（http://www.anlp.jp/）

わが国の言語処理の研究成果発表の場として、また国際的な研究交流の場として、1994年に設立された。言語学と計算科学の研究者の議論の場を提供することを目指す。2015年より一般社団法人。

活動対象範囲は以下の通りである。
- 音韻論、形態論、構文論、意味論、語用論、記号論、計量言語学、計算言語学、心理言語学、対照言語学、認知言語学、社会言語学
- 計算辞書学、ターミノロジー、電子化辞書、テキストデータベース、ドクメンテーション
- 言語処理アルゴリズム、言語処理用ハードウェア・ソフトウェア、解析・生成システム、言語理解、対話理解、音声理解、談話理解、音声言語処理
- ワードプロセッサ、機械翻訳、情報検索、対話システム、自然言語インターフェース、ハイパーテキスト

主な活動は以下の通り。
- 会誌『自然言語処理』の発行（年4回）
- 大会開催（年1回、研究発表・チュートリアル・招待講演・ワークショップを含む）

会員数は約900名。自然言語処理全般を扱う、最も大きな規模の学会である。

13-1）情報処理学会－自然言語処理研究会（NL）(https://nl-ipsj.or.jp/)

情報処理学会に属する研究会の一つで、以下の分野を取り扱う。

言語理論、言語行動、言語資料・統計、言語データベース、辞書、文法、形態素解析、統語解析、意味解析、文脈解析、対話、談話理解、文生成、音声、言語知識表現・獲得、機械翻訳、情報検索・抽出、文書処理・要約、自然言語ソフトウェア、その他言語解析の応用、等

主な活動は以下の通りである。
- 研究発表会開催（年6回、2016年度までで通算229回）。
- 講習会・シンポジウム開催（それぞれ2年に1回程度）

歴史のある研究会である。

13-2）情報処理学会－音声言語情報処理研究会（SLP）(http://sig-slp.jp/)

これも、情報処理学会に属する研究会の一つである。音声言語情報処理に関係する幅広い研究者が既存の枠組の壁を越えて、積極的に交流するための場を提供し、総合的な観点から音声言語情報処理研究の進展に資することを目的として、1994年度に発足した。

主な研究分野は以下の通りである。
- 音声認識・強調のための音響処理：耐雑音性・音源分離
- 音声認識のための音響モデル：統計的パターン認識・モデル適応
- 音声認識のための単語辞書・言語モデル・サーチ
- 音声言語理解
- 音声合成：音声言語生成・韻律モデル
- 音声対話処理
- 話し言葉の解析
- 音声ドキュメント処理：音声検索・質問応答・音声要約
- 音声言語翻訳
- 言語学習支援（CALL）のための音声言語処理
- 韻律・非言語情報に関する処理
- マルチモーダルにおける音声の処理
- マルチメディアにおける音声の処理

- 音声処理に関するインタフェース
- 音声言語コーパス

主な活動は、年5回の研究発表会開催。

13-3）情報処理学会－人文科学とコンピュータ研究会
（http://www.jinmoncom.jp/）

　これも情報処理学会の研究会の一つで、人文科学分野へのコンピュータ応用をめざして、1989年に設立された。情報技術を活用した人文科学分野の研究や人文科学に関連する情報資源の記録、蓄積、提供を推進している。研究発表会を年3回、シンポジウムを年1回開催している。約240名が登録。

14-1）電子情報通信学会－言語理解とコミュニケーション研究専門委員会（NLC）（http://www.ieice.org/~nlc/）

　電子情報通信学会に属する研究会で、自然言語コミュニケーションの仕組みの解明、自然言語で記述された情報を有効に利用するための自然言語処理技術の開発といった分野を扱う。具体的には、以下のような分野が対象となる。

- 辞書構成、形態素解析、統語解析、意味解析、文脈処理、言語生成、情報検索、対話システムなど、従来から研究されてきた自然言語処理に関する理論・技術・応用
- 複合メディア（音声、画像、…）上での自然言語コミュニケーションに関する理論・技術・応用
- 電子メール、掲示板、ブログといった情報ネットワーク上のシステムにおける自然言語処理の理論・技術・応用
- 誰も思いついたことのないような自然言語に関連する理論・技術・応用

研究発表会を年4回開催。シンポジウムや講習会も年1回企画している。

15-1）人工知能学会－言語・音声理解と対話処理研究会（SLUD）
（https://jsai-slud.github.io/sig-slud/）

　人工知能学会に属する研究会である。1992年設立。主要な研究分野は以下の通り。

音声対話モデル、対話による概念理解と形成、対話のためのプランニング、自然言語理解、自然言語処理、音声処理、音声言語処理、計算言語学、統計的言語モデル、コミュニケーション・モデル、マルチモーダル・インタラクション、マルチメディア・インタフェース技術、インタラクティブ・システム、ユーザ・モデリング、意図理解、心理モデル、社会言語学

研究発表会を年3回開催している。

15-2) 人工知能学会ーことば工学研究会（SIG-LSE SLUD）
(http://ultimavi.arc.net.my/banana/Workshop/)

人工知能学会の研究会の一つで、言葉の意味や感覚／感性を扱い得る工学的な研究を目指して、1999年に設立された。非工学分野との連携、それも心理学や社会学等、今までAIが連携を深めてきた分野だけでなく、文学や芸術等、比較的疎遠だった分野をも巻き込んだ検討が実りある発展をもたらすと考え、「ことば」を中心として科学／工学から文学／芸術に亙る広い範囲の学際的な接触／連携を図り、新時代を切り拓く知見を醸成しようと考えている。

扱う分野の例は以下の通り。

発想工学、言葉の感性／感覚処理、自然言語の意味処理、自然言語インタフェース・感覚的インタフェース、連想の（工学的）実現（連想検索／意味検索）、文学における（工学的）手法、言語感覚の（工学的）取扱い（コンピュータによる言葉遊び／言葉芸術、言葉の視覚的効果・言葉のデザイン・音韻効果の利用）、ことばの発生、言語感覚とコミュニケーション、ネットワーク社会における言葉文化論、手話などのノンバーバルなことば、脳におけることばの処理… etc.

研究発表会を年3回開催している。

16) 日本認知科学会 (http://www.jcss.gr.jp/)

日本認知科学会は「知」の総合的な科学を構築するための学際的な研究交流の場として1983年に設立された。

心理学、人工知能、言語学、脳神経科学、哲学、社会学などさまざまな背景を持つ会員が知の総合科学を目指して、活発な研究活動を行っている。

主な活動は以下の通りである。
- 夏に大会（研究発表・シンポジウム・ワークショップ・講演など）を開催。
- 冬のシンポジウムを開催。
- 学術専門誌『認知科学』の刊行（年4回）。その他、随時テクニカルレポートも発行している。

会員数は約1,400名で、次の八つの研究分科会を有する。

知覚と行動モデリング／学習と対話／教育環境のデザイン／

身体、システム、文化／文学と認知・コンピュータⅡ／

デザイン・構成・創造／芸術と情動／

間合い－時空間インタラクション

各研究分科会は、独自の研究発表会や講演会を年2回程度行っている。

17）言語資源協会（http://www.gsk.or.jp/）

　言語資源協会（GSK）は学会ではないが、言語研究に関連があると思われるので紹介しておく。2003年6月に設立された特定非営利活動法人である。音声データ、レキシコン、テキストコーパス、ターミノロジー、各種言語処理ツール等の言語資源の流通を促進することにより、言語資源を必要とする音声・自然言語処理分野の学術・研究・産業の発展、さらには、言語学分野の研究の推進に貢献することを目的としている。ホームページには、利用可能な言語資源のリストとアクセス先などが掲載されている。

　言語を研究対象とする学会は、理系にも多数存在する。そういった学会にも目配りし、視野を広くすることが望ましい。1～10の学会は、言語系学会連合（http://www.nacos.com/gengoren/　計37学会が所属）に属しており、定期的に意見交換会を開催するなど、協力体制をとっている。

〔**参考URL**〕

日本語学会　リンク集（https://www.jpling.gr.jp/kenkyu/links/）

後藤斉氏HP　国内言語学関連研究機関WWWページリスト

　（http://www.sal.tohoku.ac.jp/~gothit/kanren-soc.html）

ネット情報

ここでは、インターネットと言語研究のかかわりについて述べる。ネット情報が役に立つのは、先行研究を見つけるという側面とデータを収集するという側面の二つの側面においてである。先行研究については、「図書と文献の調べ方」の章で述べたので、省略する。ここでは、データ収集という側面に焦点をあてて述べることにする。データ加工のためのツールについても若干触れる。

1 言語データの収集

1-1 現代日本語の研究が対象とすべき言語データ

現代日本語の研究をするにあたって、対象となる言語データにはどのようなものがあるだろうか。我々の言語生活を振り返ると、実にさまざまな言語データが存在することに気づく。**書き言葉**としては、新聞、雑誌、小説等多岐にわたるし、**話し言葉**も、講演、対談、日常会話等さまざまな言語資料があり得る。典型的な書きことば、話しことば以外にも、その中間的存在、携帯電話のメールやパソコンによるチャットなど、第三の種類とも言うべき言語データが存在する。

「書き言葉」「話し言葉」という用語も、文字による伝達なら書き言葉で、音声による伝達なら話し言葉かと言えば、そうは言えない。以下に、「文字による伝達」「音声による伝達」というくくりで言語データをリストアップしてみる。

文字による伝達
　　事務書類／説明書・カタログの類／賞状・証明書／学術論文／新聞雑誌の記事・論説各種広告／小説（地の文と会話文）／詩・短歌・俳句／随筆／辞書／若者雑誌の文章・投稿記事／ジュニア小説／マンガ／台本（台詞）／映画の字幕（会話）／テレビの字幕（会話）／テレビのニュース速報・地震速報／電車内の文字放送／手紙／通知／掲示・看板・標識・電光掲示板／商品の

パッケージの表示／新聞テレビ欄／飲食店のメニュー／電化製品のボタンやスイッチの表示／ファクシミリ／電子メール（PC・スマホ）／SNS（Facebook、Twitter、LINE 等）／ホームページ／日記／メモ・ノートの類／喫茶店、観光地、各種記念館におかれた感想ノート／筆談　等

音声による伝達

式辞・祝辞／講義・講演（独話の部分と質疑応答、読み上げか否か、OHP・projector を使った発表）／ゼミナールでの報告／会議（独話と議論、大きい会議・小さい会議）／座談／窓口などでの事務的な話（銀行・郵便局・デパート・レストラン etc.）／日常会話一般（あいさつ、用談、雑談、さしず、けんか、感情・感覚の直接的表現など）／電話での会話（留守番電話、電話による情報サービス、電話会議）／テレビ会議／ラジオ・テレビ（ニュース・天気予報・料理番組での説明・しらせ、スポーツ中継、インタビュー・トーク番組、ドラマ）／駅・空港・車内・店内などでのアナウンス／広告放送／演芸（漫才、コント、落語など）・演劇（オペラ、ミュージカルなど）／朗読／歌詞／美術館の音声ガイド、ATM サービス、電子辞書の音声機能、カーナビ／スマートスピーカー（AI スピーカー）　等

　文字による伝達の中にも、「字幕」のように、話しことばをそのまま写し取ったようなものもあり、音声による伝達の中にも、「朗読」のように、書き言葉をそのまま音声化したものがある。そういった多種多様な言語データの中にあって、近年、インターネット上の言語データも、ひときわ、我々の生活の中で重要な位置を占めつつある。

1－2　ネット上の言語データ

　では、ネット上の言語データと言うのは、どのような性質を持っているのだろうか。田中（2003）は、「インターネット上の文書をコーパスとみなすとすると、その多種多様性は、これまで示されてきたコーパス分類の観点から検討しても明らかである。」と述べ、これまでの基準と照らして次のようにまとめている。

【A　竹沢俊幸・末松博（1995）の基準】
　　《内容》異種

《形態》生が主、タグ付き・分析済みも存在
【B　松本裕治・小磯花絵（1996）の基準】
《対象分野》書き言葉（論文・報道から話ことば的要素を多く含む私的文書まで）
《偏在性》網羅性・結束性・推敲の程度いずれも幅広い
《加工度》生が主、章・節・段落などでマークアップされた文書も多い、タグ情報付きも存在する

一方、竹沢俊幸・末松博（1995）、松本裕治・小磯花絵（1996）の分類に対して、後藤斉（1997）は、コーパスの作成者の「意図、想定」を重視して、次のような分類を提案している。

(1)　テキストそのものを志向するコーパス
　　　全体集合はコーパスと同一
(2)　実現された言語のサンプルとしてのコーパス
　　　全体集合はコーパスより大きい有限集合
(3)　言語使用の近似物としてのコーパス
　　　全体集合は無限集合
　(3a)　単一変種のみに焦点をあてるもの
　(3b)　多変種を同時に扱うもの
(4)　言語体系のデータとしてのコーパス
　　　全体集合は無限集合

この観点からネット上の言語データを位置づけようとしても、そもそも誰かがコーパスとして作成したものではないので、正確な意味では位置づけられない。しかし、ネット上の言語データをコーパスとして利用するという立場から考えると、(3b)が最も近いように思われる。

　ネット上の言語データの多種多様性とは、実際にはどのようなものだろうか。ネット上には、どのような言語データが存在するのか。「1－1」で示した「文字による伝達」の中にあるもので、ネット上に現れ得る言語データを考えると、むしろ現れ得ない言語データの方が少なく、その多様性を理解することができる。「映画」「テレビ」「電車内画面」「看板・標識」「商品のパッケージ」「電化製品」など、媒体が限定されているものは、もちろんネット上言語データとしては現れ

ない。しかし、その他、事務文書、マニュアル、学術論文、報道記事、小説、日記等、さまざまなものがネット上に存在する。

既にネット外で確立したデータがネット上に載ることがある（再録）。論文がダウンロードできる場合などがこれに当たる。（ちなみに、論文を、参考文献としてでなく、言語データとして使用することもできる。）

小説等も、著作権の切れているもの、著者の了承が得られたものについては、そのまま載せることがある。ネット上でアクセスできる既存の言語データがいくつか存在する。

- **青空文庫**　http://www.aozora.gr.jp/
  ［インターネットを利用して作った無料公開の電子図書館。著作権の消滅した作品と、著作権者が公開を許可した作品を電子化し、テキストとXHTML（一部はHTML）形式でそろえている。入力や校正の作業に当たっているのは、「青空工作員」と呼んでいるボランティアで、その延べ人数は、2000年11月現在で、約300人。］
- **国文学研究資料館**
  近代文献情報データベース（http://school.nijl.ac.jp/kindai/）
  ［国文学研究資料館がデジタル収集した明治以降の文献の全文画像データベース］
  日本古典文学本文データベース（http://base1.nijl.ac.jp/~nkbthdb/）
  ［岩波書店刊行の旧版「日本古典文学大系」の556作品について、全文検索が可能］

ネット上でアクセスできると言っても、その言語データは大きく三つに分けられる。一つは、画像データとして取り込まれている場合で、これは目で読むことはできるが、文字の一つ一つが電子化（コード化）されているわけではないので、ある語を検索したり、文章を加工したりすることはできない。もう一つは電子化されているが、**付加情報（タグ情報）**は持っていないプレーン・テキストというものである。文字列の検索が可能であり、さまざまな言語研究に使われているが、たとえば、品詞情報等はついていないため、名詞だけ集めようというようなことはできない。三つ目は、付加情報（タグ情報）を持っている言語データで、その情報を用いた分析が可能である。

電子化された言語データが直接入手できるわけではないが、電子化された言語データにどのようなものがあるか知るには、次のようなサイトがある。
- 奈良先端科学技術大学院大学松本裕治研究室「自然言語データに関する情報」（http://cl.naist.jp/）
- 言語情報処理ポータル（http://www.jaist.ac.jp/project/NLP_Portal/）

　新聞記事の場合、紙の新聞とネット上の新聞（asahi.com　http://www.asahi.com/、Yomiuri Online　http://www.yomiuri.co.jp/、日経電子版 http://www.nikkei.com 等）を比べると、全く同じではない。見出しの書き方が最も大きく異なるが、中の記事は、ほとんど同じ場合もあるものの、時々刻々情報が反映できるネットのニュースと、日に2回（朝刊と夕刊）という時間的制約や紙面の大きさという空間的制約を抱えた紙の新聞の記事で、おのずと書き方が変わってくる。また、新聞社のサイトでなく、ネット上のみのニュースサイトも存在し、新聞社の記者という「特別な人」が書くニュース記事ではなく、だんだん書き手が広がりつつある。また、グーグルニュースは、「グーグルがネット上のニュースサイトをすべて巡回し、ニュースの緊急性や重要性を自動的に判断し、「世界のニュース」に優先順位付けし、自動編集してしまうサービス」（梅田 2006）である。時々刻々変化して、固定性がますますなくなっていくだろうし、今後、個の嗜好に合わせてカスタマイズされた情報が集まってくるようになっていくと、どんどん一般性から遠ざかり、共通の言語データとすることはむずかしくなるだろう。そのあたりを認識しつつ扱わなければならない。

　それ以外に、ネット上でのみ得られる言語データというものも存在する。ブログ等の個人的なものから、公的機関のHPまで多彩である。不特定多数の人間がアクセスできるものと、パスワード等の利用により、特定の者がアクセス可能なものがある。有料のものと無料のものというバラエティもある。

1－3　ネット上の言語データを使用した言語研究－問題点と可能性－

　ネット上の言語データを使用するといった場合に、二つの使用方法がある。一つは、既存のデータがネット上に載っているものを使用する場合で、その場合は、元のデータと同一のものであるかどうかが最も大きな問題となる。つまり、入力ミスがないかどうかということである。青空文庫はボランティアによる入力に支

えられているため、入力ミスが多いことがよく指摘される。必ず原典に戻って確認する必要がある。青空文庫は、大まかな傾向を知る、あるいは、研究の導入部分に使用するには大変便利であろうが、それだけで済ますには問題が残る。

　もう一つは、ネット上のみの言語データを使用する場合である。この場合は、検索エンジンを使って収集することが多い。これについては、既に、岡島（1997）、田中（2003）等、さまざまな問題点が指摘されている。特に、次のようなことが大きな問題点と言えるだろう。

　1）　日々変わってしまって、調査結果を再現することができない。
　2）　雑多なものが混ざっている。

　　　「使用」か「言及」か
　　　　こういう表現があるという紹介や批判のような文章に出てきたものは、本来の「使用」ではない。「言及」である。
　　　「本気」か「特別」か「誤り」か
　　　　普通に使用しているのか、特別の意図をもって使用したのか、単純な誤りか、区別できない。特にネットには誤りの存在が多いと思われる。

2）については、既存のデータでも同じような問題が存在する可能性があるが、大量のデータを、あまり中身を見ずに使用するときに大きな問題となる。

　それでも、それらの問題点を認識した上で、ネット上の言語データを使用することは有益であろうと思われる。特に、「流行語や流行しないかもしれないけれど現時点で使われ始めている語（や構文や文章構成法）については、固定されたコーパス内に含まれていないことが多いので、それを用いて調査を行っても用例は得られない。現時点でそのような用例を得ようとしたときに有効なのは、インターネットページであり、検索ページである。」（野浪（2002））

　田中（2003）において、ネット文書で用例調査をする場合に対象とする言語事象としてふさわしいのは、「くだけた場面に現れがちな表現」で、次の6点であるとまとめている。

　①　くだけた言い回し「やっぱし」
　②　ことばのゆれ「ゆう／いう」
　③　誤用「的を得る」
　④　表記（のゆれ）「バイオリン／ヴァイオリン」「おやじ／おやぢ」

⑤　若者ことば「めっちゃ」

⑥　流行語「ぶっちゃけ」

　例えば、井上（2001）では、「～に注意する」と「～を注意する」について、ネット情報を用い、変化の実態を探っている。似たような調査がいくつか行われている（野浪（2002）、柏野（2006）等）。

　ネット情報全般について調べるのではなく、特化した使い方もできる。たとえば、ネット日記に注目し、そのデータを集めて分析したものに、岸本（2004）等がある。データの性質を使って利用することが重要である。

2　ネット上で使えるツール

　言語データを扱うためにネット上で使えるツールにはどのようなものがあるか述べる。

　一つには**辞書**がある。辞書には、人間のための辞書を電子化したものと、コンピュータが使うための辞書がある。人間のための辞書で電子化されているものとしては、CD-ROM として提供されるもの、電子辞書、インターネット上で提供されているものの大きく 3 種が存在する。

　国語辞典で言えば、近年「岩波国語辞典」等多くの辞書が CD-ROM 化されており、電子辞書には「広辞苑」が搭載されているものが多い。インターネット上では、たとえば asahi.com は「大辞林」を採用している。これらは、既存の辞書を電子化したものである。それに対して、Wikipedia のようなものは、ネット上にのみ存在する辞書（この場合は、百科事典）である。Wikipedia は、一般の人が自由に書き込めるようになっている。「衆愚」でなく「衆知」を信じ、かなり高く評価する者もある（梅田 2006 など）が、立場（説）の異なるものが記述する場合の交通整理の方法など、今後考えていかなければならないことが多そうである。

　コンピュータが使うための辞書は、後述する他のシステムの一部として使われることが多い。自分用にカスタマイズできるようになっているものもある（茶筌の辞書など）。

　言語データを加工するためのツールというものも存在する。フリーソフトとし

て提供されているものも多い。**形態素解析**（文を単語に分割し、品詞情報等のラベルづけを行う）のツールとしては、奈良先端科学技術大学院大学の「ChaSen「茶筌」」や京都大学の「JUMAN」がよく使われている。形態素解析ツールの他に、**構文解析**（文の係り受け構造を出力する）ツール他も提供されているので、以下のサイトを参照されたい。

- 奈良先端科学技術大学院大学松本裕治研究室「自然言語処理ツール」（http://cl.naist.jp/）
- 京都大学黒橋・河原研究室「NLPリソース」（http://nlp.ist.i.kyoto-u.ac.jp/）

国立国語研究所が提供している形態素解析ツールWeb茶まめ（http://chamame.ninjal.ac.jp/）や、樋口耕一氏による計量テキスト分析・テキストマイニングのフリーソフトウェアKH Coder（http://khc.sourceforge.net/）も大変有用である。

その他、検索ソフト、自動翻訳ソフト、自動要約ソフトなどが提供されている。

検索した結果をKWIC索引として出力するソフトとしては、次のようなものがある。

- KWIC Finder－ファイルGREP検索・テキストビューア
（http://ebstudio.info/home/KWIC.html）

翻訳ソフトは、有料のもの、無料のものが各種存在し、ネット上で自由に使える無料ソフトも大変多い。Google、Yahoo等、各サイトに翻訳機能がついている。深層学習（Deep Learning）により、最近の翻訳の精度は飛躍的に上がっているという。

自動要約ソフトは文書作成ソフト（Word等）についているが、文抽出の簡単なものであって、まだ十分な要約ができるとは言えない。

言語データとともに、言語データを扱うツールについても積極的に使用すると、対象とする言語そのものや、言語研究の方法について、視野が広がるであろう。

3 おわりに

　ネット上の情報の質は千差万別・玉石混淆であると言われる。使い方によっては有益なものの、電子化する前の情報がある場合はそれと照らし合わせる、なるべく信頼性の高いサイトの情報を用いる、検索エンジンの性質を把握した上で利用する等の工夫が必要である。

〔参考文献〕

井上優（2001）「［問 13］時々「～を注意する」という言い方を見聞きするのですが、「～に注意する」が正しい言い方ではないでしょうか」『新ことばシリーズ 14 言葉に関する問答集－よくある「ことば」の質問－』国立国語研究所

梅田望夫（2006）『ウェブ進化論－本当の大変化はこれから始まる』ちくま新書　筑摩書房

岡島昭浩（1997）「インターネットで調べる」『日本語学』Vol. 16　No. 12（特集　ことばを調べる）明治書院

荻野綱男（2014）『ウェブ検索による日本語研究』朝倉書店

荻野綱男・田中ゆかり（2005）「インターネットは言語研究のツールになるか」『月刊言語』Vol. 34　No. 2　大修館書店

荻野綱男・田野村忠温（編）（2011）『講座 IT と日本語研究 6　コーパスとしてのウェブ』明治書院

荻野綱男・田野村忠温（編）（2011）『講座 IT と日本語研究 7　ウェブによる情報収集』明治書院

柏野和佳子（2006）「国語辞典の釈義と用例の検討」言語処理学会第 12 回年次大会　一般発表 S1-2　予稿集

岸本千秋（2004）「ウェブ日記文体の計量的分析の試み」『武庫川女子大学言語文化研究所年報』16

竹沢俊幸・末松博（1995）「音声・テキストコーパスとその技術構築、標準化動向」『人工知能学会誌』10　人工知能学会

田中ゆかり（2003）「ネット検索は言語の研究に有用か」『コーパス言語学』（『日本語学』Vol. 22　No. 5　臨時増刊号）明治書院

松本裕治・小磯花絵（1996）「日本語のコーパス」『月刊言語』Vol. 25　No. 10　大修館書店

野浪正隆（2002）「インターネットを利用して「担保する」を解く」『学大国文』45（大阪

教育大学国語教育講座・日本アジア言語文化講座)
樋口耕一（2014）『社会調査のための計量テキスト分析』ナカニシヤ出版

〔**参考 URL**〕

後藤斉 HP　http://www.sal.tohoku.ac.jp/~gothit/gothitj.html

索　引

あ　行

相づち ……………………………………… 231
アイヌ語 ……………………………………… 11
青空文庫 ……………………………… 221, 269, 270
アクセント ………………………… 27, 201, 226, 227
アクセント核 ……………………………………… 28
アスペクト ……………………………………… 82, 91
頭高型 ……………………………………… 29
あて字 ……………………………………… 116
甘え ……………………………………… 228
雨 ……………………………………… 240
アル的言語 ……………………………………… 230
暗示的意味 ……………………………………… 59
家柄 ……………………………………… 136
家の格 ……………………………………… 136
異音 ……………………………………… 26
イ音便 ……………………………………… 78, 173
イ形容詞 ……………………………………… 173
意識 ……………………………………… 6
異質性 ……………………………………… 237
位相 ……………………………………… 49
位相語 ……………………………………… 49
位相文字 ……………………………………… 117
異体字 ……………………………………… 117
一段動詞 ……………………………………… 173
一般的意味 ……………………………………… 58
犬 ……………………………………… 36, 58
異文化 ……………………………………… 236
異文化研究 ……………………………………… 234
異文化理解 ……………………………………… 234
意味 ……………………………………… 123, 214
意味関係 ……………………………………… 52, 60
意味体系 ……………………………………… 52
意味特徴 ……………………………………… 59
意味の合成 ……………………………………… 66
意味の派生 ……………………………………… 66
意味範囲 ……………………………………… 60
意味分野 ……………………………… 44, 45, 52, 62
意味役割 ……………………………………… 80
意味領域 ……………………………………… 62
意味論 ……………………………………… 3
イメージ ……………………………………… 149, 214
医療用語 ……………………………………… 52
慇懃無礼 ……………………………………… 190
印刷体 ……………………………………… 117
インターネット ……………………………………… 266
インタラクション ……………………………………… 167
咽頭 ……………………………………… 19
イントネーション ……………………………………… 27, 30
隠喩 ……………………………………… 66
韻律 ……………………………………… 27
ヴァーチャル・コミュニケーション
 ……………………………………… 244
ウェブ ……………………………………… 179
ウェブページ翻訳 ……………………………………… 197
ヴォイス ……………………………………… 82, 87
ウォーフ ……………………………………… 237
ウザイ ……………………………………… 156
ウザッタイ ……………………………………… 156, 157
牛 ……………………………………… 227
埋め込み文 ……………………………………… 81
英語 ……………………………… 12, 16, 35, 196, 218
越中五箇山方言 ……………………………………… 136
絵文字 ……………………………… 112, 124, 233
円唇性 ……………………………………… 22
オーディオ・リンガル方式 ……………………………………… 175
沖縄方言 ……………………………………… 10
送り仮名 ……………………………………… 120
尾高型 ……………………………………… 29
オノマトペ ……………………………… 40, 169, 170
音 ……………………………………… 116
音韻 ……………………………………… 226
音韻論 ……………………………………… 3, 18, 25

音響音声学	18
音響分析	24
音象徴	169、170
音声	267
音声学	3、18
音声器官	19
音声記号	20
音声言語情報処理研究会	262
音声合成	199、200
音声字母	20
音声認識	201
音声表記	20
音声表現	201
音節	24、26
音節構造	169、226
音節文字	111
音素	19、25、169、201
音素文字	111
音便	78
音読み	116、125

か 行

が	84
開音節	226
下位語	60
外国移民	11
外国語	218
外国語教育	223
外国語としての日本語	166
外国人	11、162
外国人労働者	177
楷書	117
概念	227、228
概念的意味	59
外来語	42、45、50、120、171
会話	231
会話のルール	231
会話分析	181、182
顔文字	112、124、233、244
家格	136
ガ格	79
書き言葉	107、201、221、266
カ行変格活用	73
核	28
格	79、80

格関係	48、85
学習支援	177
学習者	206
学習者主体	176
学習者中心	176
学習者の多様化	165
学習心理学	216
格助詞	79、80、172
画数	118、125
格成分	81、85
過去形	93、103、173、225
過去時制	103
風	241
画像データ	269
型	228、229
片仮名	110
かたつむり	147
価値尺度	237
学会	256
学校文法	73、74
カッコ文字	233、244
活用	71、72、73、173
活用語尾	73、75、77
活用表	74、75
可能文	90
カ変	73
上一段活用動詞	73
漢語	42、45、50
漢字	12、110、115、123、171
漢字仮名交じり	113
漢字圏	114
干渉	152
感情的意味	59
完成相	91
間接受動文	88、90
間接発話行為	192
簡体字	117
看板	141
換喩	66
慣用句	67、68
簡略表記	20
キーワード	250
擬音語	40、169、170
機械翻訳	196
基幹語彙	57

聞き手	185
記号	112
帰国子女	162, 165
擬声語	40
規則活用	73, 76
擬態語	40, 169, 170
気づかい	128
気づかない方言	155
起動相	91
基本義	65
基本色彩語	238
基本母音	21
逆接	102
旧字体	117
九州方言	144
教育	128
教科書体	117
行間	11
共起	158, 224
強弱アクセント	170, 226
行書	117
協調の原理	193
共通語	142, 151
共通語化	152, 153
魚名	238
記録性	108
近畿方言	144
句	67, 70
グーグルニュース	270
具象化	66
唇	19
屈折語	13, 172
句の意味	67
比べる	223, 224, 225, 228
クレオール	97, 181, 182
グローバル化	35
グロットグラム	147
訓	116
訓読み	116, 125
訓令式	111
敬語	2, 4, 11, 128, 169, 175, 218
継承語教育	97, 166
継続相	91
敬体	131
形態素	202
形態素解析	202, 273
携帯メール	108
形態論	71
系統関係	9, 222, 226
系統不明	10
京阪式アクセント	29
刑法	107
形容詞	215
形容詞対	212
計量語彙論	54
計量国語学会	258
結果残存	91
結果相	91
結束性	98
言外の意味	194
原義	65
言語・音声理解と対話処理研究会	263
言語意識	184
言語運用	180
言語音	18
言語学	2, 234
言語記号の恣意性	41
言語計画	184
言語形成期	218
言語研究	180, 217
言語工学	196
言語行動	6, 183, 189, 208
言語資源協会	265
言語習得	184, 215, 217
言語使用	6
言語処理学会	261
言語心理学	210
言語生活	183
言語接触	97, 152, 183
言語選択	181
言語相対性仮説	237
言語データ	266, 270
言語と社会活動	184
言語の接触	97
言語の多様性	184
言語変化	183
言語変種	183
言語理解とコミュニケーション研究専門委員会	263
言語類型論	12, 222

検索エンジン	179, 252, 271		語感	59
謙譲語	129		語幹	73, 75, 82
謙譲語Ⅰ	129, 130		語基	46
謙譲語Ⅱ	129, 130		語義	58
現代仮名遣い	120		国語	13, 14
現代語	6		国語学	14
現地調査主義	236		国語教育	162
現場指示	99, 100		国語辞典	160, 272
言文一致運動	107		国語年鑑	248, 252
語	36, 37, 70		国際音声記号	20
語彙	36, 37, 38		国字	110
語彙・辞書研究会	261		国文学研究資料館	252, 269
語彙化	228		国立国語研究所	251
語彙素	37		国立国会図書館	250
語彙調査	54		国立情報学研究所	250
語彙的意味	58		語形	40
語彙的カテゴリー	39		語形成	46
語彙的な側面	37		語構成	46, 71
語彙的な複合語	68		語根創造	46
語彙の分類	241		腰	227
語彙表	54		ゴシック体	117
語彙量	54		語種	42, 50
語彙論	3, 38, 39		五十音図	23
項	83		語種構成比	43
口蓋垂	19		語順	13
康熙字典	115		個人情報	179
口語	107		個人的な文体	106
口腔	19		語族	9
硬口蓋	19		五段活用動詞	73
考古学	234		五段動詞	173
講座	5, 247		語長	42
合字	110		古典語	5, 6
合成	46		古典日本語	5
合成語	47		異なり語漢字カバー率	124
拘束的ムード	94		異なり語数	54
膠着語	13, 172		ことば工学研究会	264
高低アクセント	170, 226		ことば遣い	128
喉頭	19		ことばの民族誌	181, 182
構文解析	273		語の意味	58
公用語	11		この頃	223
コード化	269		コノテーション	59
コードスイッチング	127		コピー	254
コーパス	54, 204, 221		古文	5
コーパス言語学	221		コミュニカティブ・アプローチ	175
語音	40		コミュニケーション	167, 189, 244

コメント	85	実験言語学	208
固有語	42	ジップの法則	55
誤用分析	223	辞典	160
語用論	169, 181, 182	事典	160, 247, 248
孤立語	13, 172	自動詞	89, 173, 229, 230
混種語	43	自動詞文	90
コンビニ	134	自動読み仮名付け	200
コンピュータ	206	老舗	136
コンピュータ言語学	7, 196, 205, 207	シネクドキー	66, 69
		自発文	90

さ 行

最近	223	自文化中心主義	236
裁判員制度	108	字幕	267
サ行変格活用	73	下一段活用動詞	73
雑誌	249	社会言語科学会	259
雑誌論文	246, 251, 254	社会言語学	6, 180
サピア	237	社会言語能力	174, 175
サピア・ウォーフの仮説	238	社会的な語彙	38, 39
サ変	73	社会的変種	142
参与観察	236	社会文化能力	174, 175
恣意性	41	借字	117
子音	20, 22	借用	42
子音語幹動詞	77	借用語	42
使役文	90	自由異音	26
ジェンダー	187	就学生	166
字音語	43	終結相	91
色彩語彙	217, 238	終止形	74
色名	217	終助詞	82
歯茎	19	従属節	70
字形	123	集団語	52
死語	9	集団主義	234
指示詞	72, 99, 173	周辺的意味	59
指示対象	101	種概念	53
辞書	160, 206, 272	主格	79
時制	82	熟字訓	117
自然環境	240	縮約	46
自然言語処理	196	主語	87
自然言語処理研究会	262	授受表現	173
自然人類学	234	主節	70
シソーラス	63	主題	85
自尊敬語	132, 133	述語成分	81
舌	19	出身地域	163
字体	117	出世魚	239
実況放送	104	受動文	87
しつけ	128	順接	102
		上位下位関係	53, 60, 61

上位語		60
象形		123
条件異音		26
畳語		47
使用語彙		38
常識		206
常体		131
使用度数		43
少納言		204
使用頻度		45、54
情報科学		7
情報処理学会		262、263
消滅		35
常用漢字		171
常用漢字表		118
使用率		54
書誌情報		254
女性語		187
書体		117
所有		230
所有者受動文		89、90
処理		208
処理技術		208
新語		218
進行		91
人工知能		207
人工知能学会		263
新字体		117
深層格		80
親族関係		10
心的語彙		38
人文科学とコンピュータ研究会		263
新聞記事		221、270
新方言		156
人名用漢字		118
心理学		7、210、217
心理言語学		7、210
心理的距離		211
心理的な語彙		38、39
人類学		234、235
推論		206
数字		113
スタイル		50、106
スタンプ		109、233
ストラテジー		190
ストレスアクセント		226
スマートフォン		233
スマホ		233、244
スル的言語		229
ずれ		227
清音		23、24
性格		211
性差		186
正書法		113
声帯		19、21
声帯振動		22
声調アクセント		28
成長段階名		239
静的アプローチ		182
静的述語		93
成分		81
精密表記		20
声門		21
世界		37、39
節		70
接辞		46
接続詞		102
絶対敬語		132
絶対的性差		187
接頭辞		46
接尾辞		46
セミリンガル		127
先行研究		246
全国共通語		152
先史人類学		234
全体部分関係		60、61
専門語		52
専門雑誌		5
専門辞書		160
専門書		5
専門的な日本語		166
専門文献		5
相		82
造語		46
相互行為		167
造語成分		37
相互文		90
造語法		46
造語力		124
草書		117

相対敬語	132
相対的性差	187
相補分布	26
促音	24, 26, 170
促音素	25, 27
促音便	78, 173
俗語	50
属性	183, 185
祖語	9, 222
素材敬語	132
属格	79
尊敬語	129
存在	230

た　行

ターン	231
態	82
第一言語	162, 163
対格	79
大漢和辞典	115
対義関係	61
対義語	38, 61
対者敬語	132
題述関係	86
対照言語学	7, 222, 226
対象的意味	59
対人関係	189
第二言語	218
第二言語としての日本語	166
対比	102
タイプ	12
対立型	100
高さアクセント	28
滝	28
多義語	65, 66
濁音	23, 24
タグ情報	269
卓立	31
他者尊敬用法	140
縦書き	113
他動詞	173, 228, 230
他動詞文	90
多様性	237
単位切り	54
単位語	54

単音	19, 20
単義語	65
単語	36, 202
単純語	47
男性語	187
談話	71, 98
地域共通語	152
地域差	143, 158
地域的変種	142
地域方言	35
置換	102
チャット	108
中間言語	184
中心的意味	59
長音	24, 170
調音器官	19
調音点	22
調音法	22
調査単位	54
朝鮮語	225
長幼の序	239
直接受動文	87, 90
ツール	272
罪の文化	234
強さアクセント	28
鶴岡調査	153
定住外国人	165
丁重語	129, 130
程度表現	214
丁寧語	129, 131
丁寧語化	133
丁寧さ	190
丁寧体	107
提喩	66
テイル形	91
データ	208
手紙	108
テキスト翻訳	197
テキスト読み上げ	199
テキスト	71, 98
テクノロジー	108
テ形	173
徹底的な記述	206
デノテーション	59
デパート	135, 136

転移	66
転換	102
転義	65、66
典型	60
電子化	269
電子辞書	160
電子情報通信学会	263
電子メール	108
テンス	82、93
テンスの分化	94、95
転成	46
伝達	82
伝播速度	145
同位語	61
同音異義語	41、65、119、169
同音語	41
同音衝突	41
同義関係	60
同義語	60、61
東京式アクセント	29
東京方言	149
同訓異字	119
同語異語判別	54
統語機能	28
統語論	70、71
東西対立	148
動詞	72
動詞句	70
頭字語	111
動的アプローチ	182
動的述語	93
同表記別語	119
東北方言	144
当用漢字表	118
ト書き	104
特殊音素	25
特殊拍	26
図書	246、250
図書館	246、253
図書の検索	250
飛びはねイントネーション	31
とびはね音調	31
富山	240

な 行

内省	6
（語形の）長さ	41
中高型	29
ナ形容詞	173
名付け	228
なまり	11
ナル的言語	229
軟口蓋	19
二格	79
虹	238
二重語	121
日常語	50、51
日本音声学会	258
日本言語学会	259
日本語	13、35、196
日本工業規格	119
日本語学	2、8、14、207
日本語学習者	16、163
日本語学論説資料	248
日本語学会	257
日本語教育	6、162
日本語教育学会	259
日本語教育能力試験	176
日本語教師	176、177
日本語教師検定	177
日本語教師数	163
日本国	10
日本語史	5
日本語支援	165
日本語情報処理	196
日本語特殊論	8
日本語の難しさ	168
日本語文法学会	258
日本語用論学会	260
日本式	111
日本人	10
日本認知科学会	264
日本認知言語学会	260
日本方言研究会	260
ニュアンス	214
乳児研究	217
ニュース	270
入門書	4、246

人間関係	235
人間認識	235、236
認識的ムード	94
認知	216
ネーミング	241
ネオ方言	154、182
ネガティブ・フェイス	190
ネガティブ・ポライトネス	191
値段	16
ネチケット	244
ネット	270
年齢差	147
能動文	87
延べ語数	54

は　行

は	84
歯	19
媒介語	167
配偶者	186
配慮	128
バイリンガリズム	127
バイリンガル	127
拍	25、26
破擦音	23
弾き音	23
恥の文化	234
派生	46
派生義	65、66
派生語	47
パソコン	122
撥音	24、26、170
撥音素	25、27
撥音便	78、173
発達心理学	216
発話行為	192
話し言葉	107、201、221、266
浜言葉	214
場面	189
腹芸	11
パラ言語	244
バリエーション	224
破裂音	23
反対語	61、215
繁体字	117
半濁音	23、24
半母音	20
鼻音	23
比較言語学	9、222
美化語	129、131
非過去形	93、103、225
引き音素	25
非言語	244
鼻腔	19
ピジン	97、181、182
筆写体	117
筆順	118
必須補語	83
ピッチアクセント	226
非丁寧体	107
鼻母音	22
百科事典的意味	60
非用	173
表意文字	110
表音文字	111
表記形	40
評言	85
表現主体	49
表現様式	49
表現力	48
表語性	125
表語文字	110
標準語	151
標準式	111
表示力	49
表層格	80
平仮名	110
品詞	40、203
品詞性	47
ファースト・フード店	134
ファイリング	254
フィールドワーク	236
フェイス侵害行為	191
フォッサマグナ	149
付加詞	83
付加情報	269
不規則活用	73
不規則動詞	173
複言語	127
複合	46

複合形容詞	47	文法論	3
複合形容動詞	48	文末	103
複合語	47、48、66、67	文脈指示	99、101
複合語の意味	67	文脈的意味	58
複合動詞	47	分類	241
複合副詞	48	分類語彙表	63
複合名詞	47、48	閉音節	226
副詞成分	81、85	平板化	227
副次補語	83	平板型	29
複数言語併用	181	ベネディクト	234
複文化主義	127	ヘボン式	111
部首	118	変化	5
物理的な語彙	38、39	変体仮名	111
部分	37、39	弁別機能	28
普遍化	236	弁別的特徴	60
プラス値派生	66	母音	20、21
ブリ	240	母音語幹動詞	77
振り仮名	120	母音三角形	21
フレーム	244	法	82
プロトタイプ	60	方言	27、35、141、142、151
プロミネンス	31	方言学	4
文	36、70	方言区画	143
文化	227	方言周圏論	147
文化人類学	7、234、242	方言の看板	141
文化相対主義	236、237	抱合語	13
文系	256	包摂関係	53、60、61
文型積み上げ方式	175	方法論	182
文献	6、246	ポーズ	31
文献検索	250	母語	162、163、167、215、217
文献目録	247、248	母語の干渉	163
文章	71、98	ポジティブ・フェイス	190
文章語	50、51、107	ポジティブ・ポライトネス	191
文章の構造	105	北海道の方言	145
文章の類型	106	ポライトネス	190、192
文章論	3	本義	65
文体	98、106	本土方言	143
文体的意味	59	翻訳ソフト	196、273
文体的な特徴	50	本来語	42
文体論	3		
文の構造	79	**ま　行**	
文法	70、215		
文法的意味	58	摩擦音	23
文法的な側面	37	間違い	207
文法的な複合語	68	マニュアル敬語	134、136
文法能力	174	マルチリンガリズム	97、127
		マルチリンガル	127

身内敬語	133
身内尊敬用法	139
未然形	74
見出し語	54
宮古島	141
民族	236
民族文字	12
明朝体	117
無アクセント	29
無アクセント方言	28
ムード	82, 94
ムード形式	103
無声	22
無声音	21
無声化	22
無生物主語	228
無題文	84, 85
無標	82, 87
村八分	138
名詞句	70
明示的意味	59
迷惑の意味	88
メール	122
メタ言語表現	190
メタファー	66, 68
メディア	244
メディア・コミュニケーション	244
メトニミー	66, 68
網羅的な記述	207
モーラ	25
文字	18, 266
文字形態素論	125
文字表現	201
文字列	202
文字論	3
模造紙	155
モダリティ	94
モツ的言語	230
モバイルメディア	233, 244

や 行

野外調査	236
訳語	43
やまとことば	42
有縁性	40
融合型	100
有声	22
有声音	21
有題文	84, 85
有標	82, 87
与格	79
横書き	113
四つ仮名	120
読み	123
読み書き能力	121

ら 行

ら抜き言葉	4
ラポール・トーク	189
リーグ戦式調査	136
理解語彙	38
理系	256
俚言	142
略字	117
琉球語	10
琉球方言	143
隣接関係	61
累加	102
類概念	52, 53
類義関係	61
類義語	37, 61
ルビ	120
歴史的仮名遣い	120
歴史的現在	103
歴史的変化	5
レポート・トーク	189
連語	67
連体形	74
連用形	74
朗読	267
ローマ字	111
ロボット	208

わ 行

ワープロソフト	200, 201
分かち書き	113, 202
和語	42, 45, 50
和製外来語	43
和製漢語	43
ヲ格	79

その他

- BCCWJ ……………… 204, 221
- CiNii ………………… 251
- common language …… 151
- CSJ …………………… 221
- doublet ……………… 121
- FTA …………………… 191
- IPA …………………… 20
- JFL …………………… 166
- JIS漢字 ……………… 119
- JSL …………………… 166
- LINE ………… 108, 188, 233
- local dialect ………… 142
- MeCab ……………… 203
- neo-dialect …………… 154
- OPAC ………………… 250
- politeness …………… 190
- SD法 ………………… 211
- Siri …………………… 202
- SNS ………… 179, 188, 233
- social dialect ………… 142
- SOV構造 ……………… 172
- Speech Act …………… 192
- SVO構造 ……………… 172
- Wikipedia …………… 272
- WWW ……………… 179, 204

【編著者】
荻野綱男（元日本大学教授）
　　担当：「日本語学とは」「コンピュータ言語学」「心理言語学」

【著者】（50音順）
金愛蘭（日本大学准教授）
　　担当：「語彙」「意味」、「文字と表記」（共著、改訂）
佐藤琢三（学習院女子大学教授）
　　担当：「文法」「文章と文体」「対照言語学」
真田治子（立正大学教授）
　　担当：「文字と表記」（共著、原案）
都染直也（甲南大学名誉教授）
　　担当：「音声と音韻」
中井精一（同志社女子大学教授）
　　担当：「敬語」「方言と共通語」「文化人類学」
　　　　コラム「日本語の値段」「日本語の死」「看板のことば」
丸山直子（東京女子大学教授）
　　担当：「図書館と文献の調べ方」「学会情報」「ネット情報」
　　　　コラム「辞書」「WWW（ウェブ）」「コーパス」
三宅和子（東洋大学教授）
　　担当：「日本語教育」「社会言語学」
　　　　コラム「言語の接触」「マルチリンガル」「モバイルメディア」
　　　　　　「ヴァーチャル・コミュニケーション」

現代日本語学入門　改訂版

平成30年3月10日　初　版　発　行
令和 6 年 4 月10日　初版 5 刷発行

編著者　荻野　綱男
発行者　株式会社明治書院
　　　　代表者　三樹　蘭
印刷者　大日本法令印刷株式会社
　　　　代表者　田中達弥
製本者　大日本法令印刷株式会社
　　　　代表者　田中達弥
発行所　株式会社明治書院
　　　　〒169-0072　東京都新宿区大久保1-1-7
　　　　TEL：03-5292-0117　FAX：03-5292-6182
　　　　振替口座　00130-7-4991

ⒸTsunao Ogino 2018　Printed in Japan
ISBN978-4-625-70409-3
カバー表紙デザイン：Panix 中西啓一